山东高速青岛胶州湾大桥建设丛书

桥面铺装

■ 李丕明 主　编

■ 王兆星

王　林 副主编

王晓乾

人民交通出版社股份有限公司

《桥面铺装》编委会

主　　编：李丕明

副 主 编：王兆星　王　林　王晓乾

编写人员（按姓氏笔画排列）：

马士杰　王　焱　王鹏伟　韦金城　付建村

白吉祥　刘　平　刘士林　孙顺贤　孙彩霞

李传夫　李浩山　胡宗文　盖国晖　董光坤

序

山东高速青岛胶州湾大桥(以下简称胶州湾大桥)是我国北方冰冻海域特大桥梁工程，是青岛市规划的东西跨海通道“一路一桥一隧”中的“一桥”。大桥全长41.58km,为山东半岛蓝色经济区战略的重要交通枢纽,对进一步完善青岛市东西跨海交通联系,为城市的深度发展拓展出崭新的空间。

胶州湾大桥,由青岛市人民政府采取特许经营权模式,进行公开招标。山东高速集团凭借良好的信誉、雄厚的资金和技术实力、丰富的建设管理经验,一举中标成为项目法人。

胶州湾大桥,早在1993年4月就开始前期工作,经历了规划、预可、工可、初设、施工图设计和招投标等严格的建设程序,共历时13年零8个月。这期间,包括两院院士、长江学者在内的数百名中外专家、学者为大桥付出了心血和汗水。

胶州湾大桥开工建设以来,国家有关部委,山东省委、省政府以及青岛市委、市政府等各方面高度重视,要求建设者高标准、高质量建成精品工程。全体建设者露宿风餐、无私奉献、奋勇攻关,确保了工程质量、建设进度和施工安全,整个工程建设过程中,未出现一起质量、安全事故,没有发生一起违法违纪事件。

胶州湾大桥建设者始终坚持创新引领,攻克了许多特大型跨海大桥的技术难题,他们发明的“水下无封底混凝土套箱技术”为世界首创;“稀索斜拉桥索塔的耳板锚固方式”具有独创性;兼具防雾和景观功能的LED桥梁护栏节能灯为世界首创;应用4D技术和4D管理理念实现了项目管理的集成化和可视化管理;并且在结构耐久性的研究和长寿命评估方面,实现了大桥全寿命周期的过程控制。从而全面提高了胶州湾大桥的运营效率、降低了运营成本,延长结构的实际使用寿命,为海上桥梁的耐久性设计提供了数据基础和理论依据。

胶州湾大桥于2011年6月30日全线通车,它结构新颖,造型独特,气势恢弘,美观大气,像一条玉带飘荡在蔚蓝色的大海上。它也对冰冻海域的大型桥梁建设提供了一个可资借鉴的经验和样板。

鉴于胶州湾大桥在科技创新、工程美学价值、与自然环境的协调统一等各方面的成绩,很有必要编写这套丛书。而且就在本书即将付梓的时候,今年6月,在美国匹兹堡举行的世界桥梁大会上,胶州湾大桥荣获组委会颁发的“乔治·理查德森大奖”。这个奖项是专门授予那些在技术创新、工艺造型、工程质量、人才培养等方面都有卓越表现的大型桥梁工程,为中国桥梁工作者赢得了荣誉。

借此机会,向胶州湾大桥所有的建设者表示祝贺!

胡希捷

2013年7月1日

目　录

统,基本形成了自身的技术指标体系。这不仅反映了现代材料科学技术成果的多样性,也促使人们在借鉴别国成功经验的同时,必须结合本国本地区的气候特点、桥梁结构特点、交通荷载特点及地方原材料特点,进一步深入研究解决桥面铺装这一技术难题,否则,生搬硬套别国的规范体系,则容易出现失败的案例。因此,从系统工程的观点出发,结合桥梁所处地区的气候特点及交通荷载特性,将桥面铺装的设计、施工、养护作为一项精细工程研究,无疑对提高桥面铺装的使用年限和服务水平,延长桥梁的整体寿命具有重要意义。

1.2 桥面铺装技术研究概述

1.2.1 水泥混凝土桥桥面铺装技术研究

1.2.1.1 分类

桥梁铺装按照桥面板材料类型主要分为钢桥面铺装和水泥混凝土桥面铺装两种形式,按铺装材料类型分为刚性铺装(以钢筋混凝土为主)、柔性铺装(以沥青混凝土为主)和刚柔组合式铺装三类。

1.2.1.2 国外研究概述

国外对水泥混凝土铺装结构的研究主要侧重防水层和铺装结构两个方面。水泥混凝土桥桥面铺装,一般包括防水层和沥青混凝土上面层。

(1)防水层

欧美自20世纪60年代已开始大量采用桥面防水层,其中美国联邦公路局1972年规定应对桥面采取保护措施以防止钢筋腐蚀和桥面破坏。TRL和DECD及NCHRP等机构从实际应用的角度对桥面防水进行了系统的研究。许多国家重视防水层的应用,而荷兰则特别注意桥面混凝土面层的修建及其质量,日本和澳大利亚是有选择地应用防水层。而德国的桥面铺装更重视防水体系的完善,铺装结构组合特别是防水层的结构形式多种多样。有防水层反应性树脂缓冲层、反应性树脂改性沥青黏层、反应性树脂改性沥青薄膜、反应性树脂SMA致密层等。表1.2-1列出了水泥混凝土桥常用的防水层类型及其在各国使用的百分比。

各类型防水层的应用范围(%)　　表1.2-1

国名	比利时	法国	英国	意大利	丹麦
地沥青胶砂	75	20~30	10	70	15
预制层	25	60		90	85
薄膜	—	10~20	—	10	—

桥面防水体系的修筑是提高桥梁使用寿命的重要保证,不容忽视,它与面层的设计与施工是有机的整体。

(2)铺装结构

国外经过几十年的实践与探索,结合各自国家和地区的具体情况,在水泥混凝土桥面铺装方面选用的结构类型与厚度不尽相同,一般采用沥青混凝土铺装层,包括防水层和沥青混凝土面层,概况见表1.2-2。

国外混凝土桥桥面铺装结构 表1.2-2

国家	防水层				面层	
	类型	结合料	厚度(mm)	面层黏结层	中层及厚度(mm)	表面层及厚度(mm)
瑞典	沥青胶砂	沥青胶	8~12		沥青混凝土(35) 沥青胶砂(30) 沥青混凝土(10)+预拌沥青砂砾(>150) 水泥混凝土(50)+沥青混凝土(35)	沥青混凝土(40) 沥青胶砂(30~50) 沥青混凝土(40) 沥青混凝土(40)
	预制板	沥青胶	2		沥青混凝土(35) 沥青胶砂(30) 沥青混凝土(10)+预拌沥青砂砾(>150)	沥青混凝土(40) 沥青混凝土(40)
	薄膜	沥青膏	10		水泥混凝土(50)+沥青混凝土2.1kg/m^2	沥青混凝土(40)
奥地利	预制板				浇注式沥青混凝土(80)	浇注式沥青磨耗层(40)
澳大利亚	薄膜		4.51kg/m^2	沥青涂层或硬沥青2.1kg/m^2		沥青混凝土(50)
	预制层		2			
意大利	地沥青胶砂	清漆+完全独立层	10	乳化沥青	沥青混凝土(50) 沥青混凝土SBC(25)	沥青混凝土(50) 沥青混凝土SBC(25)
	薄膜	树脂	2~3kg/m^2		沥青混凝土(60)	沥青混凝土(30)
	预制层	清漆	5	热铺合成橡胶沥青	沥青混凝土(60)	沥青混凝土(31)
法国	地沥青胶砂	胶黏清漆+部分独立层	4 8		摊铺沥青混凝土(26) 摊铺沥青混凝土(22)	沥青混凝土,极例外情况为特别铺装含有聚酯类或纤维或摊铺沥青混凝土(50~100)
	薄膜	树脂	1.5~3			
		胶黏清漆	4 4~6		摊铺沥青混凝土	
比利时	地沥青胶砂	完全独立层	15 10		沥青混凝土+用于重新整形的沥青混凝土(30)	沥青混凝土(30或50)
	预制层	胶黏清漆	2~5			

续上表

地区	桥梁名称	桥面铺装材料	铺装层厚度(cm)
深圳	深南路—红岭路立交桥	上层:沥青混凝土 下层:C30 钢筋网混凝土	4 5
	深南路—上步路立交桥	上层:沥青混凝土 下层:C30 钢筋网混凝土	4 8

针对公路混凝土桥面的防水黏结问题,国内也有研究单位研究开发了一些如聚合物改性沥青类(溶剂型或胶乳类),聚氨酯或环氧树脂沥青类(溶剂型)等柔性防水黏结材料,在混凝土桥铺装中使用,但如果不进行系统的桥面铺装防水设计,该类材料以薄膜状态存在于桥面板与铺装之间,对有裂缝的桥面部位的防水仍然无太明显效果。

(3)沥青路面设计规范及施工技术规范中存在的问题

《公路沥青路面设计规范》(JTJ 014—97)规定,沥青混凝土铺装层应由黏结层、防水层及沥青面层组成。高速公路、一级公路的沥青桥面铺装,厚度应为 6 ~ 8cm,特殊情况可增至 10cm。高速公路、一级公路的沥青桥面铺装应为双层式,下层为 3 ~ 4cm 整平层,可用中粒式沥青混凝土。《沥青路面施工和验收规范》(GB 50092—96)建议采用高温稳定性好的 AC-16 型或 AC-20 型中粒式热拌热铺沥青混凝土混合料;表面层的厚度与混合料级配类型宜与其相邻路面的沥青表面层的厚度、混合料类型相同,以便一起施工,减少接缝。二级及二级以下公路的桥面铺装,厚度宜为 5 ~ 8cm,可做成单层式或双层式,双层式铺装层的表面层的厚度不宜小于 2. 5cm。表面层与下面层之间应洒黏层沥青。黏结层可使沥青下面层、防水层与桥面板连接成整体,用于黏结层的沥青应具有较大的黏结力,一般用乳化沥青或改性乳化沥青,洒布量宜为 0. 4 ~0. 5kg/m^2。

现行公路沥青路面设计规范及施工技术规范等仅对桥面铺装的防水体系提出了原则性要求,该防水体系主要指底涂层和防水层的设置,侧重外界水“进入后”的“防护”问题,对防止外界水进入前的“疏导”,缺乏相应的细节设计。铺装层级配设计不合理和施工过程中压实度不够,都会导致面层混合料空隙率过大,在使用过程中易发生开裂,从而诱发水分进入。如果桥面的排水系统设置不当,进入的水分未能及时排出,产生“浴缸效应”,势必会加剧铺装层的破坏。近年来桥面渗水严重,特别是城市高架桥。为提高桥梁的使用年限、减少维修养护,规范规定在黏结层上设置防水层,桥面防水层的厚度为 1. 0 ~ 1. 5mm。通过调查发现,如此设置的桥面黏结层较弱,其水稳定性较差且易被后续施工车辆损坏,破坏了原有的层间联结,铺装层在车辆水平荷载的作用下与水泥混凝土桥面板发生滑移,这也是行车道产生推移和拥包的重要原因。原路面的破坏形式主要是车辙及局部的松散与坑槽,抗滑性能的下降,裂缝类的病害很少,因此推测引起桥面腐蚀破坏的主要原因是由于防撞护栏排水设置的不合理,导致下雨时,雨水沿着路面与防撞护栏的接缝处渗入,因此,桥面排水系统设计及细部构造等须引起足够的重视。

为避免防水层在施工过程中被损坏,规范提出宜铺设厚度为 1cm 的 AC-10 或 AC-5 沥青混凝土或单层表面处治。JTJ 032—94 和 GB 50092—96 规定了三种防水层型式:①分两次洒布、总用量为 0. 4 ~0. 5kg/m^2 的沥青或改性沥青黏层,撒布一层中砂,碾压形成的沥青涂胶类下封层;②涂刷聚氨酯胶泥、环氧树脂、阳离子乳化沥青、氯丁胶乳等高分子聚合物涂胶;③铺设沥青或改性沥青防水卷材,或浸渗沥青的无纺土工布,通过沥青黏层与桥面黏结。另外,还规定多雨潮湿地区、纵坡大于5%或设计车速大于50km/h的大中型高架桥、立交桥桥面应铺设抗滑表层。

在《公路沥青路面设计规范》(JTJ 014—97)中,我国首次将水泥混凝土桥面铺装的内容作为条款列入设计规范(主要针对柔性铺装层),随后的《公路桥涵施工技术规范》(JTJ 041—2000)又对水泥混凝土桥面铺装做了进一步的规定(主要针对刚性铺装层和复合式铺装层),在《公路沥青路面施工技术规范》(JTJ 032—94)和《沥青路面施工和验收规范》(UB 50092—96)中也都曾对水泥混凝土桥沥青铺装提出过相应的规定。《公路沥青路面设计规范》(JTG D50—2006)指出,对特大桥、重要大桥等的桥面铺装应进行专项设计。从这些规范中不难看出,对铺装层结构的论述主要是对所用材料、做法及厚度等作了较原则的规定,而如何设计未予阐述。针对《桥面防水的材料技术标准》2005年出版,而对防水层的施工和验收的技术规范还是空白。使设计人员在进行桥梁结构设计时,对桥面防水层的设置较为简单,没有明确的要求和说明。可见现行规范中桥面铺装的设计还是空白,铺装层的设计无章可循。

1.2.2 小结

桥面铺装是一个极其复杂的多向受力结构,桥型结构、跨径及桥梁宽跨比的差异及铺装层本身的结构(结构组合、材料参数及力学特性等)都影响桥梁的应力分布,桥面铺装的影响因素错综复杂,宏观表现也各不相同。大量的工程建设对科技势必提出更高的要求,完整、科学、可行的桥梁设计与控制体系是今后土木、交通等工程技术必须解决的关键技术问题。其中铺装结构组合设计和铺装材料的研究,是这一设计体系的主要组成部分,更是技术难点所在。除设计体系的问题外,即使设计了好的铺装体系,如在施工过程中由于施工水平限制等因素,混合料的级配等因素发生较大变异,其实际使用性能也大打折扣。因而需要结合桥梁所处的环境、气候及交通荷载特点进行针对性设计。应明确桥面铺装层各结构层计算模型,力学特性及相关参数,为桥面铺装的设计提供指导,同时加强对各铺装材料的材料性能指标和测试技术的研究,开发适应桥面破坏机理的新材料。另外,桥面铺装设计必须改变"重防不重排"的观念,一方面加强密水性混合料铺装面层研究;另一方面,科学设计排水体系,加强桥面铺装的施工细节的管理和施工质量的控制,减少施工变异性,加强对现场、即时、无损检测仪器的开发、研究和使用,是保证桥面铺装按照预期设计发挥功能,减少桥面铺装病害发生的重要手段。

1.3 胶州湾大桥桥面铺装使用条件

胶州湾大桥位于胶州湾北部,是青岛市道路交通网络布局中胶州湾东西两岸跨海通道的重要组成部分。大桥规划全长41.58km,现通车里程36.48km,是目前世界第一跨海大桥。大桥建有三座航道桥:沧口航道桥和红岛航道桥主跨采用稀索钢斜拉桥,大沽河航道桥采用独塔自锚式钢悬索桥;非通航孔桥采用混凝土连续箱梁。因此胶州湾大桥是一座既有钢桥面结构又有水泥混凝土桥面结构的复杂桥梁集群工程。同时特殊的地理位置和交通战略特点使其具有区别于其他地区水泥混凝土桥梁及大跨径钢桥梁桥面铺装的特点:

(1)海域气候特点复杂,桥面铺装使用环境恶劣

该地区位于胶州湾畔,濒临黄海,属季风气候区,气候季节变化较明显(表1.3-1)。冬半年(10月至翌年的3月)呈大陆性气候特点,气候干燥、温度低;夏半年(4月至9月)受东南季风影响,空气湿润,雨量充沛,日温差小,呈现海洋性气候特征。1965~2004年气象资料表明,该地区极端最高气温为38.9℃,极端最低气温为-14.3℃,日持续高温≥32℃最多年为12天,降水强度大,年平均降水量为662.1mm,年平均相对湿度为70.9%,最大积雪深度为20cm,平时多雾天气占全年的13%,且富含盐分。通过吸附等方式进入混凝土的水分中夹杂着较高浓度的氯盐,在反复冻融作用下,极易引起桥面板(梁)及混凝土铺装层以盐冻剥蚀为主的腐蚀破坏。

青岛地区气温参数 表1.3-1

项目		团岛	青岛市
气温	极端最高(℃)	37.9	38.9
	极端最低(℃)	-12.5	-14.3
	年平均(℃)	12.6	12.7
	1月平均(℃)	0.1	-0.5
	7月平均(℃)	22.9	24.2
	高温日≥35℃最多年	1.0	2
	年最高(≥35℃)平均日数(天)	0.05	0.1
	高温日≥32℃最多年(天)	6.0	12
降水	最多年降水量(mm)	1220.1	1253.7
	最少年降水量(mm)	254.0	308.3
	平均年降水量(mm)	670.7	662.1
	年平均降水日数(≥0.1mm)	69.3	83.1
	日最大降水量(mm)	283.6	223.0
	降水日数最多年	74	106
	最长连续降水日数	12	12
雾日	最多年雾日(天)	70	79
	最少年雾日(天)	31	33
	平均年雾日(天)	47.7	50
相对湿度	1月平均	64%	63%
	7月平均	89%	88%
	年平均	73%	70.9%
雷暴日	最多年雷暴日(天)	49	29
	最少年雷暴日(天)	12	9
	年平均(天)	21.6	20

续上表

项　　目		团　　岛	青　岛　市
最大积雪深度	11 月份	12 cm	3 cm
	12 月份	13 cm	12 cm
	1 月份	21 cm	20 cm
	2 月份	5 cm	6 cm
	3 月份	2 cm	2 cm

通过在女姑口大桥试验段安装 EPS-Ⅰ型环境检测设备(图 1.3-1),用以检测各桥面铺装结构层温度的变化(图 1.3-2),可看出检测期内路表年最高温度为 52.3℃,最低温度 -11.8℃,随铺装层深度的增加,桥面板温度较表层温度仅有小幅度下降,主要是由于整个桥梁系都暴露在空气中,铺装层结构温度场梯度变化不同与路面温度场,温度变化相比较为迟缓;由该图还可看出,夏季日持续高温≥35℃持续超过 10h,冬季低温条件下最低气温持续时间则相对较短;本次检测周期内,高温超过 45℃共 31 天,相对集中在 8 月中下旬,路表低于 -10℃共不超过 5 天,且持续时间短,这就要求对铺装层材料设计过程中,尤其注重对铺装层高温性能指标的设计。

(2)桥梁几何线形复杂,交通压力大

胶州湾大桥预期交通量大,其港口特性决定该地区集装车辆可占到 60% ~70%,车辆单轴轴重远超高标准轴重,对桥面的重载冲击大,同时桥梁的几何线形多弯道设计,车辙发生的概率大,整个桥面铺装系统面临严峻的重载考验(图 1.3-3)。

(3)多盐雾天气,桥面铺装层密水要求高

胶州湾大桥地处北方寒冷地区,冬季撒盐是除冰雪快速开放交通的主要方式,此外海域多盐雾,通过吸附等方式进入混凝土的水分中夹杂着较高浓度的氯盐,在反复冻融作用下,极易引起桥面板(梁)及混凝土铺装层以盐冻剥蚀为主的腐蚀破坏。

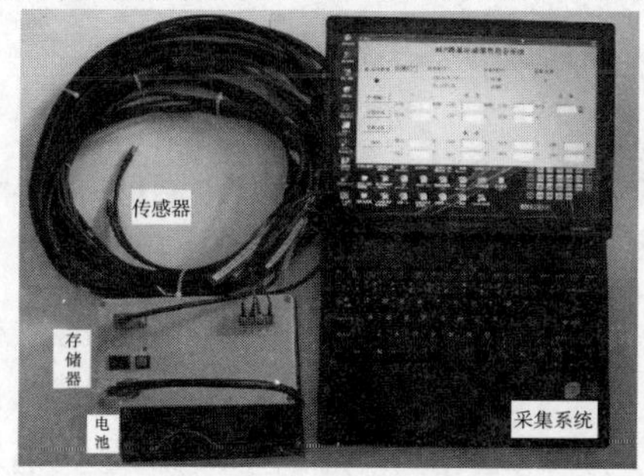

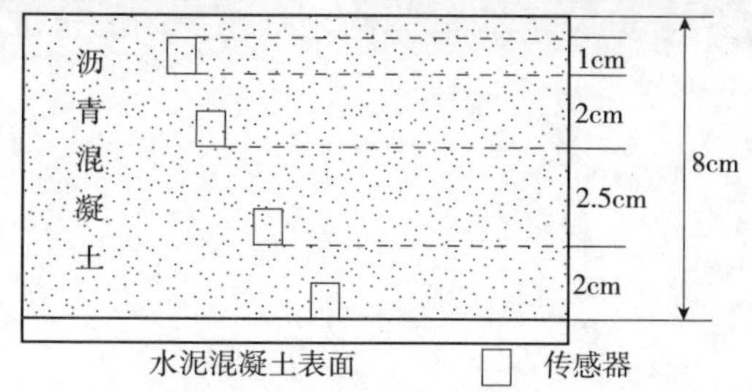

图 1.3-1　传感器埋设示意图

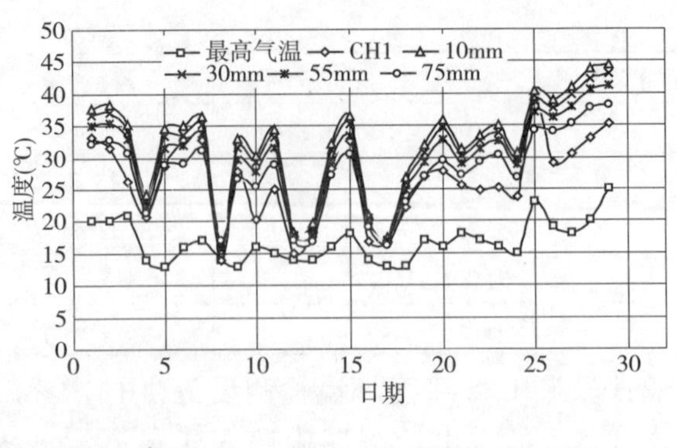

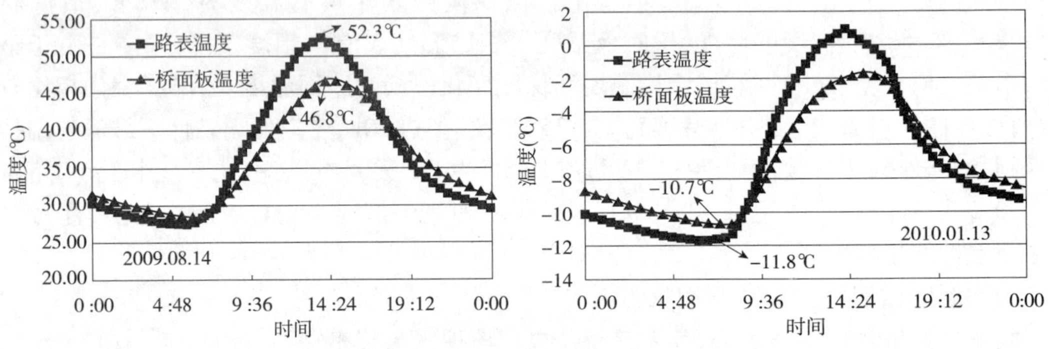

图 1.3-2　检测周期内极端温度日变化关系图

图 1.3-3　大桥设计线形及重载超载车辆

由此可以看出，复杂的气候、地理环境特点及交通特性意味着在考虑胶州湾大桥沥青混凝土铺装层高温稳定性、低温抗开裂能力、潮湿抗水损害能力、抗冻性及密水性能、铺装结构与钢桥面板的追从性、钢箱梁与沥青混凝土之间的层间联结与防水、水凝混凝土铺装层与沥青混凝土之间的层间联结与防水等方面时，必须提出更高的标准和要求。

第2章

桥面铺装破坏类型及成因分析

2.1 概述

桥面铺装破坏主要可分为内因和外因两种。外部因素,主要包括:高温、重荷载、高速公路渠化交通、车流量、路面弯道及坡度的影响;内部因素,主要包括:铺装层的结构形式和结构组合设计、铺装层材料的设计及选择(沥青种类及性质、集料的形状及表面纹理、沥青用量、矿料级配、粉胶比、沥青混合料残留空隙率)、现场施工质量控制及保证体系及后期养护体系等等。

2.2 桥面铺装常见病害类型及成因分析

LTPP 路面损坏鉴别手册(SHRP-P338,1993)将沥青混凝土路面的破坏类型分为开裂、补坑与坑槽、表面变形、表面缺陷以及其他混杂破坏五大类。课题组通过查阅相关的设计文献和工程竣工资料,采用现场观测、取芯、切割板块、挖开病害位置等方法,对病害类型、病害程度进行全面的调查分析。调查分析表明,桥面铺装的病害类型集中为拥包、坑槽、开裂、脱层、防水混凝土损坏等,其中某些高速公路桥面铺装水损害尤其严重,产生了数量非常大的坑槽,严重影响了行车的安全和舒适。当前国内许多高校和研究部门对桥面铺装破坏成因进行了大量的分析。

2.2.1 变形类破坏

变形类破坏是桥面铺装较普遍的破坏形式,主要是车辙、推挤、拥包、波浪和沉陷。

图 2.2-1 为某高速公路桥面铺装病害图片。从现场调查来看,第三类结构失稳性变形严重,辙槽平均深度在 3cm 以上,个别路段甚至高达 7cm(图 2.2-1)。我国高速公路养护质量检评方法规定,车辙深度大于 25mm 即为重度车辙。研究表明,在车辙深度超过 10 ~ 13mm 情况下,高速行驶的车辆会因辙槽内积水而出现漂滑,产生交通事故。

图 2. 2-1　车辙推移破坏，桥面拥包

2.2.2　开裂类病害

开裂类变形，主要指横桥向裂缝、沿板（梁）纵向裂缝、局部网状开裂、推移裂缝。

中小跨径的板（梁）桥面铺装的裂缝，以纵桥向板缝处的开裂最为严重，最大裂缝宽度 1～5mm。桥面纵向开裂的危害在于极大地削弱了桥梁的横向刚度，使得荷载分布不均匀，严重时会造成单板受力负担加重，同样的荷载等级，单板承受的最大荷载增加 40%～70%，导致桥梁整体承载能力严重下降。此外，桥面开裂后雨水下渗，如防水层破坏时，导致主梁受腐蚀，降低了结构的耐久性。

桥面铺装的横向开裂类似于刚性路面的"断板"，主要发生在主梁支座中心处，对跨径较大的梁桥，跨中部位亦有发生横向开裂的现象。

桥面铺装网状开裂是铺装层较为严重的情况之一，需要及时采取养护措施，如果养护维修不当，桥面则出现大面积坑槽，有的桥梁甚至桥面铺装完全破坏。

裂缝产生的原因很多，归纳说来，主要有以下几点：

（1）主梁（板）自身抗弯拉刚度大，竖向位移较小，而铰缝和板缝处属于薄弱部位，与铺装层同时承担板件的横向传力作用，板缝间的铺装层受弯剪作用，在重复荷载作用下，铺装层沿板缝间纵向开裂，极大削弱了桥梁的横向刚度，使得荷载分布不均匀，发生桥涵单板受力的概率加大，当桥梁超载运营时，主梁（板）挠度再度加大，桥面铺装的纵向开裂也进一步加剧。

（2）对于连续梁桥、拱桥及悬臂梁桥等桥型结构，尤其是大跨径连续梁桥，为降低梁高，使结构柔性增大，进而桥面变形较大，跨中部位挠度较大超出铺装层的变形协调能力。另外，伸缩缝本身的伸缩变形、车辆荷载的冲击作用和支座顶面在荷载的作用下产生负弯矩或拉力，使桥面铺装层收到拉力的作用而产生负弯矩裂缝，这就是横缝产生的主要原因。

（3）对于采用空心板梁体的桥梁，由于预应力空心板刚度较小，产生的挠度较大，加之铺装层材料的耐疲劳性不足，在荷载、温度交替及环境变化的综合影响下，温度应力引起的收缩变形、梁体的反复挠曲变形加上反复的局部弯沉变形（图 2. 2-2），导致铺装层产生纵向开裂和横裂为主的病害（图 2. 2-3）。

图 2. 2-2　桥面铺装不规则变形

a)铺装层发生断裂(卷材类防水层)

b)不规则裂缝(水泥混凝土防水调平层)

图 2. 2-3　铺装层裂缝类病害

2. 2. 3　松散类病害

松散类病害,主要包括松散、剥落和坑槽等(图 2. 2-4、图 2. 2-5)。该类病害发生最为普遍,主要表现为,使用初期发生泛浆,继而表现为坑槽松散,往往屡治不绝,最后容易导致桥面铺装的整体破坏。

图 2. 2-4　现场松散及坑槽类病害

图 2.2-5　铺装层出现推移、松散类病害

该病害产生的主要原因为水诱发，与气候环境、结构层组合、铺装层材料本身、铺装施工压实等因素有关。一方面，由于沥青混凝土结构本身的透水特性，抗水损害能力不足，使水容易渗入；另一方面，一般桥面铺装施工时所需混合料需拌和站单独拌制，数量较少，拌制稳定性难以保证，混合料质量变异较大，沥青层在摊铺过程中发生混合料离析，加之桥梁在碾压过程中的弯曲变形，施工压实较难（该因素还与碾压设备及工艺限制有关，通常桥面沥青混凝土不允许采用有可能损坏桥梁的大型振动压路机或重型钢筒式压路机碾压），局部空隙率较大，沥青层容易透水，水渗入后，积聚在沥青层结构内和各结构层之间，冬季气温低时结冰体积膨胀，溶解后水进一步侵蚀，对沥青混合料的破坏，不只是引起沥青膜与石料的分离，水冻结成冰体积膨胀会直接引起沥青混合料力学性能的下降，在车载及温度的反复作用下，反映到路面上，首先出现唧浆，逐渐局部脱落，继而出现坑槽、松散、面积逐步扩散。

2.2.4　脱层破坏

研究表明，桥梁结构与柔性铺装层之间的黏结对桥面铺装层起着至关重要的作用，黏结层起到承上启下的过渡功能，同时还可兼做防水层，传统的桥面铺装系统多采用 3 ~ 9cm 普通沥青混凝土 + 防水层 + 防水混凝土的形式，防水层习惯采用普通沥青或乳化沥青，用油量难以控制且容易偏高，软化点偏低，高温极易软化而变成润滑层，同时乳化沥青水稳定性差。一方面，这种柔性沥青膜容易被后续施工破坏（如被混合料料车车轮带走），另一方面，外界水进入层间后，也容易将其破坏，发生脱层现象，桥面铺装层与桥面板间的黏结力是铺装层的附着基础，一旦出现脱层，没有桥面板的约束，铺装层在轮载的振动冲击作用下与桥面板分离，并很快发生破坏。因此层间黏结力是桥面铺装正常工作的关键。

层间水在高速行车的作用下，产生极大的空隙水压，对水泥混凝土表面和沥青铺装层底部反复冲刷，沥青—集料的黏附作用被破坏，集料的尖角处等一些黏附剥落部位首先发生剥落。剥落一旦发生，有压水更容易沿着沥青—集料的剥落面渗入，则发生大量的剥落（图 2.2-6）。这就是剥落、松散总是从路面内部开始的原因。

2.2.5　表面服务性功能下降

表面服务性功能下降，主要是指因为行车磨耗作用及使用材料抗磨光功能不足引起的铺装层抗滑性能不足，严重影响行车的安全性，使交通事故率上升。抗滑能力的下降，既与运营过程中汽车荷载与水的综合作用有关，又与混合料的集料特性及级配设计有关。概括说来，主要有以下几方面原因：①集料的耐磨程度及黏附性差，石灰岩属于碱性石料，对沥青的黏附性优于酸性石料，但矿料的冲击值及磨光值要劣于石英质岩类。磨耗层材料除需要满足一般路面集料的技术性质外，还必须满足石料磨光值、磨耗值和冲击值的要求。可考虑采用玄武岩和花岗岩等耐磨性好的石料，但由于酸碱性造成石料与沥青的黏结力差，为提高抗剥落性能，应掺加表面活性剂。②沥青黏度偏低，用量偏高，热稳定性差，容易泛到表层形成致油面，致使抗滑性降低。从现场调查来看，病害原因属于第一类，铺装层集料采用花岗岩，集料中 SiO_2 含量相对较多，表面致密，集料与沥青的黏附性差，在运营过程中，受车轮磨耗及动水压力冲刷影响，沥青膜从集料表面剥落。磨光后的行车道路如图 2. 2-7所示。

图 2. 2-6　铣刨后的铺装层沥青混合料（表面沥青膜剥落）

路面抗滑性能采用抗滑系数作为评价指标，抗滑系数以横向力系数（SFC）或摆式仪的摆值（BPN）表示，现场采用摆式仪按照《公路路基路面现场测试规程》（JTG E60—2008）规定进行测试（图 2. 2-8），测得抗滑系数均值为 36BPN，标准差为 1. 4，按照《公路沥青路面养护技术规范》（JTJ 073. 2—2001）规定，32≤BPN<37 时评价等级为中，高速公路及一级公路的 BPN<37 时，认为抗滑能力不足，需要采取养护措施以提高路面的抗滑能力。

图 2. 2-7　磨光后的行车道路面

图 2. 2-8　现场抗滑性能测试

2.3 桥面铺装破坏形式及控制指标

以上小节主要结合桥面系的结构特性和受力特点对桥面铺装的病害进行了表观描述及分析，以下从力学角度对桥面铺装的破坏形式进行深入分析，同时提出相应的力学控制指标。

2.3.1 黏塑性永久变形

黏塑性变形是指因车载反复作用以及铺装材料在一定环境下，如车辆超载、高温等因素，铺装层在行车道产生永久变形——车辙等形式的破坏。车辙是铺装层在车辆轮载重复行驶下逐渐形成的永久性变形，表现为铺装层表面在行车道的轮迹带上出现纵向沉陷。

沥青混凝土桥面铺装产生车辙的原因主要有下面几种原因：

(1)铺装层碾压完毕交付使用后，沥青混合料会在初期阶段，在汽车荷载作用下进一步压实，形成微量永久变形，如果是施工中压实度不够，造成开放交通初期铺装层在车辆荷载的作用下逐渐压密直到极限的残余空隙率，形成两侧没有隆起，只有中间部分下凹，成 V 字形或 W 形的压密型车辙。

(2)铺装层热稳定性不足，在荷载反复作用下，荷载应力造成沥青混凝土材料的“流动”。沥青混合料抵抗流动变形的能力，主要取决于沥青混合料的抗剪强度。沥青混合料在高温时的强度不足以抵抗重轮荷载的反复作用，荷载应力很大或超过沥青混合料的抗剪强度时，沥青混凝土产生蠕变或流动变形，轮下的部分沥青混合料产生剪切变形逐渐被挤压到两侧，使两侧的沥青面层鼓起，产生所谓的侧向流动，这一部分是主要的。变形不断积累形成流动性车辙。

(3)由于刚性桥面板与柔性铺装层之间存在薄弱面，产生“剪切滑动效应”，在水平方向上产生相对位移发生结构失稳性车辙，同时还表现为推挤、波浪及拥包等变形。在高温季节，铺装层材料的力学强度大幅度降低，材料本身也体现出黏塑性和流变性，则在荷载作用下，材料的参与变形增大，因此，高温夏季发生车辙的概率增大。

对于桥面铺装的车辙，桥面沥青混凝土仅类似于道路的面层，铺装层下面没有基层、底基层和土基，而水泥混凝土桥面板可以认为在荷载作用下均能保持在弹性工作阶段，因此水泥混凝土桥面铺装的车辙主要是沥青混凝土铺装层本身的残余变形。

由于沥青混合料的高温抗剪强度不足而产生的侧向流动变形的程度与混合料本身的高温稳定性直接相关，因此，车辙特别适用于高温情况下的桥面铺装设计。以车辙作为桥面铺装的设计标准时，可以采用沥青混凝土铺装层的残余变形进行控制：

$$D_r \leqslant [D_r]_R \tag{2.3-1}$$

式中：$[D_r]_R$——容许残余变形(mm)；

D_r——沥青混凝土铺装层的计算残余变形(mm)。

桥面铺装层高温性能的评测可以分混合料高温性能及复合结构综合高温性能评测两部分进行。混合料高温性能的评价可以通过室内试验来进行(T0719—1993)，通过 DS 值和辙槽深度两个指标来衡量，复合结构的综合高温性能可以通过复合试件的室内试验(如汉堡试验）和现场试验段观测来进行。

2.3.2 疲劳开裂

桥面铺装层的疲劳开裂是指铺装层在正常使用情况下，由行车荷载的多次反复作用引起的铺装层开裂破坏，是桥面铺装的主要破坏类型。由于工作环境和受力模式的不同，桥面铺装层疲劳开裂的破坏形式、破坏位置与路面完全不同。路面的疲劳裂缝开始大多是形成细而短的横向裂缝，并逐渐扩展成网状，开裂的宽度和范围不断扩大。在车辆荷载作用下，路面底面的拉应变或拉应力要大于路面表面的拉应变或拉应力，因此，路面一般会出现down-up的开裂，当沥青结构层受车轮荷载反复弯曲作用时，铺装层底产生的拉应变或拉应力超过材料的疲劳强度，则铺装层底面开裂，并逐渐向表面发展。桥面铺装层裂缝的产生主要是由桥面系的结构特点决定的，如箱梁，桥面板的变形使纵向肋、横隔梁等刚性较大的部位与桥面板连接处成为高应力区，并使这些位置处的铺装层产生较大的负弯矩，即这些位置处的铺装层表面是拉应力或拉应变集中区，因此，桥面铺装的疲劳开裂多出现在铺装层顶面，然后逐步向下发展。力学分析显示，当桥面铺装层不能适应高应力的反复作用时，桥面板刚度最大的位置如纵向腹板与主横梁十字交叉部位、大多数主横梁和少数副横梁顶部首先出现裂缝并出现网裂的概率较大。

以疲劳开裂作为桥面铺装的设计标注时，以桥面铺装层的最大拉应变或最大拉应力为设计指标，设计中控制铺装层的最大拉应变或拉应力不超过沥青混凝土铺装材料相应的容许应变值，即：

$$\begin{aligned} \varepsilon_{tmax} &\leqslant [\varepsilon_t]_R \\ \sigma_{tmax} &\leqslant [\sigma_t]_R \end{aligned} \tag{2.3-2}$$

式中：ε_{tmax}——理论计算得到的桥面铺装层的最大拉应变；

$[\varepsilon_t]_R$——由疲劳方程确定的铺装层的容许拉应变；

σ_{tmax}——理论计算得到的桥面铺装层的最大拉应力（MPa）；

$[\sigma_t]_R$——由疲劳方程确定的铺装层的容许拉应力（MPa）。

桥面铺装层疲劳寿命的大小，主要取决于铺装层周围的环境因素（温度等）和材料特性，可通过室内试验和现场路段的观测，建立疲劳方程。设计时，根据铺装层的设计使用年限求得累计荷载作用次数，根据疲劳方程确定桥面铺装所容许的重复应变或应力大小，及材料的疲劳强度。

2.3.3 剪切破坏

剪切破坏是指铺装层内部存在较大的剪应力引起剪切变形，这是产生脱层病害的主要原因。当铺装层与桥面板层间结合面的黏结力差，抗水平剪切能力较弱时，在水平方向产生相对位移。

在桥面铺装体系中，沥青混凝土铺装与水泥混凝土板之间的防水层和黏结层体系，不仅要起到铺装层的最后一道密水防线作用外，还必须保证铺装层与桥面板能协同受力，铺装层与桥面板间的黏结作用对保证整个桥面铺装体系的复合作用以及在荷载作用下铺装层与桥面板的协调变形至关重要。在荷载作用下，铺装层与桥面板的复合作用不仅降低了沥青混凝土铺装层内部的应力，也降低了桥面板内部的应力，因此这种复合作用对桥面铺装体系的整体受力均是有利的，并且水泥混凝土板的弹性模量与沥青混凝土铺装层模量的比值越小，这种复合作用的效果越强，铺装体系各层内部的荷载应力越低。

防水黏结层位于整个铺装结构层的底部，当该层位发生破坏时，不但大大降低了铺装层和桥面板的复合作用，而且增加了铺装层内部的应力，加速了铺装层的破坏，给养护修复带来了难度，因为从使用角度来看，防水黏结层功能的丧失即意味着整个铺装层的失效，一旦铺装层与桥面板之间的黏结力丧失，铺装层即可能发生剪切破坏，对此唯一的修复方法就是将黏结层破坏区域的沥青混凝土铺装层全部铣刨掉，重新施工。从全寿命周期费用最优的角度来看，这样做既增加了管理部门的费用，又增加了道路使用者的费用，是极其不经济的，因此，必须要对防水黏结层的性能和设计标准产生足够的重视。

以黏结层剪切破坏作为桥面铺装的设计标准时，将桥面铺装层与桥面板之间的最大剪应力作为设计目标，设计中控制层间的最大剪应力不超过黏结层材料相应的容许抗剪强度，即：

$$\tau_{max} \leqslant [\tau]_R \tag{2.3-3}$$

式中：τ_{max}——理论计算得到的桥面铺装层与桥面板间的最大剪应力（MPa）；

$[\tau]_R$——黏结层材料或防水层的容许抗剪强度（MPa）。

2.3.4 局部冲击破坏

局部冲击破坏是指重载或超重交通作用时，在桥面铺装层的薄弱区域，如纵缝附近或黏结层薄弱处，出现局部破碎或网状裂缝。此外，车轮荷载的行驶、振动、冲击产生的垂直力和水平力的综合作用，使结构层内产生的剪应力超过材料的抗剪强度，也成为铺装层经常出现波浪推移和拥包破坏的主要原因，因此，铺装层抗剪强度建议采用如下控制：

$$\tau_{max} \leqslant [\tau]_R \tag{2.3-4}$$

式中：τ_{max}——在车辆垂直力和水平力共同作用下，铺装层中产生的最大剪应力（MPa）；

$[\tau]_R$——铺装层容许抗剪强度，其取值与沥青混合料的黏聚力和摩阻力相关。

2.4 桥面铺装破坏影响因素分析

影响桥面铺装破坏的外部因素具体说来主要有以下几方面。

2.4.1 外因对桥面铺装使用性能的影响

外因主要是超载及严酷的气候环境条件加速桥面铺装破坏。

研究证明，重载、超载加重了原设计铺装的应力负担，层内及层间剪应力成倍增长，加速了铺装层的破坏。室内研究表明，荷载对混和料高温稳定性能的影响是巨大的，图 2.4-1 所示是三种沥青混合料在60℃标准试验温度，不同胎压情况的动稳定度变化情况。可以看出，重载对稳定度的影响非常大，稳定度与胎压呈指数变化关系，胎压由 0.7MPa 增加到 1.1MPa 时，动稳定度几乎降低一倍。按现在标准轴载设计的桥面铺装结构在重载车作用下，沥青混合料抗剪强度远远超过允许值，造成路面出现流动性车辙。

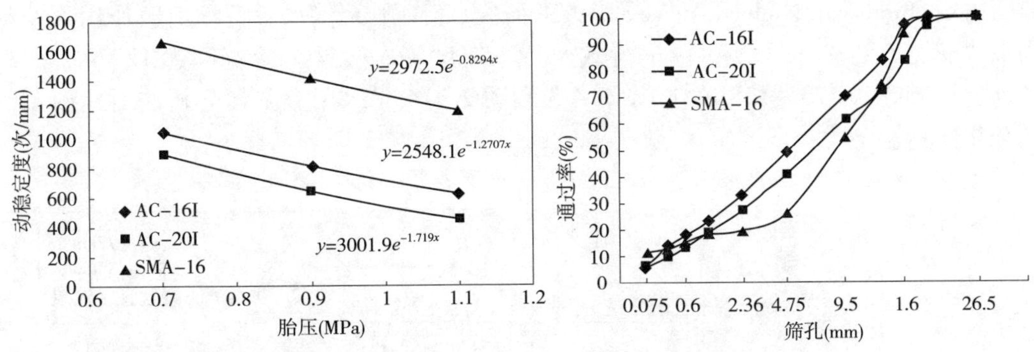

图 2.4-1　混合料在不同胎压作用下动稳定度变化

行车荷载对桥面铺装结构作用情况比较复杂，根据车辆的纵向行驶特性，除垂直荷载外，车辆在急转弯时车轮对路面会产生水平荷载，对城市高架桥来说，出于对造型及互通衔接的要求，桥梁的线性指标设计上往往有一定限制，致使弯道及上坡路段较多，车辆在上坡路段行驶时，行驶速度将随着坡度和坡长的增加而不断降低，当车辆慢速行驶克服坡道阻力时，轮胎与路面之间的平行荷载将会增大，轮胎对路面的荷载作用的持续时间也会增加。根据时温等效原理，相当于车速降低而导致荷载等效作用次数增加和沥青混合料劲度模量的降低，虽然不会增加剪应力，但剪应力作用次数的增加，不仅会加速沥青混合料的疲劳破坏，还会增大路面结构的剪切变形。此外，渠化交通、频繁的刹车制动也是导致铺装层材料破坏的重要因素(图 2.4-2)。

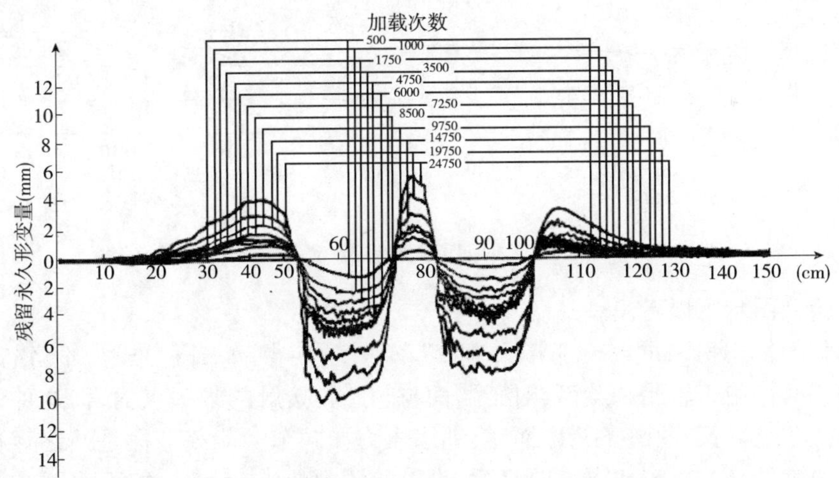

图 2.4-2　车辙深度随加载次数的变化(Eisenmann 研究报告,1987)

由于铺装层厚度较薄且整个梁体暴露在空中，铺装层温度变化较路面更为迟缓，最高温度普遍高于气温 10～20℃，而且气温越高，差距越大，这就要求在铺装层材料设计过程中，必须考虑其温度敏感性指标。

水分的渗入是造成桥面铺装发生早期损坏的另一个主要因素。由于高速公路雨天积水，在行车荷载作用下导致路面内部产生较大的动水压力，动水压力作用于沥青与集料表面，致使沥青从集料表面剥落从而产生坑槽，或者作用在路面内部，产生冲刷。根据 Marc

Novak, Bjorn Birgisson, Michael McVay 等人的研究，路面雨天积水后行车荷载作用下的动水压力取决于路面的渗水系数和行车荷载及行车速度等。假设车轮宽度为 12.7㎝，荷载为 792kPa，行车速度为 73 ~ 128km/h，图 2.4-3 和图 2.4-4 是采用有限元分析法对路面动水压力的分析图示。

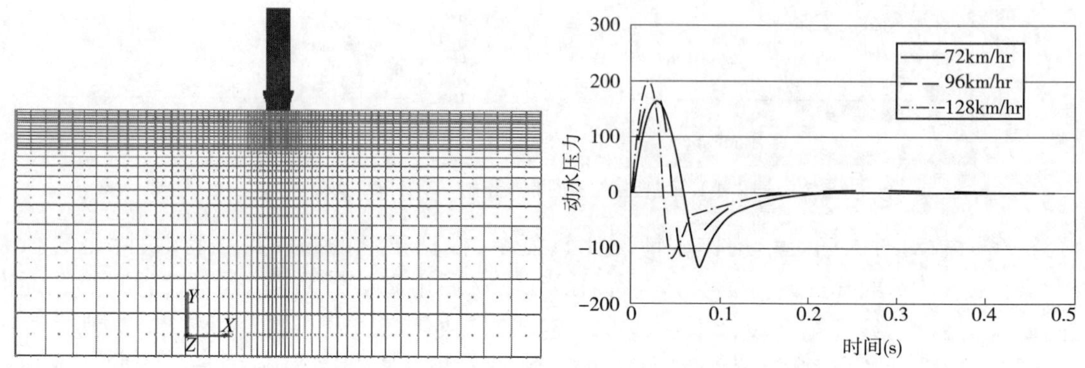

图 2.4-3　不同行车荷载时沥青铺面层间表面动水压力随时间变化

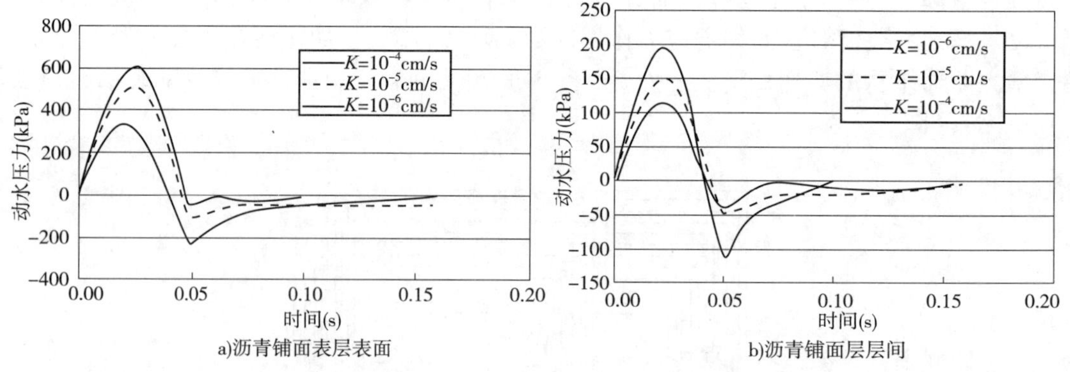

图 2.4-4　不同渗水系数时沥青铺面特征点动水压力随时间的变化

由以上系列图示可以看出：

(1)高速公路车速高，同时交通量大、重载车辆多，使得动水压力成为不可忽视的因素。流体的应力同时作用于轮胎和胎面，对于路面与轮胎相接触的某一点而言，这种动水压力是瞬时的，而对于车辆行驶的整条轮迹而言，动水压力如同车辆荷载一样是始终存在的。动水压力与行车速度的平方成正比，最高部位约为轮胎压力的 1.55 倍。路面内部在行车荷载的作用下在不到 0.1s 的时间内产生一个约 300kPa 的动水压差，这是一个相当可观的数字。

(2)随着车辆荷载轴重的增加，沥青铺面层间表面动水压力作用周期减少，动水压力值略有增加，但是真空负压力值有降低。

(3)沥青铺面渗透系数对沥青铺面特征点动水压力影响较大，由变化曲线可以看出，随着渗透系数的增大，沥青铺面表层表面动水压力有所降低，铺面层间动水压力反而有所提高，当渗透系数由 10^{-4}cm/s 降至 10^{-6}cm/s 时，表层动水压力降至原来的 60% 左右，层间动水压力提高 60% 左右。

由图中还可以看出，有水存在的情况下，水极易渗入铺装层，对其形成快速反复的有力冲刷，加速混合料及铺装层间的破坏。

2.4.2 内因对桥面铺装使用性能的影响

2.4.2.1 铺装层结构形式和结构组合设计

我国现行的沥青路面设计及施工技术规范，对铺装层结构的论述主要是对所用材料、做法及厚度等作了较原则的规定和指导性的说明，而关于具体的设计理论与方法，如铺装层的力学计算分析、排水体系设置等未予阐述，缺乏系统、规范的桥面铺装设计及施工技术指南，这是造成我国目前桥面铺装结构形式多样，结构组合设计尤其是防水层体系设计选择混乱的主要原因。

对水泥混凝土桥桥面铺装来说，一般都采用包括防水层加沥青混凝土面层的结构形式，将防水体系的修筑及效果评价作为桥梁使用寿命的保证。目前国内普遍采用的结构形式如图2.4-5所示，多采用乳化沥青或改性乳化沥青做封层，AC类沥青混凝土做承重层和磨耗层，厚度为3～9cm，传统的AC类材料由于采用连续级配，早期胶结料采用基质沥青，混合料高温条件下黏滞性大，稳定性差，早期使用过程中经常由于混合料抗剪强度不足产生黏塑性永久变形即车辙的产生，目前多采用沥青玛蹄脂混合料（如SMA-16、SMA-13）或较大公称粒径的AC沥青混合料（如AC-20，AC-16），胶结料采用SBS改性沥青，高温稳定性能有所改善。

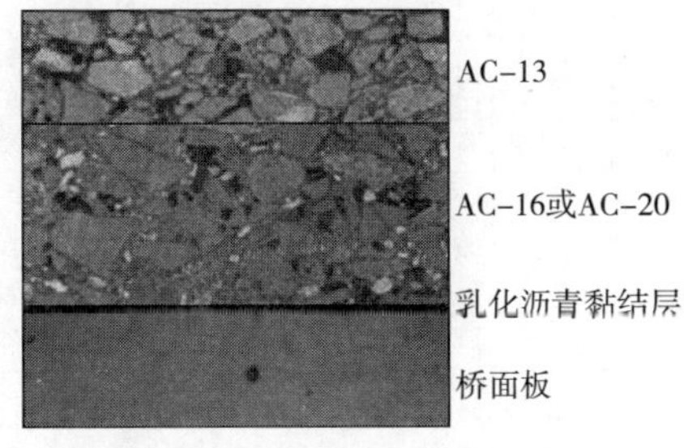

图2.4-5 目前常用桥面铺装结构

1）铺装层厚度过薄及整体抗剪能力不足

以下为应用ANSYS有限元通用程序对所建立的计算模型进行各层受力敏感性分析。

（1）建立桥面铺装结构有限元模型

桥面铺装结构的计算模型，包括铺装层、黏结层、桥面板。考虑混凝土桥面板的刚度较大，轮载及其相互间的影响范围较小，并结合计算机性能及计算效率的要求，选取平面尺寸为1m（横桥向）×3m（顺桥向）长方形桥面铺装结构体系进行计算分析，经验算满足计算精度要求。计算模型的约束边界条件为上下表面自由，与表面垂直的四周边界完全固定。计算模型采用三维八结点六面体实体单元，单元最大边长为40mm。计算模型如图2.4-6～图2.4-8所示。

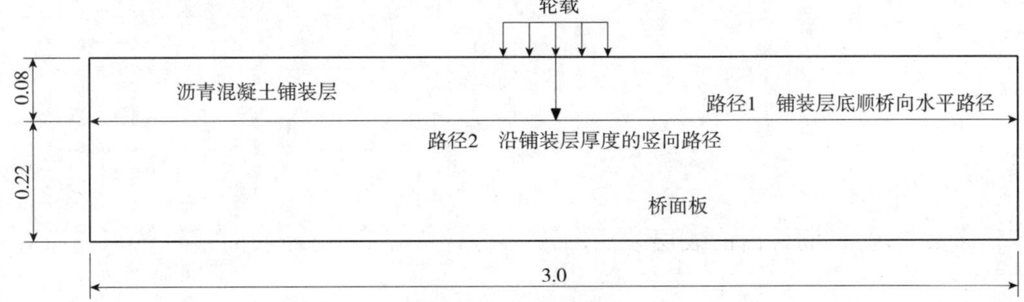

图2.4-6 铺装层结构计算模型侧视图（尺寸单位：m）

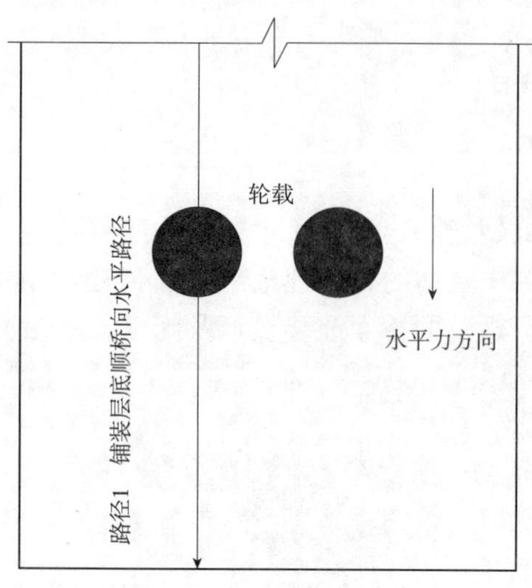

图 2.4-7 铺装层结构计算模型俯视图

图 2.4-8 有限元实体模型

模型采用在路面设计中的标准双圆均布荷载，轮载半径 10.65cm，竖向压力为 0.707MPa，考虑一定的水平力系数。

(2)防水层模量对层间剪应力的影响

计算基本参数如表 2.4-1 所示，防水层模量对剪应力的影响如图 2.4-9 ~ 图 2.4-11 所示。

计算基本参数 表 2.4-1

计算参数	沥青混凝土模量 E_a (MPa)	沥青混凝土泊松比 μ_a	沥青混凝土厚度 h_a (cm)	水泥混凝土模量 E_c (MPa)	水泥混凝土泊松比 μ_c	防水层模量 E_m (MPa)	防水层泊松比 μ_m	防水层厚度 h_m (mm)
取值	1500	0.25	8	35000	0.15	10 ~ 1500	0.3	3

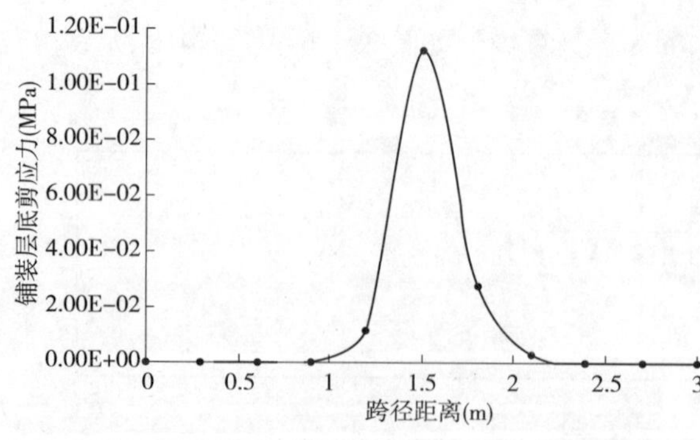

图 2.4-9 铺装层底剪应力顺桥向分布

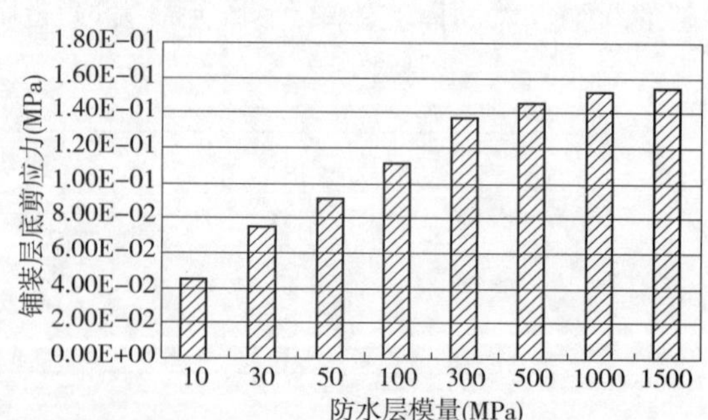

图 2.4-10 铺装层底剪应力与防水层模量关系

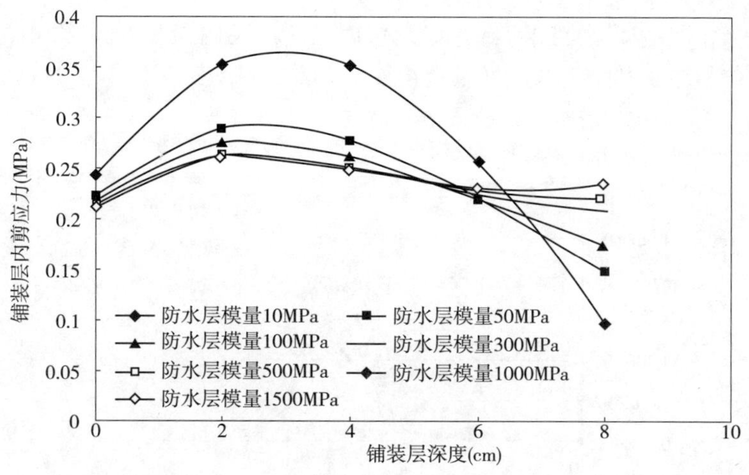

图 2.4-11 铺装层内部剪应力与防水层模量变化

由图中可以看出：

①铺装层底最大剪应力发生在两轮中间，且随着防水层模量的提高而提高，根据剪应力的变化可将防水层模量变化对剪应力的影响分为 3 部分，$E<30$MPa，$E<300$MPa、$E<1500$MPa，其中在 $E<300$MPa 时，对剪应力影响较大。黏结层模量变化对铺装层最大剪应力影响甚小，但对黏结层本身的最大剪应力影响显著，特别是在黏结层模量在 10～50MPa 变化时，黏结层最大剪应力增大 95.5%，随黏结层模量的增大，影响减小，黏结层模量在 50～300MPa 变化时，这种影响降低为 48.0%，黏结层模量在 300～1500MPa 变化时，这种影响降为 13.7%，逐渐趋于稳定。

②铺装层总厚度为 8cm 时，铺装层内剪应力随深度变化呈现出先增大后减小的趋势，最大剪应力发生在 2cm 与 4cm 处，即磨耗层中间和层间连接处，对上铺装层的高温抗剪切能力与层间稳定性提出了较高的要求，剪应力的量值随防水层模量的增加而减小，E 为 10MPa 时，内部剪应力最高，$E>300$MPa 后，同深度铺装层内剪应力值有大幅度削弱，但铺装层层底剪应力相对增长。

③需要注意的是，防水层具有一定厚度（≥3mm）时，其实际模量值与防水层在铺装层层底的存在状态及边界约束条件有关，如图 2.4-12 所示，当上铺装层较致密且边界约束条件较好时，防水层在高温及荷载作用条件下，虽然表现出黏弹性性能，但是由于横向及上下限制，受力状态与液压泵内液压油类似，仍可保持较高的模量，当上铺装层多空隙（开口空隙或联通空隙）或边界约束较弱时，一定厚度的防水层在高温及荷载作用条件下，容易沿着缝隙运动，表现出因为状态失稳导致的模量下降，因此，同等条件下层底失稳的概率增大，可以判断，剪应力可能并非判断层间稳定状态的唯一可靠指标。

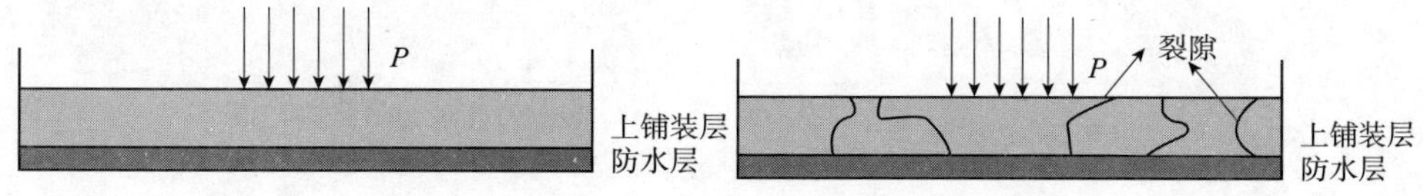

图 2.4-12 防水层与铺装层状态及约束条件示意图

(3)铺装层厚度变化对剪应力影响

图2.4-13～图2.4-15为铺装层厚度变化时,铺装层内及层间最大剪应力变化关系,表2.4-2为典型位置的最大剪应力,可以看出:

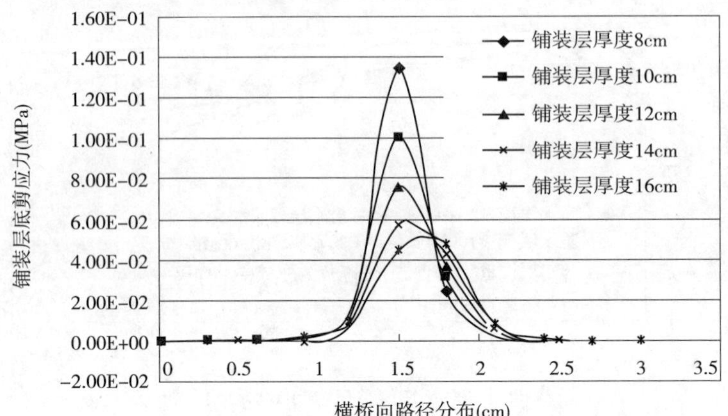

图2.4-13 不同厚度条件下铺装层层底剪应力横桥向分布

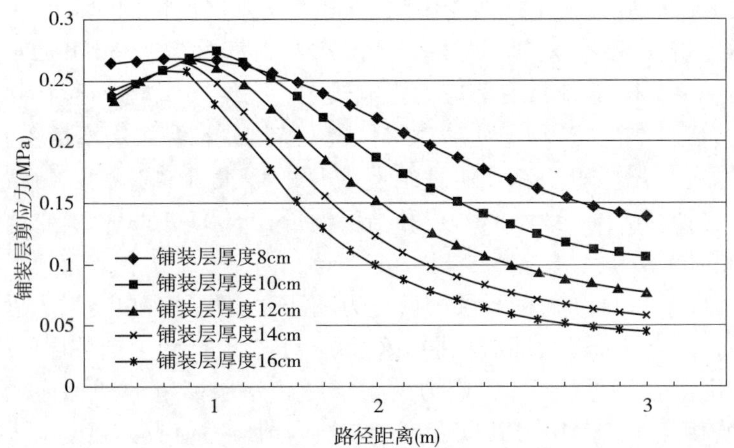

图2.4-14 不同厚度条件下铺装层层底剪应力顺桥向分布

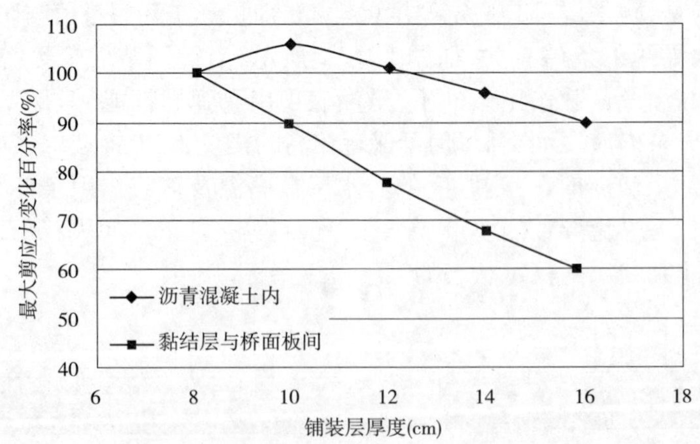

图2.4-15 铺装层最大剪应力变化百分率与铺装层厚度关系示意图

典型位置最大剪应力 表 2.4-2

铺装层厚度(cm)	8	10	12	14	16
沥青混凝土最大剪应力(MPa)	0.999	1.06	1.01	0.967	0.896
黏结层与沥青混凝土间的最大剪应力(MPa)	0.215	0.195	0.168	0.146	0.128
黏结层最大剪应力(MPa)	0.219	0.197	0.170	0.149	0.129
黏结层与桥面板间最大剪应力(MPa)	0.220	0.198	0.171	0.149	0.130

①相同材料参数设计条件下,铺装层内剪应力随厚度的增加有降低,当铺装层厚度由8cm 变化到 10cm 时,铺装层内最大剪应力有所增大,但大部分区域剪应力有降低;当铺装层厚度由 10cm 增至 16cm 时,铺装层内最大剪应力呈直线先将趋势,下降 10 个百分点;

②铺装层厚度变化对各层的剪应力影响显著,铺装层底部剪应力随铺装层厚度增加呈直线下降趋势,当铺装层厚度每增加 2cm,层间最大剪应力下降 10 个百分点;

通过以上计算分析可知,沥青混凝土铺装层厚度,黏结层模量、水平力的作用以及车辆超载对铺装层内部以及铺装层与黏结层界面的剪应力影响最为显著。实际病害的调查也印证了该结论,目前使用的桥面铺装结构中没有设置黏结防水层,铺装层厚度不足,加之车辆的超载严重,这都是造成桥面铺装车辙、推移病害的主要原因。

目前,桥面铺装沥青面层的厚度普遍在 5 ~ 8cm,恰使桥面防水层处于铺装层水平剪应力最大的位置,防水层受到剪切破坏进而导致桥面沥青混凝土面层开裂破坏。考虑梁体恒重、工程造价等问题,铺装层厚度设计宜在 10 ~ 12cm。

2)防水体系缺乏系统完善的设计

桥面铺装层的损坏常常与水有着密切的关联,由调查结果来看,防排水体系的不完善往往会导致桥面边缘处积水,增加了水渗入的概率,加速了铺装层和桥面板界面联结失效的发生。防水体系是整个桥面铺装中承上启下的关键层位,兼有防水、黏结等多重作用,对柔性沥青铺装与桥面板之间的复合受力至关重要。相关研究认为,理想的防水层应该是施工后不透水和设计年限内不透水,而且是经济的。防水体系一般至少包括底涂层、防水黏结层、保护层三部分。防水黏结层是构成整个防水系统的主体,是桥面防水与否的关键层次,其他层次只起到改善防水层与上下层结合性能和防止其他缺陷的功能。

铺装层与桥面板之间的黏结作用对保证整个桥梁铺装体系的复合作用以及在交通荷载作用下铺装层与桥面板的协调变形至关重要,这种复合作用对整个铺装系统传荷及分散荷载是有利的;通过对大量桥梁破坏成因的分析发现,我国桥面铺装的设计经历了一个无防水黏结层—乳化沥青黏结层—热沥青、涂料及卷材类防水黏结层—多样化防水黏结体系的过程。特别是 2000 年以前的桥面铺装设计,铺装层间多不设防水层或只在铺装层与桥面板结合界面处洒布一层普通沥青或乳化沥青黏层,用油量难以控制且容易偏高,软化点偏低,高温极易软化而变成润滑层。同时乳化沥青水稳定性差,一方面,这种柔性沥青膜容易被后续施工破坏(如被混合料料车车轮带走);另一方面,外界水进入层间后,也容易将其破坏,发生脱层现象。桥面铺装层与桥面板间的黏结力是铺装层的附着基础,一旦出现脱层,没有桥面板的约束,铺装层在轮载的振动冲击作用下与桥面板分离,并很快发生破坏。因此层间黏结力是桥面铺装正常工作的关键。此外,层间水在高速行车的作用下，产生极大的空隙水压，对水凝混凝土表面和沥青铺装层底部反复冲刷，沥青—集料的黏附作用被破坏，集料的尖角处等一些黏附剥落部位首先发生剥落，剥落一旦发生，有压水更容易沿着沥青—集料的剥落面渗入，发生大量的剥落，这就是剥落、松散总是从路面内部开始的原因。

近年国内也有研究单位研究开发了一些如聚合物改性沥青类（溶剂型或胶乳类），聚氨酯或环氧树脂沥青类（溶剂型）等柔性防水黏结材料，施工厚度多为1.0～1.5mm，该类材料以柔性薄膜的形式存在于铺装层与桥面板之间，对有裂缝存在的桥面部位的防水仍然无太明显效果，而且容易被后续施工破坏（如被混合料料车车轮带走）。

2.4.2.2 铺装层材料的设计与选择

水分的渗入是造成桥面铺装发生早期损坏的一个主要因素，主要原因在于：

（1）施工单位出于工程进度的考虑，对高速公路桥梁及中小桥梁的桥面铺装不做单独设计，采用与相邻路面相同的材料设计，施工时担心对桥体结构的承载力造成破坏而不进行振动压实，导致混合料压实度不足，空隙率过大。

（2）由于混合料本身的特性（AC类或SMA沥青混合料，设计空隙率大）及桥面铺装沥青混合料的施工压实较难，造成混合料空隙率过大或压实度不足造成透水。

沥青混合料体积指标对混合料的破坏关系重大。相关研究表明：桥面铺装出现水损害的危险空隙率是在8%～14%之间。在这个区间内，路表水在动水压力的作用下可以较容易的进入到路面沥青混合料内部，但是很难自由地排除。而常规沥青抗滑层（如AK类沥青混合料）所用沥青混合料其设计空隙率为4%～10%，一般为5%～6%，而现场压实度按照马歇尔试件密度的96%控制，路面实际空隙率一般在9%～10%之间，最大可能达到12%～13%，正处于发生水损害的最不利状态。

图2.4-16～图2.4-18为不同公称最大粒径及不同关键控制筛孔设计的SMA沥青混合料渗透系数及7%空隙率时混合料的渗透系数比较，渗透系数是综合反映材料渗透能力的一个指标，表示流体通过孔隙骨架的难易程度，其数值与混合料骨架的空隙有关。可以看出：

（1）随着混合料公称最大粒径的增大，材料密水性能依次降低，SMA-20、SMA-13沥青混合料7%空隙率时的渗透系数远远高于SMA-10及SMA-5沥青混合料。

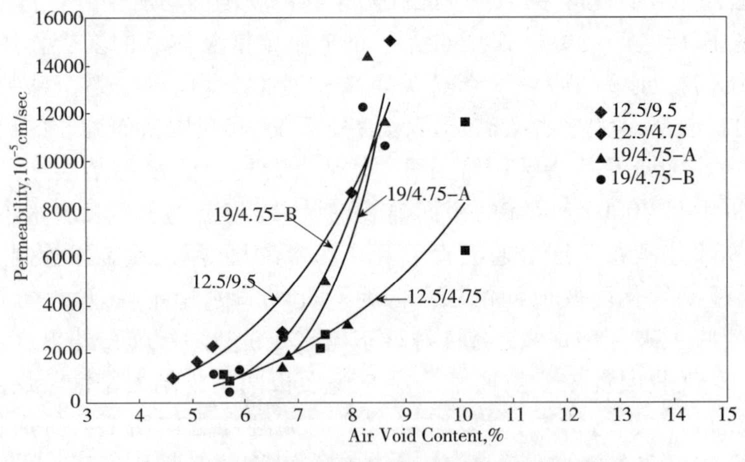

图2.4-16　传统SMA沥青混合料的渗透系数比较

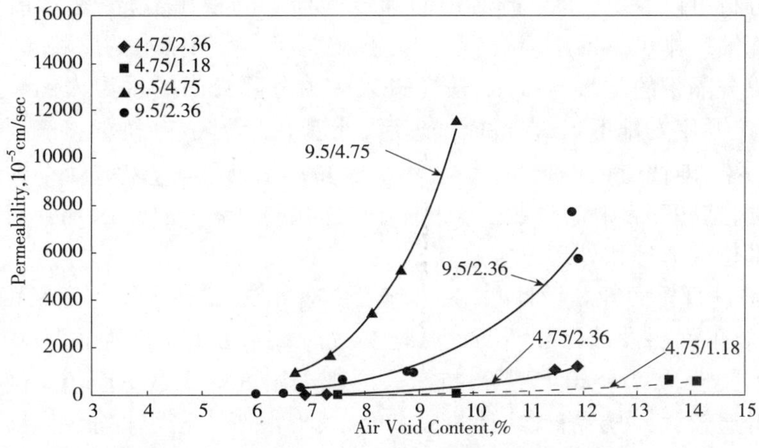

图 2.4-17　SMA-10 及 SMA-5 沥青混合料渗透系数比较

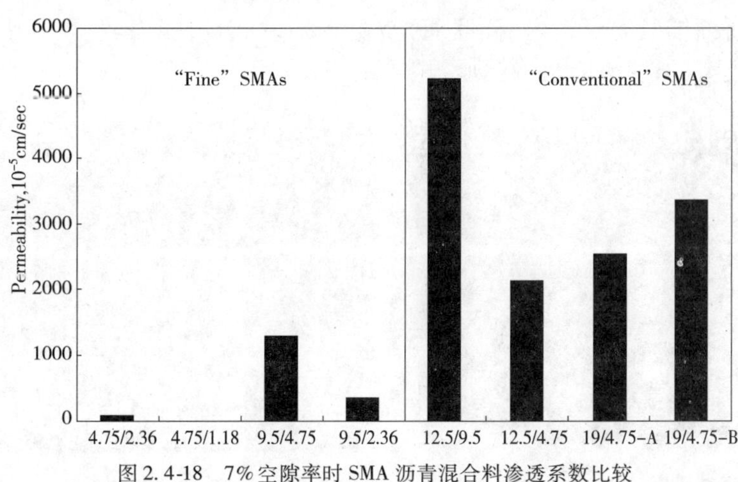

图 2.4-18　7% 空隙率时 SMA 沥青混合料渗透系数比较

（2）同样空隙率条件下混合料公称最大粒径越小，其抗渗透能力越强。

（3）混合料公称最大粒径相同的条件下，混合料级配间断程度越大，其抗渗透能力越差，这在一定程度上也表征了混合料内部联通空隙的分布状况。

通过以上结论可以看出，常规的 SMA 沥青混合料虽然其骨架—密实的嵌挤结构设计可以保证铺装层结构整体的高温稳定性，但是在防水设计上有一定的考虑欠缺之处，属于半透水性材料。

桥面铺装面层的混合料类型与相邻的路面面层不同时，施工桥面铺装时需要拌和站单独拌制，桥面铺装所需混合料数量较少，导致混合料的拌制质量难以保证，混合料质量存在变异性，易造成沥青层透水。

水分沿铺装层裂缝或混合料联通空隙渗入后，会破坏沥青与石料、混合料与混合料之间的黏附作用，渗入到沥青面层内部及水泥混凝土桥面与铺装层界面时，在行车荷载与温度变化下产生水损害，从而出现唧浆、网裂、剥落、松散、坑槽等病害。另外，由于界面之间动压力水冲刷作用的存在，联结强度降低，造成沥青层脱层、拥挤现象，使铺装层失去强度和防水能力。

通过以上分析可以看出，水是造成桥面铺装水损害的根源，边缘是水最容易渗入的部位。完善的桥面铺装排水体系不但要“防”、而且要“排”，确保排水的顺畅十分重要。因此，要切实做好中央分隔带的防水与排水，避免进入中央分隔带内的水渗入铺装层内部。实际施工中，由于施工顺序安排不当，在桥面处理后，处理中央分隔带、桥梁接缝、排水管道等，对桥面造成二次污染，即使清扫也扫不干净，防水层黏结层施工时，边缘处不洒或洒布后被后续施工车辆破坏，这些都影响了铺装层与桥面板之间的黏结和整体性，加强对桥面边缘及细部结构等薄弱部位的清理和处理非常重要。

2000 年以前进行桥面铺装设计时，为了施工快速方便，往往采用与道路路面结构相同的结构形式，普遍将下面层设计为Ⅱ型沥青混凝土，如 AC-25Ⅱ或 AC-30Ⅱ型；中面层则多为Ⅰ型密级配沥青混凝土，如 AC-20Ⅰ型等；抗滑表层则采用 AK-13 或 AK-16。这样设计出来的混合料空隙率普遍较大，两层铺筑共计 8 ~ 10cm，沥青混凝土密水性能差，长期在水和荷载的共同作用下，使得沥青膜逐渐从集料表面剥离，最终导致集料之间的黏结力丧失而出现坑槽、松散等路面破坏现象。图 2.4-19 为山东省内实体工程桥面铺装取芯情况统计，可以看出，早期设计的桥面铺装混合料内部（联通）空隙较多，抗渗透能力较差，其中固然有施工压实因素，但级配类型的选择和设计起到了主导主用。

a)大沽河大桥芯样　b)胶莱河大桥芯样

c)引黄济青干渠大桥芯样　d)潴河大桥芯样

图 2.4-19　实体工程芯样情况

研究结果表明，空隙率、级配和公称最大粒径对 HMA 混合料的渗透性能影响显著，粗级配内部的联通空隙明显增高，使得铺装层混合料密水性能下降，发生水损害的机率也增大。路面沥青混合料的体积指标对水损害破坏的影响至关重要。根据美国联合攻关项目

NCHRP 175"Moisture Damage In Asphalt Concrete"的研究和调查结果,路面出现水损害的危险空隙率是在8% ~14%之间。在这个区间内,路表水在动水压力的作用下可以较容易的进入到路面沥青混合料内部,但是很难自由地排除。而AK类沥青抗滑层所设计的沥青混合料其设计空隙率为4% ~10%,一般为5% ~6%,而现场压实度按照马歇尔密度的96%控制,实际上,路面空隙率一般在9% ~10%之间,最大可能达到12% ~13%。而路面空隙率正处于水损害的最不利状态。

图2.4-20为不同公称最大粒径混合料现场渗透性能比较,可以看出:

(1)随着混合料公称最大粒径的增大,材料密水性能依次降低,NMSA(集料工程最大粒径)为25.0mm、19.0mm时沥青混合料渗透系数远远高于NMSA12.5mm及9.5mm沥青混合料。

(2)同样空隙率条件下混合料公称最大粒径越小,其抗渗透能力越强。

(3)混合料公称最大粒径相同的条件下,混合料级配设计也关系到其抗渗透能力强弱,图2.4-21为X光下的混合料试件平面及软件处理后显示的孔洞分布情况,在一定程度上也表征了混合料内部联通空隙的分布状况,因此,必须对混合料的级配进行合理设计,在兼顾其高、低温稳定性能和保证抗渗透性能的基础上取得平衡,如果级配NMSA选择过大,设计较粗,则内部缺陷增多,均匀性差,其抗疲劳能力也有相应的削弱,因此,从密水和抗疲劳等方面考虑,桥面铺装层宜在保证其高稳定性能的情况下,采用公称最大粒径较小、设计空隙率较小的混合料。

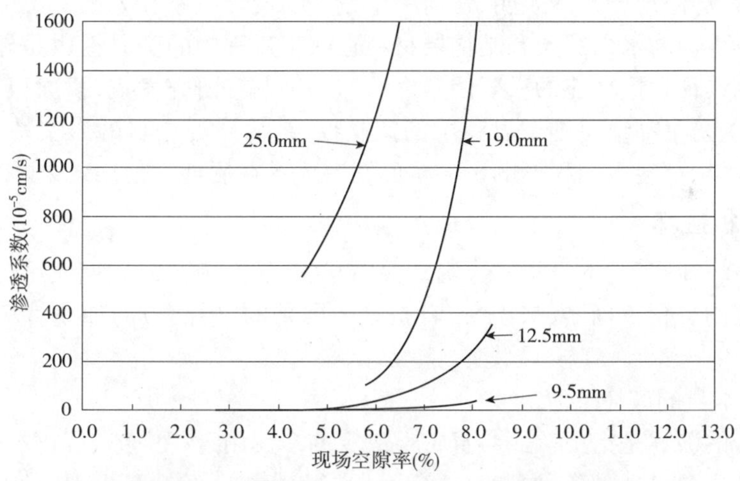

图2.4-20 不同公称最大粒径混合料现场渗透系数比较

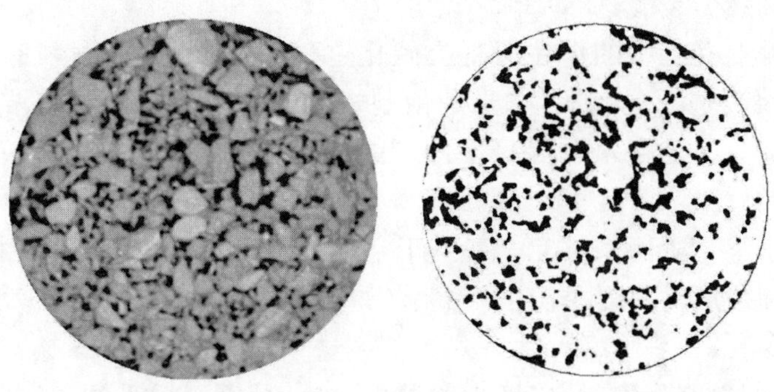

图2.4-21 X光下的混合料试件平面及软件处理后显示的孔洞分布

2.4.2.3 铺装层使用期间的养护问题

(1)对于混凝土桥面板来说,由于在施工及养护过程中温度的不易控制性及施加预应力张拉,桥面板往往会出现一定程度的微裂缺陷,增加了使用后期向上反射导致防水层甚至铺装层破坏的概率。

(2)桥梁使用过程中,没有加强对桥面沥青混凝土面层的日常养护,造成泄水口堵塞,排水不畅,边缘处积水严重;

2.4.3 外界环境原因对桥面铺装使用影响

相关研究表明,均匀升温及均匀降温作用均会使铺装层应力增大,尤其对铺装层拉应力影响较大,铺装层在温度变化较大(尤其是降温幅度较大的情况下)的情况下,在拉应力集中区域出现破坏。

2.4.4 施工控制对桥面铺装破坏形式的影响

通过以上分析可以发现,桥面铺装层的破坏形式与整个桥面铺装体系所处的环境及交通条件、结构的设计特点有关,涉及桥面板处理、防水黏结层设计、结构层混合料设计等各个方面,这些都是下一步分析设计桥面铺装结构的研究重点。

除以上因素以外,现场实践表明,任何一个完美的设计体系和方案都不能保证不会有桥面铺装病害的发生。防水黏结层和结构层材料在施工过程中的变异性也是导致桥面铺装体系能否按照预期设计发挥功能的重要因素之一。经过调查研究发现,桥面板本身的破坏、桥面板的处理方式、防水黏结层施工过程中的完整性、结构层混合料的压实特性,防排水体系的设计和使用效果,都会不同程度的影响桥面铺装体系在后期的使用效果。

2.4.4.1 桥面板破坏

桥面板的破坏,既有其本身特性决定的原因,又有初期施工或后期使用过程中铺装层局部破坏导致性能的恶化,对后者来说,二者是互为因果的,桥面板的加速破坏也意味着铺装层的加速失效。

(1)桥面板本身的破坏

桥面板本身的破坏是指由桥面自身特性决定的在使用过程中加上荷载的反复作用产生的破坏。破坏的主要类型是各种裂缝的产生。裂缝产生的原因复杂,根据成因可以分为干缩裂缝、温度裂缝和疲劳裂缝:

干缩裂缝:水泥混凝土中的水在混凝土硬化过程中失去时,水泥浆体收缩,从而受到了自身(集料对水泥浆)约束及外部(主要是预制板和侧面路面)的限制,导致收缩应力的产生。据调查,一般高等级公路水泥混凝土面板的自由收缩约为0.00006~0.00008,因此,桥面铺装层经常有裂缝产生。

温度裂缝:由于整个桥面系都完全暴露于空气中,直接受气候条件的影响,因而,同路面中使用材料相比,铺装层材料夏季温度更高、冬季温度更低。温度裂缝一般就是在温度降低的过程中产生。

混凝土面板受到急剧降温时,应考虑两种情况:一是桥面板受到预制板约束而不能自由收缩，层间沿轴向将产生拉应力及拉应变，在一般温度范围内，由于降温出现的拉应力，受应力松弛而减少，可是当温度降至应力松弛极限点时，应力就很难松弛，当由于温度下降的累计拉应力超过混凝土的极限抗拉强度时，将产生横向裂缝；二是当桥面板较厚时，沿厚度方向将产生较大的温度梯度，此时，铺装层表面温度低于层底温度，如果无约束条件将出现上翘曲现象，不产生温度应力。

疲劳裂缝：在车辆荷载的反复作用下，桥面板随桥面铺装处于规律性的振动变形中，由于在混凝土材料内部存在局部缺陷或不均匀性，在荷载作用下会发生应力集中而出现微裂纹，并且在应力的反复作用下使裂纹逐步扩展，从而不断减少承受应力作用的有效面积，最终在车辆重复一定次数后导致破坏，使混凝土出现疲劳裂缝。

以上桥面板的各种裂缝，最终都会反映到沥青铺装层导致反射裂缝的产生。

(2)桥面板初期破坏

主要包括两个方面：

①桥面处理方式不当，未能提供良好的界面条件

桥面处理的具体要求依据各自的行业标准有所不同，总的原则要求是：沥青混凝土桥面铺装施工前，要求梁顶或现浇梁板混凝土的层顶应平整、粗糙、干燥、整洁，不得有浮浆、尘土杂物、油污等，桥面横坡符合要求。当不符合要求时应予处理，对尖锐突出物或凹坑应予打磨或修补。

当前常用的桥面处理方式，主要有铣刨、凿毛、喷砂、抛丸等。这些施工工艺的可操作性、机械化程度、环境因素等方面各有不同的特点(表 2.4-3)。如图 2.4-22 ~ 图 2.4-27 所示，处理后的桥面状况也有所不同。

桥面处理工艺比较 表 2.4-3

序号	处理工艺	施工特点	存在问题
1	铣刨处理	专用机械化施工，施工速度快	受原桥面高程影响，容易均匀性差，尤其是旧桥铣刨时容易将钢筋铣刨断
2	凿毛处理	一定条件下可以解决桥面板过于光滑，层间摩阻力过小的技术问题，半机械化施工(国内多用自制简陋机械)，施工速度较慢	机械凿毛容易造成深层混凝土的松动和裂缝，降低混凝土整体性；人工凿毛劳动条件差、强度大、功效低、作业周期长，桥面处理不均匀程度大
3	拉毛处理	简单易行，要求混凝土表面深度 3mm，宽度 4mm；机械化施工，施工速度一般	较简单的界面造涩处理方法，效果不如凿毛效果显著，表面浮浆处理比例小；劳动条件差、强度大、功效低、进度慢，且容易将钢筋保护层破坏
4	刻槽处理	专用切割机械，施工速度较快，混凝土 3 天强度后在桥面板上硬性刻制横向沟槽，深度 3 ~ 5mm，槽净间距 1 ~ 1.5cm	浮浆处理面积小，切槽效果受水泥品种、初、终凝时间、强度等方面影响大，作业时，噪声和粉尘污染大

续上表

序号	处理工艺	施工特点	存在问题
5	喷砂处理法	专用机械化施工，施工速度快。采用清洁压缩空气推动精细磨料冲击混凝土表面而对其进行表面粗糙处理。处理过的混凝土表面纹理均匀、坚硬且无其他杂质	对表面缺陷严重(如浮浆多)的桥面处理力度小，多用钢桥面板除锈处理
6	抛丸处理法	专用机械化施工，施工速度快，高效、清洁、无尘的混凝土表面处理方法，物理方式抛出钢丸对桥面板进行表面处理。经抛丸处理过的混凝土表面洁净而又坚硬，具有比较均匀的纹理，对桥梁结构的扰动少，粗糙度理想	抛丸效果受钢丸尺寸和施工机械的影响，当前国内类似施工标准不统一
7	其他(酸蚀、高压水冲毛、机械式钢丝刷刷毛、表面喷洒缓凝剂等)	固定工艺和配套设施，较传统作业方式工效有提高，减少了工人劳动强度，对混凝土扰动小	造价高、对桥面的影响缺乏广泛研究，尚无大范围推广

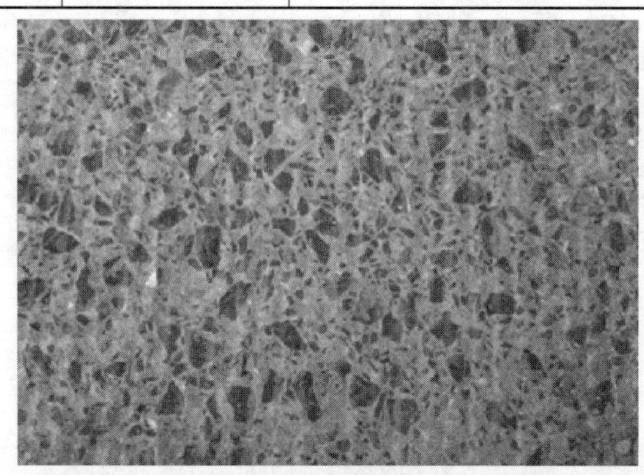

图 2.4-22　新桥铣刨清理后的桥面

图 2.4-23　旧桥铣刨清理后的桥面

图 2.4-24　拉毛清理后的桥面

图 2.4-25　凿毛清理后的桥面

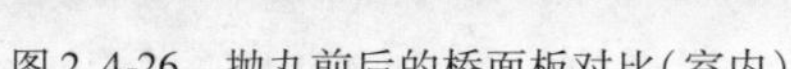
图 2.4-26　抛丸前后的桥面板对比(室内)

图 2.4-27　抛丸前后的桥面(现场)

界面处理方式是保证铺装层和桥面板之间联结良好的基础。实践证明,同样防水层、不同粗糙面可以提供不同的附着力和摩阻力。因此桥面与桥面板之间的黏结强度和抗剪切强度不同,处理不良的桥面极其易造成防水黏结层功能失效,因此需要结合防水黏结的类型通过室内试验比对进行评价。

②施工期间的交叉作业,对处理后的界面造成二次污染

桥面处理完后,表面应注意保护,避免二次污染。下一道工序施工前,应对检验合格的水泥混凝土表面用森林鼓风机进行吹风清洁。

新建桥面处理过程中,并不是全封闭的,如果工序安排不当,期间处理段内的交叉作业(如隔离带浇注处理、伸缩缝填筑、运料车行驶等,图 2.4-28),会将处理好的桥面二次污染,造成后续施工中桥面板与铺装层黏结不良。实践证明,桥面处理方式工效越低、作业周期越长,桥面二次污染的概率越大(图 2.4-29),因此,除加强施工控制,合理安排工期外,应结合现场施工特点选择机械化施工速度快、效率高的桥面处理工艺。

图 2.4-28　桥面处理期间的交叉作业

2.4.4.2　防水黏结系统施工过程中被破坏

《公路沥青路面设计规范》(JTG D50—2006)中提到,防水层和下面层共同组成防水体系。

防水黏结体系破坏主要指防水黏结层施工完成后,由于承受重载料车和摊铺机履带轮的反复碾压以及热沥青在摊铺碾压过程中使防水层咯破失效,这一直是涂料类的防水层难

以突破的难点(图 2.4-30)。对卷材类防水层来讲,在施工过程中与混凝土表面黏结,层间存在空气时,也会存在黏结不良的问题。

图 2.4-29 二次污染后的桥面对比

图 2.4-30 普通涂膜类防水黏结层被后续施工破坏

2.4.5 设计因素对桥面铺装破坏形式的影响

2.4.5.1 铺装层厚度过薄及整体抗剪能力不足

按照柔性路面设计理论,车轮垂直压力作用下,除了在车轮下方的结构层产生竖向正应力外,同时会产生水平剪应力。在荷载作用下,桥面铺装层所受应力随着结构深度(厚度)的增加而逐渐减少,当结构深度(厚度)分别超过 20cm 和 10cm 后,结构所受的竖向应力和水平剪应力就很小了。而水平剪应力正是造成桥面沥青混凝土面层破坏的主要原因。研究表明,当桥面沥青混凝土铺装层厚度由 5cm 变化到 10cm 时,铺装层内最大剪应力会有所增大,而当沥青混凝土面层厚度大于 10cm 时,最大剪应力随铺装层后的增大而显著减小。因此,为适应行车速度高、载重量大和车流量大的需要,桥面沥青混凝土面层的合理厚度宜在 10 ~ 12cm,而目前桥面沥青面层的厚度普遍在 5 ~ 8cm,恰使桥面防水层处于铺装层水平剪应力最大的位置,防水层受到剪切破坏而导致桥面沥青混凝土面层开裂破坏。

2.4.5.2 防排水体系不完善造成细部构造积水或渗水严重

桥面铺装层的损坏常常与水有着密切的关联。由调查结果来看,防排水体系的不完善往往会导致桥面边缘处积水,增加了水渗入的概率,加速了铺装层和桥面板界面联结失效的

发生(图2.4-31)。从现场调查来看,主要存在的问题有:

(1)旧有桥梁虽设置了泄水口,往往施工中预留的泄水口高于桥面,或虽低于桥面但仍高出防水层,使得排水不畅,使排水功能丧失或部分丧失,造成排水不畅。

(2)桥梁使用过程中,没有加强对桥面沥青混凝土面层的日常养护,造成泄水口堵塞,排水不畅,边缘处积水严重。

(3)铺装层沥青混合料压实过程中,出于对护栏表观保护的考虑,边角部位的防水黏结层往往洒布不到,沥青混合料也缺乏足够的压实,导致该处混合料局部空隙率增大,边缘处积水时,水极容易渗入铺装层内及铺装层与桥面板之间,造成各种隐患。

a)泄水孔过高造成边缘处积水

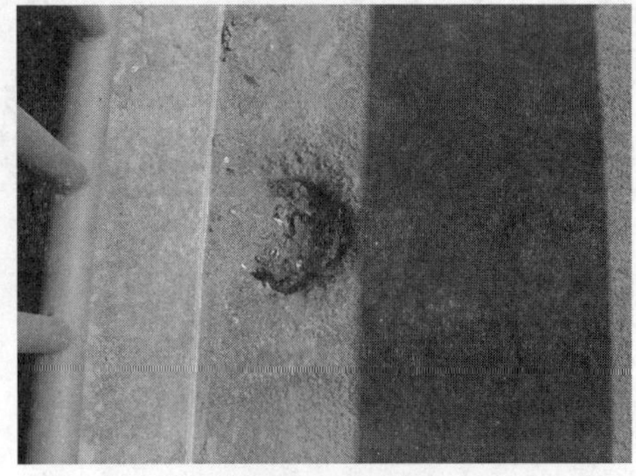

b)排水孔堵塞

图2.4-31　防排水体系不完善造成细部构造排水不畅

2.4.5.3　水泥混凝土防水调平层及三角垫层破碎导致反射裂缝成因分析

防水层分为柔性防水层和刚性防水层两种。后者目前应用较多,主要原因在于:①刚性防水层可以同时保护桥面板和主梁钢筋不被碳化和腐蚀破坏;②刚性可以阻止渗入面层的水穿透梁体,避免在桥梁上形成钟乳石和白色盐霜,影响美观;③刚性防水层原理、施工组织管理等易于工程技术人员接受,且价格合理,不会使桥梁工程造价大幅上扬。

但对水泥混凝土防水调平层或三角垫层等刚性结构来说,存在以下缺点(图2.4-32):

(1)调平层与原桥面黏结差;

(2)调平层厚度偏薄,强度不足,韧度差,抗冲击能力差,在重载交通冲击或副弯矩作用下,易破碎;

(3)调平层配比与原桥面材料相差大,温度变化情况下收缩应变有差异,易产生相对变形,导致层间过早滑脱;

(4)调平层多现场施工,质量变异大,影响预期性能发挥;

(5)调平层厚度过大增加梁体自重。

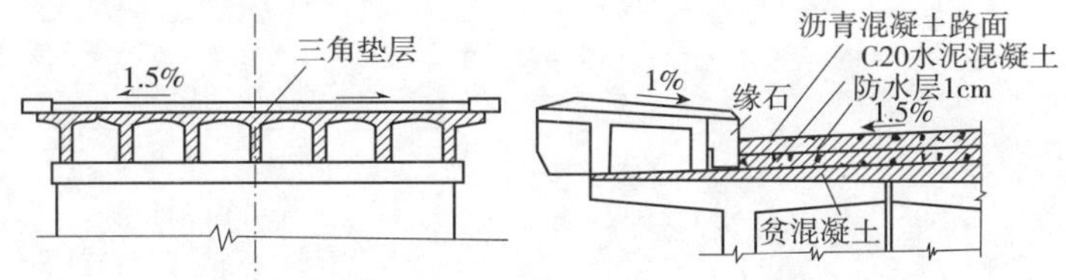

图2.4-32　传统桥面铺装层构造

如图 2. 4-33 所示,三角垫层的破碎,一方面是因为交通荷载远远超出设计要求;二是因为防水结构体系不够完善时,水泥混凝土防水调平层或三角垫层并未起到良好的防水效果,化冰盐引起冻融和钢筋腐蚀的现象依然严重(图 2. 4-34)。

图 2. 4-33　破碎的三角垫层

西部交通建设科技项目(合同号 2002-318-000-30)在研究报告中指出,在总厚度不变的情况下,设计水泥混凝土三角垫层宜较沥青混凝土铺装层偏薄的铺装结构,比如 4∶6,5∶8 形式,三角垫层最小厚度为 4cm,考虑施工影响等,设计厚度宜为 6 ~ 10cm。鉴于以上原因,许多现行工程中已经逐步弱化该层的使用,推荐条件许可情况下,取消该层设置。

图 2. 4-34　盐融腐蚀对防水调平层及梁体破坏(Report No. CDOT-DTD-R-2004-1)

第3章

桥面铺装方案研究

3.1 国内外水泥混凝土桥面铺装典型结构设计

3.1.1 水泥混凝土桥面铺装

国外经过几十年的实践与探索，结合各自国家和地区的具体情况，在水泥混凝土桥面铺装方面选用的结构类型与厚度不尽相同，一般采用沥青混凝土铺装层，包括防水层和沥青混凝土面层。从结构组成上看，铺装层通常由1~3层材料铺筑而成。当桥面不设排水层时，应选用不透水的或极密实的磨耗层，因为渗入面层的水是难以排走的，最终会引起面层破坏。如果采用常用的沥青或水泥混凝土而不采用防水层，要使它们的配合比设计满足密实的要求或将其表面处理成防水的。还要特别注意磨耗层中的接缝，因为这是水最容易渗入的地方。

表3.1-1为近年来国内大型水泥混凝土桥面铺装结构的调查统计，目前水泥混凝土桥桥面铺装结构的主要区别在于防水体系的设置多样，价格差异大，这是影响铺装层工程费用高低的主要因素。

材料设计方面，常规的AC类沥青混合料铺装结构由于不适应桥面铺装的使用特性及要求，已经逐渐被摒弃。当前承重结构以SMA为代表的骨架密实类沥青混合料为主，该混合料以较好的高温稳定性、低温抗开裂能力及良好的水稳定性，因此成为近年桥面铺装设计的首选材料。

近年国内水泥混凝土桥面铺装结构调查统计　　表3.1-1

序号	项目名称	施工面积(m^2)	时间(年)	总厚度(cm)	结　构	备注
1	上海东海大桥	820000	2005	8	5cmSMA-13 SBR改性乳化沥青 3cm浇注式，表面撒布碎石 溶剂型沥青橡胶防水层 反应性树脂下封层，预拌碎石 桥面板喷砂处理	

续上表

序号	项目名称	施工面积(m^2)	时间(年)	总厚度(cm)	结　构	备注
2	苏通大桥	100000	2007	8	4cmSMA-13 4cmSMA-13 纤维增强型防水涂料 桥面板抛丸处理	引桥 1
					SMA-13 国产环氧沥青防水黏结层 桥面板抛丸处理	引桥 2
3	舟山连岛工程	267637	2003	10	4cmSMA-13 6cmSMA-13 SBS 热沥青封层，预拌碎石 桥面板处理	岑港大桥
		21398	2003			响礁门大桥
		24509	2003			桃夭门大桥
4	杭州湾大桥	—	2008	10	40mmSMA-13 改性乳化沥青 60mmSMA-16 聚合物改性沥青 桥面板处理	
5	济南东外环工程	—	2009	10	4cmSMA10 4cmSMA-13 2cm 普通沥青砂 SBS 热沥青封层，预拌碎石 人工凿毛处理	

3.1.2 钢桥面铺装

在行车荷载以及温度应力等作用下，钢桥面板会发生一定程度的变形，其受力和变形特性较一般公路路面复杂得多，因而对黏结层和铺装层的强度、变形能力、温度特性和疲劳耐久性等都提出了更高的要求。

日本、欧洲、美国等经济发达地区，桥面铺装技术研究起步较早，基本形成了各自的铺装体系和典型结构设计方法。

日本在 20 世纪 70 年代中后期，推荐下层浇注式沥青混凝土、上层橡胶沥青改性密级配沥青混凝土作为钢箱梁桥桥面铺装典型方案（图 3.1-1），铺装总厚度为 7 ~ 9cm。与欧洲桥面铺装体系不同的是，日本不设置防水层，仅在钢板表面涂布溶剂型沥青橡胶作为黏结层，该时期钢桥面铺装病害多为局部鼓包、重载交通条件下桥面推移和车辙、轮迹带开裂。目前,日本开始使用改性沥青密级配沥青混凝土做铺装下层,但要求使用防水层(改性沥青卷材)。

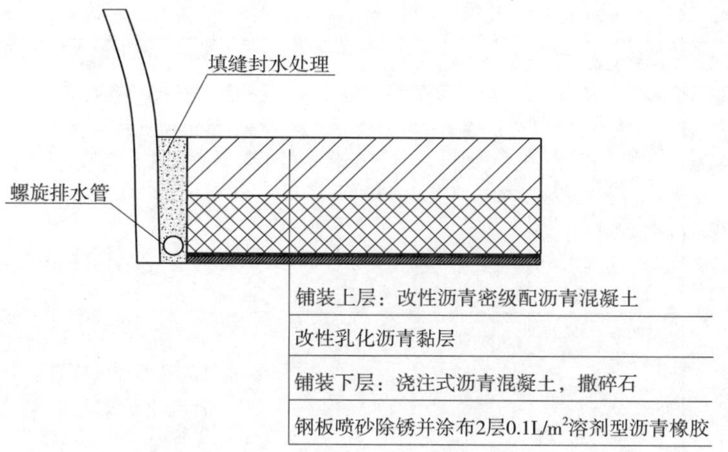

图 3. 1-1　日本桥面铺装结构

英国在 20 世纪 60 年代开始一直采用沥青玛蹄脂混凝土的薄层铺装(总厚度约 40mm),铺装层与钢板间采用沥青玛蹄脂防水层或反应性树脂防水层,结构如图 3. 1-2 所示。

德国的桥面铺装体系较为复杂,表现为特别注重结构层次功能和防水功能。混凝土桥面铺装由防水体系层和面层构成。防水体系层由底涂层、封闭层或调平层、一层防水层和一层保护层组成,防水层主要类型有改性沥青防水卷材及橡胶沥青与矿粉(及细集料)拌制的沥青类材料(橡胶沥青胶砂或沥青玛蹄脂),保护层可采用浇注式沥青混凝土、热碾沥青混凝土等。

美国桥面铺装中的典型结构是两层环氧改性沥青混凝土,厚度为 5cm 左右。典型结构如图 3. 1-3 所示。

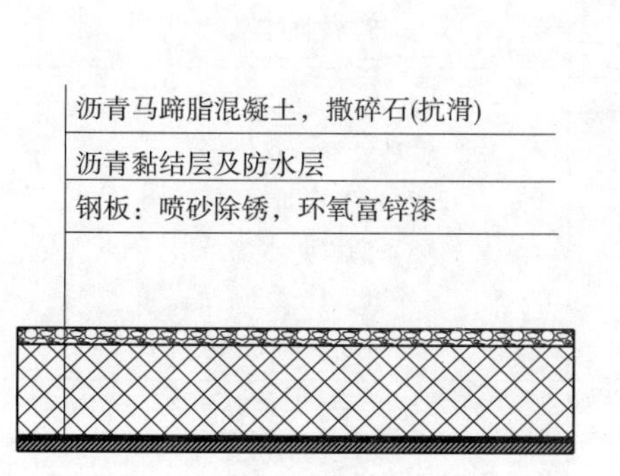

图 3. 1-2　英国桥面铺装结构

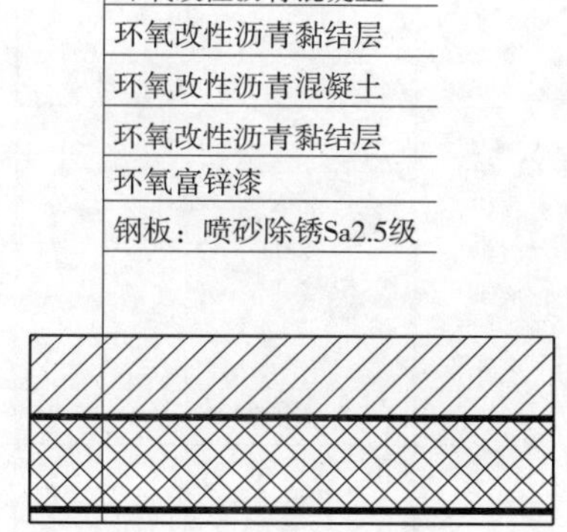

图 3. 1-3　美国桥面铺装结构

国内早期通过引进、消化吸收国外桥面铺装技术、结合中国钢桥面铺装的经验教训,积极进行创新性探索,近年来在改性沥青应用研究、重载交通钢桥面铺装沥青混凝土技术等领域进行了深入研究。表 3. 1-2 统计了中国大跨径钢箱梁桥桥面铺装结构。

中国大跨径钢箱梁桥桥面铺装结构统计　　表 3.1-2

<table>
<tr><th>序号</th><th>项目名称</th><th>施工面积（m^2）</th><th>时间（年）</th><th>总厚度（cm）</th><th>结　构</th><th>备注</th></tr>
<tr><td>1</td><td>苏通大桥</td><td>65354.4</td><td>2007</td><td rowspan="3">5</td><td rowspan="3">2.5cm 环氧沥青混凝土
环氧沥青黏结层
2.5cm 环氧沥青混凝土
环氧沥青防水黏结层
环氧富锌漆防腐层
钢桥面板喷砂除锈</td><td></td></tr>
<tr><td>2</td><td>舟山连岛工程</td><td>580000</td><td>2009</td><td>西堠门大桥
金塘大桥</td></tr>
<tr><td>3</td><td>杭州湾大桥</td><td>–</td><td>2008</td><td></td></tr>
<tr><td>4</td><td>上海卢浦大桥</td><td>8000</td><td>2002</td><td>7</td><td>3.5cmSMA10
自黏式玻璃纤维格栅
改性乳化沥青黏层
3.5cm 改性沥青 SMA10
3～6mm 橡胶沥青胶砂
溶剂黏结剂（2 层）
环氧黏结层（2 层）
环氧富锌漆
钢板喷砂除锈</td><td></td></tr>
<tr><td>5</td><td>山东胜利黄河大桥</td><td>10904</td><td>2003</td><td>7</td><td>3.5cmSMA
3.5cm 浇注式沥青混凝土
黏结层分两次施工
桥面喷砂除锈</td><td></td></tr>
<tr><td>6</td><td>山东滨州黄河大桥</td><td>4050</td><td>2005</td><td>7</td><td>3.5cm SMA
3.5cm SMA
4mm 缓冲层
黏结层
桥面喷砂除锈</td><td></td></tr>
<tr><td>7</td><td>济南黄河三桥</td><td>–</td><td>2008</td><td>5</td><td>2.5cm 环氧沥青混凝土
环氧沥青黏结层
2.5cm 环氧沥青混凝土
环氧沥青防水黏结层
环氧富锌漆防腐层
钢桥面板喷砂除锈</td><td></td></tr>
<tr><td>8</td><td>重庆菜园坝长江大桥</td><td>21344</td><td>2006</td><td>7</td><td>3.5cmSMA10
SBR 改性乳化沥青
3.5cm 浇注式沥青混凝土
黏结剂 2 号
甲基丙烯酸类树脂（两层）
底涂层 Zed S94
钢桥面板喷砂除锈</td><td>采用 Eliminator 防水体系</td></tr>
</table>

根据对国内外大跨径正交异性钢箱梁桥面铺装层破坏的调查分析,钢桥面铺装层的常见病害及产生的主要原因有:

(1)纵、横向裂缝破坏;

(2)车辙破坏;

(3)脱层及推移破坏;

(4)坑槽破坏。

除了以上破坏形式外,钢桥面铺装的破坏形式还包括以下几种:

(1)伸缩缝与铺装结合部位在长期行车荷载作用下形成段差;

(2)行车磨耗作用及使用材料抗磨光功能不足,而引起铺装抗滑性能不足;

(3)沥青混凝土铺装施工中产生的气泡(鼓包)等破坏;

(4)在加劲肋上出现平行裂缝和铺装层位移;

(5)铺装表面松散、泛油、形成光面的轮迹带或轮印等。

另外,铺装表面结合料的高温老化、行车过程中的油滴污染、硬物压痕等,在钢桥面铺装使用状况调查过程中都曾观察到,这些因素对铺装的使用状况会造成很大影响。

由以上病害统计,可以得出,主要原因有以下几点:

(1)正交异性钢桥面板的厚度过薄。

正交异性钢桥面板因横向与纵向加劲梁存在,各部分的刚度不同,因而容易产生局部的挠曲变形;钢桥面铺装中所存在的水损害对钢板的腐蚀较大;钢桥面铺装的施工范围较小,难以保证正常施工。

(2)夏季高温条件严酷,铺装层整体刚度下降幅度大。

采用改性SMA时,铺装层高温条件下整体刚度不足,铺装层顶应变过大,实践表明采用环氧类沥青混合料可大幅度提高混合料整体模量,降低铺装层顶部应变。

(3)防水黏结体系不够完善。

在国内,用作钢桥面铺装的防水黏结剂的主要有溶剂型黏结剂和热熔型黏结剂。另外,也有一些跨度很小的钢桥面并未专门设黏结层,而采用了改性沥青或乳化沥青,用以黏结铺装层与钢板。

溶剂型黏结剂具有易喷洒、常温施工等优点,但其与钢板和铺装层(在采用SMA铺装下层时)的黏结效果较差。室内大量试验证明,在钢板与铺装层之间使用溶剂型黏结剂,其间的黏结性能难以满足设计要求。同时施工中大量挥发的溶剂,不利于环保且存在发生火灾的风险。由于上述种种弊端,溶剂型黏结剂很少单独用做钢桥面铺装的防水黏结剂;热熔型黏结剂是以沥青、聚合物和树脂等材料组成,具有较强的变形能力,与铺装层和钢桥之间的黏结作用良好,同时又具有良好的防水封闭作用。因而,在我国的厦门海沧大桥以及重庆鹅公岩大桥上钢桥面铺装中,热熔型黏结剂均被用作黏结层。但热熔型黏结剂也存在自身的不足:在高温作用和荷载作用下,热熔型黏结剂本身发生软化,会在铺装层和钢板之间的产生推移;已有实桥产生了脱层、推移等病害现象。

(4)铺装层厚度过薄,压实度不足。

当前铺装层整体厚度为50~60mm左右,力学分析表明层间剪应力过大;

铺装压实度不够导致铺装层防水性较薄弱、铺装层在超载车荷载作用下产生了早期病害。

归纳起来,需要进一步解决的钢桥面铺装技术问题主要有以下几个方面:

(1)选用更加致密的(空气率更小)防腐油漆(例如环氧富锌漆),或取消防腐油漆的使用。

(2)大幅度提高黏结层与钢板的结合力,确保在高温下层间抗剪切能力。

(3)完善铺装的防水体系,增设防水层(缓冲层)。

(4)降低铺装层用改性沥青的高温黏度,减小施工难度,确保压实后铺装层本身的抗渗透能力。

同时,在条件许可情况下,在未来的正交异性板钢桥中,桥梁顶板厚度适当增厚,以抵抗超载车荷载的作用(一般从12mm增至14~16mm)。

总之,防水黏结体系必须与铺装体系相配合、相适应,才能起到较理想的防水黏结效果。

3.2 胶州湾大桥桥面铺装方案

3.2.1 设计要求

(1)为了保证混凝土层与沥青铺装层的联结,在沥青混凝土铺装层施工之前,混凝土铺装层应有严格的平整度要求,如可采用水泥混凝土路面的平整度标准,纵向和横向3m直尺下最大间隙不超过3mm。为保证强度,铺装层混凝土要重视养生,按水泥混凝土路面的养生要求进行,为保证铺装层与水泥混凝土的良好黏结,不推荐采用水泥混凝土调平层,不采用薄层水泥沙浆抹平铺装层表面,重点考察水泥混凝土面板粗糙度、表面纹理与黏结、桥面浮浆处理等质量要求对层间联结的影响。

(2)要保证桥面铺装使用质量,铺装层与桥面板之间必须设置防水系统,防水系统须兼有防水、黏结两大基本功效,同时满足耐久性和施工便利等要求,这就要求防水材料必须具有以下技术特征:

①防水黏结层需具有良好的渗透性或黏结能力,保证与桥面板的联结。

②防水层须具有一定的厚度,施工后呈连续相分布。这一方面可保证施工时的抗碾压能力及与上铺装层的嵌入式黏结;另一方面,完整的沥青膜可保证行车荷载下保持完美的密水性。

③防水层材料需具有较差的温度敏感性和良好的柔性和变形恢复能力,保证在施工阶段及高温天气下不易出现发黏和变软,良好的柔性尤其是低温条件下保持较好的柔性,可以增强防水层材料适应桥面变形的能力,良好的变形恢复能力,可以减少施工和运营过程中车辆碾压和荷载作用对防水层薄膜产生的挤压破坏,对剪应力作用下的推移也有削弱作用。

④桥面柔性防水材料多为有机材料或高分子聚合物改性沥青材料,有机物最大的缺点是容易老化。因此,要求防水材料具有优良的耐久性能,即不低于桥面铺装面层材料的耐久性。

⑤防水材料施工受外界影响因素较多，为了减少外界的干扰，防水层的施工工期、铺设工序等必须尽量简化，同时具有很好的可操作性。这样才能提高对桥面处理的适应性，在多变的野外环境下进行防水材料大面积铺设时，自动化程度高，劳动强度低、简单的施工工艺方能减少材料质量变异性，减少气泡、针孔、龟裂等病害的出现。

(3)由于防水层材料、施工工艺的多样性，各地缺乏完善统一的桥面防水设计、施工、监测规范和标准，对桥面防水缺乏系统的认识，对其在桥面铺装中的重要作用没有引起足够的重视，设计时盲目性很大，如未考虑桥梁细部构造的防排水处理(如接缝、边缘的密实封水)，最终导致防水体系整体失效等，课题研究必须改变泄水孔设计，使泄水孔既能排表面水又能排进入沥青面层后滞留在界面上的水。

(4)桥面铺装宜分两、三层设计，铺装层混合料宜选择粒径较小的混合料级配，应保证具有以下特点：

①自身密水性能好；

②施工期间容易压实且保持良好的耐高温、低温及变形协调能力；

③易于施工压实，对桥面状况适应性好，同时有效保护防水层在施工期间的完整性，减少因碾压对其刺破的可能。

为了解决抗滑表层抗滑性能要求和水稳定性这一矛盾，建议在降雨量大的多雨湿热地区，优先选用SMA结构。这样既可以通过其间断级配的碎石骨架在表面形成较大的构造深度，又可由于沥青码蹄脂的填充而使其混合料内部的空隙率很小。

3.2.2 设计原则

根据以上的分析调查结果，提出桥面铺装方案的设计原则。

(1)针对性

针对我国北方地区海域环境、复杂的气候特点及重载交通特性设计。

(2)先进性

吸收国内外先进理念的同时，考虑我省及全国应用比较成熟的技术方案，既实现创新，又不盲目照搬。

(3)系统性

多方案设计，从技术可行性、性能优越性方面进行比选。

(4)经济性

要求工程造价合理，适合我省经济实际，桥面铺装设计从全寿命周期费用角度实现最优。

3.2.3 确定方案

3.2.3.1 水泥混凝土桥面铺装(图3.2-1～图3.2-3)

(1)典型结构1：热SBS改性沥青碎石封层+3cm密水型硬质沥青砂多功能层+6cm抗剪切层(SMA-13)+改性乳化沥青黏层+4cm磨耗层(SMA-10)。

(2)典型结构2：稀释沥青+0.5cm橡胶沥青+0.36cm防护板+改性乳化沥青黏层+7.14cm承重层(SMA-13)+改性乳化沥青黏结层+4cm磨耗层(SMA-10)。

(3)防水卷材试铺段:基层处理剂 +3.5mm 防水卷材 + 承重层(SMA-13) +改性乳化沥青黏层 +磨耗层(SMA-10)。

(4)试验段结构1:热 SBS 改性沥青 +预拌碎石 +3cm 密水型硬质沥青砂多功能层 +承重层 WHMAC0/10 +改性乳化沥青黏层 +磨耗层(SMA-10)。

(5)试验段结构2:稀释沥青 +0.5cm 橡胶沥青 +0.36cm 防护板 +改性乳化沥青黏层 +承重层(高模量沥青 SMA-13) +改性乳化沥青黏结层 +磨耗层(SMA-10)。

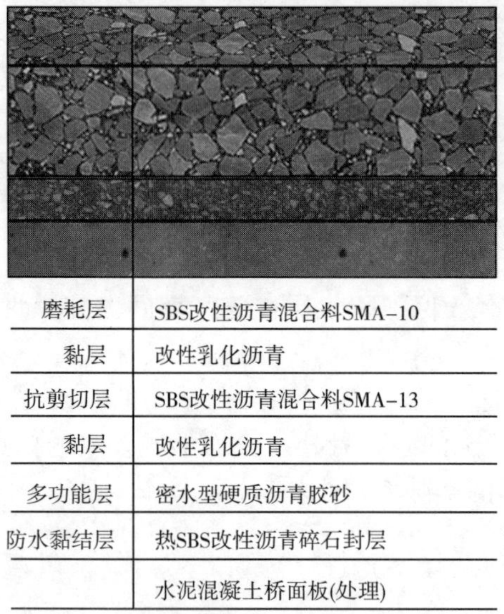

图 3.2-1 典型结构 1

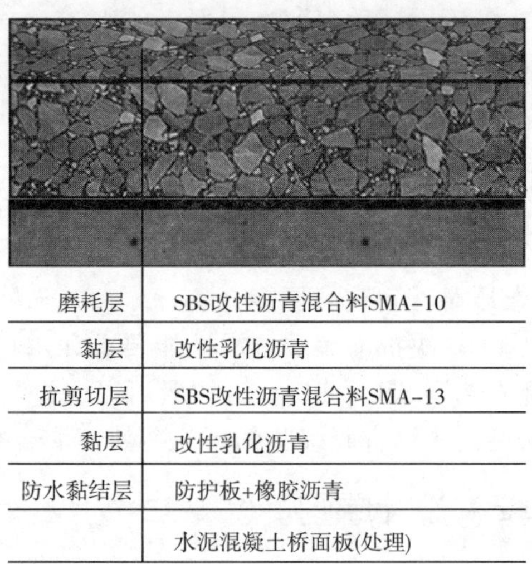

图 3.2-2 典型结构 2

3.2.3.2 钢桥桥面铺装(图 3.2-4)

钢桥面喷砂除锈 + 环氧富锌漆 +环氧沥青防水黏结层 +2.5cm 环氧沥青混凝土 +环氧沥青黏结层 +2.5cm 环氧沥青混凝土。

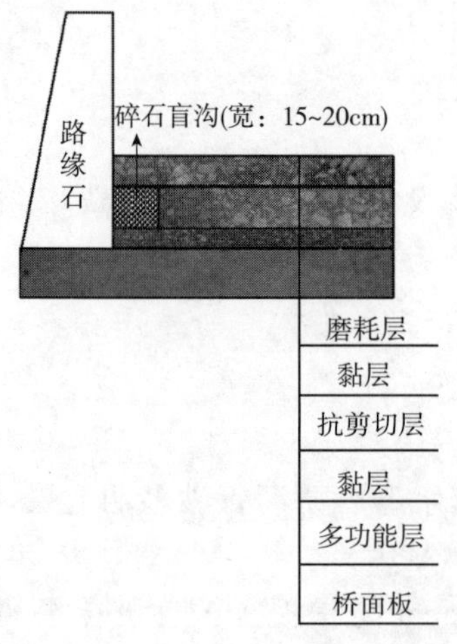

图 3.2-3 排水结构设置

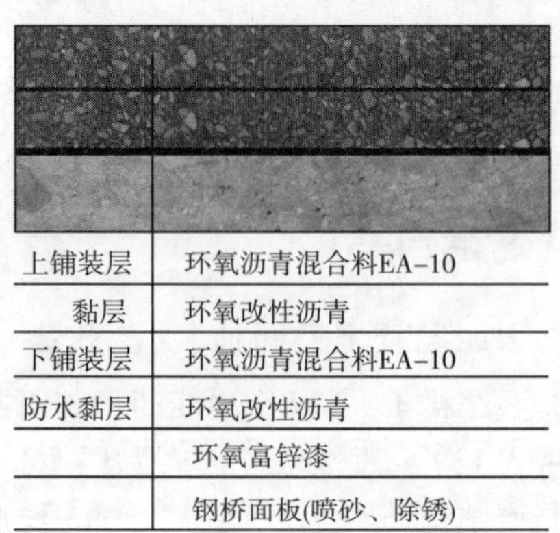

图 3.2-4 钢桥面铺装结构

3.3 桥面铺装试验设计

胶州湾大桥桥面铺装试验设计，分为原材料试验研究、防水黏结材料的性能评价及分析比选、混合料设计与性能优化、复合结构试验研究、试验桥铺装研究总结、推荐方案的沥青混合料性能优化等阶段。通过试验桥对相应的施工工艺、控制指标及标准、铺装层材料类型及防水黏结性能等关键技术进行研究及跟踪检测，在胶州湾大桥桥面铺装开始之前做好关键工序的组织于施工控制等研究。

3.3.1 原材料试验研究

优质的原材料是保证铺装层良好性能发挥的基础。为满足气候及交通条件对胶州湾大桥桥面铺装性能的要求，确保项目的正常实施，必须针对胶州湾大桥附近地区的料源特性，首先做好集料与沥青这两种关键材料的选择，并在此基础上，对混合料与结构组合进行优化设计。

3.3.2 防水黏结材料性能研究

重点对防水涂膜类、热沥青类防水黏结层进行比较，比较两类防水黏结体系在高温、常温及低温条件下与桥面板的黏结性能、抗剪切性能等，同时考虑几种结构在高低温循环、盐冻腐蚀情况下的耐候性能，对不同防水黏结材料的层间稳定性能做出评价。

3.3.3 铺装层混合料设计与优化

采用所选择的原材料设计出符合技术要求的混合料，并尽可能结合铺装层的使用环境特性对混合料进行针对性设计及优化。

3.3.4 复合结构性能研究

桥面铺装的整体结构性能是进行方案比选的重要依据，也是桥面铺装技术研究的关键。合理的结构组合对改善铺装层的受力状况、提高其整体性能等方面有重要的作用。在完成混合料配比设计与试验研究的基础上，对水泥混凝土桥面铺装进行整体结构性试验研究。该试验可以为试验桥的铺筑提供混合料设计及施工技术方面的信息基础。结构性能试验，主要包括复合结构的复合模量试验、静载蠕变试验及室内模拟加速加载试验（汉堡轮辙试验），通过以上试验，可以更好地分析各种铺装复合结构在荷载作用下的破坏形式和破坏机理，有助于铺装结构方案的比选。

3.3.5 试验桥的铺筑及跟踪检查与评价

结合室内试验及理论分析的研究结果，初步确定两种以上的铺装层结构方案，在胶州湾大桥附近选择一座交通特性及环境条件与胶州湾大桥类似的水泥混凝土桥，开展试验桥铺装研究，同时埋设相应的应力应变传感设备、环境参数检测设备对铺装方案进行长期观测和定期检测。

试验桥铺装研究的主要内容包括以下内容：

(1)铺装材料的关键施工工艺与性能研究；

(2)铺装材料施工技术与质量控制研究；

(3)铺装材料与结构施工效果检验；

(4)胶州湾大桥桥面铺装工作环境参数验证；

(5)试验桥铺装结构与使用状况的跟踪检测与评价；

(6)试验桥铺装结构方案的比选及优化路线。

3.3.6 推荐方案的性能优化

结合室内试验及试验桥验证分析的结果，提出各初选铺装结构方案的性能优化路线，通过初步比选提出推荐方案，同时探索各推荐方案结构组合、铺装层混合料及防水黏结层材料优化的可能性。

在充分借鉴国内外水泥混凝土桥面铺装设计成熟思路及方案的基础上，课题组初步拟订五种以防水黏结层为设计重点的铺装方案如下：

(1)结构1(图3.3-1)自下而上结构设置为：

热SBS改性沥青封层和0.3%沥青预拌碎石+2cm沥青砂+6cmSMA-13

本方案采用SBS改性沥青砂做防水层和找平层，对桥面特性的适应性好，在省内舜和高架桥的应用效果好，技术成熟。

(2)结构2(图3.3-2)自下至上结构设置为：

透层+5mm橡胶沥青+3mm防护板+7.2cmSMA-13

该方案为山东高速建材有限公司在参考加拿大桥面防水体系的基础上，成功引入中国的防水黏结体系，其主体内容为在清洗干净的混凝土做黏结层，沥青-橡胶膜浇注其上，而后沥青浇注形成防护层；最终摊铺热拌沥青混合料。此方案在美国及加拿大都有成功应用先例。

图3.3-1 试验段结构1

图3.3-2 试验段结构2

(3)结构3(图3.3-3)自下而上结构设置为：

3cm浇注式沥青混凝土+5cmSMA-13

浇注式沥青混凝土用做下卧层，密实不透水，整体性强，防水和抗冲击、动载能力强，具有优良的耐久性，是欧洲和日本等国主要桥面铺装材料。

(4)结构4(图3.3-4)自下而上结构设置为:

1.5mm 纤维增强型聚合物改性沥青涂料+7.85cmSMA-13

本方案对传统的改性沥青涂料进行了改进,分四层喷涂,第二层喷涂时加入玻璃纤维,提高了防水层的抗刺破能力,目前在国内奥体工程、京津二通道等高速公路桥面铺装中有成功应用,具有良好的黏结强度和抗剪强度。

图3.3-3　试验段结构3

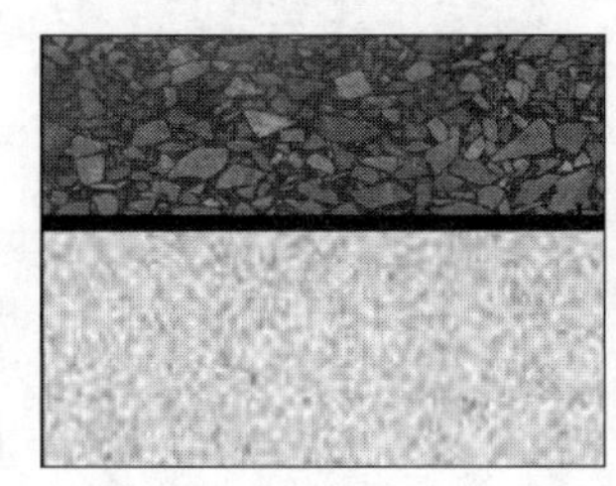

图3.3-4　试验段结构4

(5)结构5(图3.3-5)自下而上结构设置为:

改性乳化沥青+6cmAC-20+4cmAC-13

防水层:改性乳化沥青

是当前国内常用结构。

(6)结构6(图3.3-6)自下而上结构设置为:

基层处理剂+3.5mm 聚合物改性沥青防水卷材+7.85cmSMA-13

防水层:聚合物改性沥青(SBS 改性沥青)防水卷材

效果:采用自动化连续铺设设备,铺设效果较人工作业好,在法国等有成功应用先例。

图3.3-5　试验段结构5

图3.3-6　试验段结构6

3.4　水泥混凝土桥桥面铺装设计路线图

水泥混凝土桥桥面铺装设计路线图如图3.4-1所示。

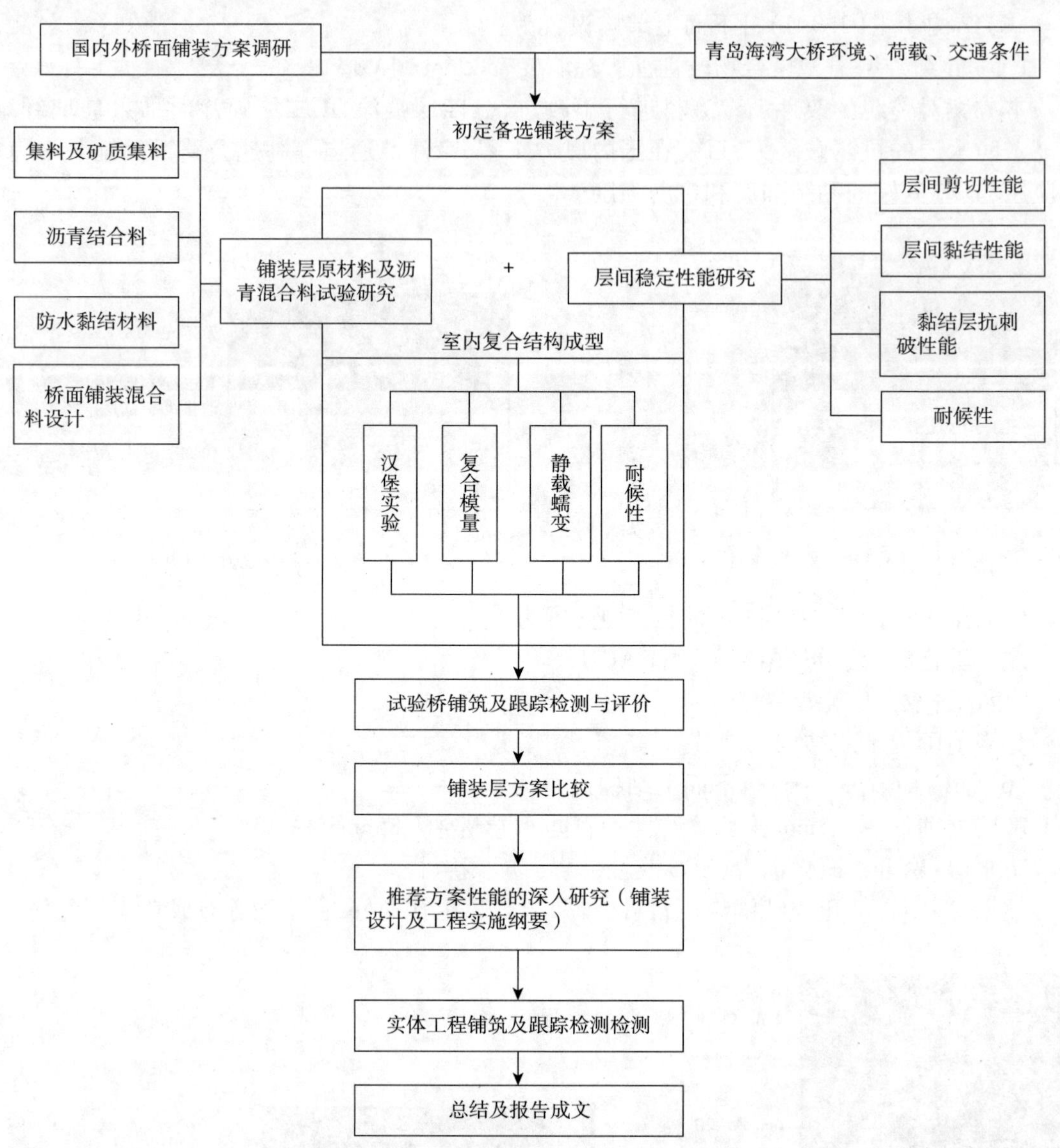

图 3. 4-1　水泥混凝土桥桥面铺装设计路线图

第 4 章

铺装原材料及沥青混合料试验研究

优质的原材料是保证铺装层良好性能发挥的基础。为满足气候及交通条件对胶州湾大桥桥面铺装性能的要求，确保项目的正常实施，针对胶州湾大桥需要对集料和沥青等原材料进行了广泛的调查与系统的试验研究。

4.1 桥面铺装料源分析

集料是铺装层混合料设计的关键材料，集料的力学特性、形状和表面特性是决定混合料强度特性、抗高温车辙和抗疲劳特性的重要因素。在规范关于集料的技术要求中，按其性质可以分为两类：一类是反映材料来源的“资源特性”，或称为料源特性、天然特性，它由石料产地所决定，如密度、压缩值、磨光值等；另一类是反映加工水平的“加工特性”，如石料的级配组成、针片状含量、破碎砾石的破碎面比例、棱角性、含泥量、砂当量、亚甲蓝值及细粉含量等。属于“资源特性”的指标往往受到产地和成本的制约，可选择和变更的余地不大。考虑到桥面铺装使用的条件和要求比高速公路更为严格，课题组本着就地取材，兼顾集料“加工特性”和经济性的原则，对青岛地区的昌乐、莱西、沂水、五莲的四家典型石场进行了考察比对，从料场的料源、集料加工方式与生产能力、生产管理水平等因素进行综合评价，重点对各集料性能进行检测，初步结果汇总于表 4.1-1 ~ 表 4.1-4。

石场基本情况 表 4.1-1

序号	地区	材　质	生产能力(t/天)	水洗情况	生产方式
1	昌乐	橄榄玄武岩	2000	水洗	一级鄂破
					二级圆锥破
					三级立轴
2	莱西	橄榄玄武岩	1500	无水洗	三级破碎
3	五莲	橄榄玄武岩	1500 ~ 2000		
4	日照	绿帘石化绿泥石化玄武安山岩			

四家石场石料均采用三级破碎生产，第三级破碎方式有所区别，所产石料均以公路运输方式到达胶州湾大桥拌和站，除昌1号料场外，其余三家目前无水洗工序，生产能力以1号料场最高，每条生产线可保证2000吨/天产量，3号石场和4号石场日产量为1500 ~ 2000吨，2号料场日产量保证可达1500t/天，调查过程中表示可根据项目需要上马相应的水洗工艺。

集料检测结果

表 4. 1-2

指 标 项 目		昌乐	莱西	五莲	沂水	规范技术要求
岩石类型		橄榄玄武岩	橄榄玄武岩	绿帘石化绿泥石化玄武安山岩	橄榄玄武岩	
		试验值				
洛杉矶磨耗值(%)		9. 3	8	7. 8	8. 3	≤28
压碎值(%)		9	11. 6	10. 7	9. 2	≤26
磨光值(BPN)		48	46	46	47	≥40
软石含量(%)		0. 9	0. 6	0	0. 5	≤3
吸水率(%)	10 ~ 15	0. 46	1. 37	0. 73	1. 14	≤2. 0
	5 ~ 10	0. 54	1. 61	1. 02	1. 23	
	3 ~ 5	0. 66	1. 93	—	—	
	0 ~ 3	0. 45	1. 72	1. 33	2. 04	
视密度(g · cm^{-3})	10 ~ 15	3. 025	2. 815	2. 669	2. 982	≥2. 60
	5 ~ 10	3. 027	2. 827	2. 690	2. 979	
	3 ~ 5	2. 871	2. 827	—	—	
	0 ~ 3	2. 991	2. 833	2. 676	3. 013	
毛体积密度(g · cm^{-3})	10 ~ 15	2. 984	2. 711	2. 618	2. 884	—
	5 ~ 10	2. 979	2. 704	2. 618	2. 873	
	3 ~ 5	2. 818	2. 681	—	—	
	0 ~ 3	2. 952	2. 701	2. 584	2. 838	
与沥青黏附性(级)		4	4	4	4	≥4
粗集料坚固性(%)		4	1	0	—	≤12
细集料坚固性(%)		0. 3	1	—	—	
砂当量(%)		—	98	98	—	≤70
细集料棱角性(流动时间)(s)		34. 1	38	—	—	≥30
细集料亚甲蓝值(g/kg)		2	—	—	—	≤25

四家石场集料筛分结果 1

表 4. 1-3

筛孔尺寸(mm)	通过率(%)							
	10 ~ 15 mm				5 ~ 10 mm			
	昌乐	莱西	沂水	五莲	昌乐	莱西	沂水	五莲
16	100	98. 60	100. 0	99. 6	—	100. 0	—	—
13. 2	80. 1	65. 88	89. 3	73. 7	100	100. 0	100. 0	100. 0
9. 5	4. 8	1. 97	16. 6	4. 9	96. 1	97. 9	80. 7	97. 7

续上表

筛孔尺寸(mm)	通过率(%)							
	10～15mm				5～10mm			
	昌乐	莱西	沂水	五莲	昌乐	莱西	沂水	五莲
4.75	0.5	1.30	0.5	0.6	6.8	2.1	1.4	10.3
2.36	0.5	1.30	0.5	0.6	2	1.4	0.6	0.9
1.18	0.5	1.30	0.5	0.6	1.6	1.4	0.6	0.8
0.6	0.5	1.30	0.5	0.6	0.9	1.4	0.6	0.8
0.3	0.5	1.30	0.5	0.6	0.7	1.4	0.6	0.8
0.15	0.5	1.30	0.5	0.6	0.6	1.4	0.6	0.8
0.075	0.5	1.23	0.3	0.5	0.5	1.2	0.4	0.7
<0.075	0	0.00	0.0	0	0	0.0	0.0	0

四家石场集料筛分结果2 表4.1-4

筛孔尺寸(mm)	通过率(%)							
	3～5mm				0～3mm			
	昌乐	莱西	沂水	五莲	昌乐	莱西	沂水	五莲
16	—	—	—	—	—	—	—	—
13.2	—	—	—	—	—	—	—	—
9.5	100	100	—	—	—	100.0	100.0	—
4.75	97.84	90.2	—	—	100	99.4	99.6	100.0
2.36	7.34	6.7	—	—	83.8	88.4	84.3	90.9
1.18	4.09	4.2	—	—	55.9	66.3	50.1	61.9
0.6	2.62	3.7	—	—	33.6	41.0	26.8	39.7
0.3	1.96	3.7	—	—	20.6	20.9	16.0	29.0
0.15	1.54	3.7	—	—	10.3	12.9	10.8	19.2
0.075	1.14	3.2	—	—	4.3	6.5	8.0	13.0
<0.075	0	0.0	—	—	0	0.0	0.0	0.0

从试验结果可以看出：

(1)由集料筛分结果来看，各家料场各档料除个别筛孔不满足JTG F40—2004有关S10、S16级配规定(如莱西地区10～15mm档料偏粗，生产过程中需对筛孔做针对性调整)，混合料设计试验结果表明，与其他规格集料掺配后混合料级配符合规定要求，仍可满足要求。粗细集料磨光值、坚固性、砂当量等基本技术指标基本满足JTG F40—2004要求，各家料场综合比较相差不大。

(2)岩性分析。

根据《岩石分类命名规程》,昌乐、莱西、沂水三家石场所产石料定性为橄榄玄武岩,五莲石场石料岩性分析定名为绿帘石化绿泥石化玄武安山岩,显微镜观察为:

①昌乐石料显微镜观察为斑状结构,基质为间隐间粒结构,块状构造,由斑晶和基质两部分组成,斑晶主要为橄榄石,基质主要由斜长石、辉石及玻璃质组成,含少量橄榄石,副矿物为磁铁矿、磷灰石等;

②五莲石料显微镜观察为间粒—交织结构,块状构造,由斑晶和基质两部分组成,斑晶主要为斜长石和蚀变暗色矿物,基质主要有斜长石微晶核分布其间的蚀变暗色矿物及黑云母、磁铁矿等。岩石发生辉绿泥石化及绿帘石化蚀变作用,局部有破碎现象。

由测试密度指标来看,昌乐、莱西、沂水石料密度较接近,石质构造较类似,五莲石料密度偏小,结合岩性分析结果来看,该岩石非"纯粹"玄武岩,由于内部蚀变程度不同,密度可能出现不稳定情况。

(3)莱西、沂水石料吸水率整体稍高,沂水 0 ~ 3mm 档料吸水率超出 JTG F40—2000 要求。

(4)沂水、五莲料场机制砂 0.075mm 以下筛余高于昌乐石料。

胶州湾大桥结构方案中采用 3.0cm 密水型硬质沥青砂多功能层,该混合料设计由 S14(3 ~ 5mm)、S16(0 ~ 3mm)两档料及矿粉组成,其中 S16(0 ~ 3mm)比例高达 60%,因此,机制砂的规格、洁净程度对沥青砂的级配设计和性能优劣影响显著,水洗工艺可以从加工源头控制石料的洁净程度,对保证混合料的性能有利。

4.1.1 集料

所有的矿料必须清洁、无塑性,沥青混合料中的黏土颗粒成分可以引起沥青混合料的体积膨胀,在水的作用下引起沥青膜与矿料间的剥离现象。要求矿料中小于 0.075mm 的部分其塑性指数 $<4\%$。

粗集料要求必须为破碎的基性硬质岩集料,具有良好的颗粒形状与表面纹理,与沥青应有良好的黏结力,沥青与集料的黏结力不应小于四级。粗集料的技术要求参见《公路沥青路面施工技术规范》(JTG F40—2004)4.8,课题组通过调查分析认为,当前国内铺装层用集料技术要求都普遍高于规范规定集料标准。

细集料采用反击式或锤式破碎机生产的硬质岩集料经过筛选的小于 3mm 的部分,其具有较好的角砾性,可以作为人工砂使用。但是,所有人工生产的细集料生产过程中必须采用除尘装置,0.075mm 通过率 $<10\%$。表 4.1-5 介绍了国内规定桥面铺装(钢桥面)用集料技术要求,其他指标参见《公路沥青路面施工技术规范》(JTG F40—2004)4.9。

国内规定桥面铺装(钢桥面)用集料技术要求 表 4.1-5

技术指标	单位	技术要求	试验方法
石料压碎值	%	≤12.0	T0316—2000
洛杉矶磨耗损失	%	≤28.0	T0317—2000
磨光值,BPN		≥48	T0321—2000

续上表

技术指标	单　位	技术要求	试验方法
针片状含量	%	≤5.0	T0312—2000
吸水率	%	≤1.5	T0307—2000
表观密度	$g \cdot cm^{-3}$	≥2.65	T0304—2000
抗压强度	MPa	≥120	T0213—2000
与沥青黏附性	级	≥4	T0616—2000
砂当量	%	≥60	T0334—2000
粗集料	%	≤5.0	T0314—2000
细集料坚固性	%	≤5.0	T0340—2000

经测定集料的各项性能指标均符合规范《公路工程集料试验规程》(JTG E42—2005)要求,各种集料规格主要性能测试指标如表4.1-6所示。

昌乐玄武岩集料性能指标　　表4.1-6

检测项目	检测结果	技术要求
粗集料(玄武岩)		
压碎值(%)	—	≤28
对沥青的黏附性(级)	5	≥4
坚固性(%)	4	≤12
软石含量(%)	0.0	≤5
磨光值(BPN)	47	≥42
洛杉矶磨耗损失(%)	9.3	≤30
细集料(玄武岩)		
坚固性(%)	0.3	≤12
棱角性(流动时间)(s)	34.1	≥30
亚甲蓝值(g/kg)	2.0	≤25

其筛分结果见表4.1-7~表4.1-12。

粗集料筛分结果1　　表4.1-7

集料名称	玄武岩10~15					
材料来源	昌乐					
试样总重	2623.6			2533.6		
筛孔	分计筛余	通过率	筛孔	分计筛余	通过率	平均
16		100.00	16		100.00	100.00
13.2	469.94	82.08	13.2	553.40	78.15	80.12
9.5	2031.13	4.65	9.5	1854.98	4.91	4.78
4.75	111.20	0.42	4.75	110.52	0.54	0.48

续上表

集料名称	玄武岩 10 ~ 15					
材料来源	昌乐					
试样总重	2623. 6			2533. 6		
筛孔	分计筛余	通过率	筛孔	分计筛余	通过率	平均
2. 36		0. 42	2. 36		0. 54	0. 48
1. 18		0. 42	1. 18		0. 54	0. 48
0. 6		0. 42	0. 6		0. 54	0. 48
0. 3		0. 42	0. 3		0. 54	0. 48
0. 15		0. 42	0. 15		0. 54	0. 48
0. 075	2. 81	0. 31	0. 075	3. 15	0. 42	0. 36
筛底	8. 08	0. 00	筛底	10. 61	0. 00	0. 00
合计	2623. 16		合计	2532. 66		

粗集料筛分结果 2 表 4. 1-8

集料名称	玄武岩 5 ~ 10					
材料来源	昌乐					
试样总重	1947. 3			2040. 4		
筛孔	分计筛余	通过率	筛孔	分计筛余	通过率	平均
13. 2		100. 00	13. 2		100. 00	100. 00
9. 5	89. 75	95. 39	9. 5	65. 56	96. 79	96. 09
4. 75	1709. 50	7. 60	4. 75	1851. 75	6. 03	6. 82
2. 36	103. 67	2. 28	2. 36	87. 67	1. 73	2. 01
1. 18	9. 78	1. 78	1. 18	7. 91	1. 34	1. 56
0. 6	13. 26	1. 10	0. 6	12. 76	0. 72	0. 91
0. 3	5. 04	0. 84	0. 3	4. 79	0. 48	0. 66
0. 15	1. 58	0. 76	0. 15	1. 61	0. 40	0. 58
0. 075	0. 73	0. 72	0. 075	0. 69	0. 37	0. 54
筛底	13. 99	0. 00	筛底	7. 57	0. 00	0. 00
合计	1947. 3		合计	2040. 31		

细集料筛分结果1　　表4.1-9

集料名称	玄武岩3~5					
材料来源	昌乐					
试样总重	1370			1303.7		
筛孔	分计筛余	通过率	筛孔	分计筛余	通过率	平均
9.5		100.00	9.5		100.00	100.00
4.75	31.39	97.71	4.75	26.57	97.96	97.84
2.36	1239.77	7.26	2.36	1180.19	7.43	7.34
1.18	45.55	3.93	1.18	41.35	4.25	4.09
0.6	20.56	2.43	0.6	18.84	2.81	2.62
0.3	8.71	1.80	0.3	9.02	2.12	1.96
0.15	4.99	1.44	0.15	6.05	1.65	1.54
0.075	4.79	1.09	0.075	5.94	1.20	1.14
筛底	14.88	0.00	筛底	15.59	0.00	0.00
合计	1370.64		合计	1303.55		

细集料筛分结果2　　表4.1-10

集料名称	玄武岩0~3					
材料来源	昌乐					
试样总重	1405.3			1584.1		
筛孔	分计筛余	通过率	筛孔	分计筛余	通过率	平均
4.75		100.00	4.75		100.00	100.00
2.36	236.08	83.22	2.36	247.61	84.40	83.81
1.18	399.50	54.83	1.18	435.86	56.94	55.88
0.6	306.55	33.04	0.6	360.90	34.20	33.62
0.3	183.96	19.96	0.3	206.85	21.17	20.57
0.15	144.52	9.69	0.15	162.14	10.95	10.32
0.075	81.04	3.93	0.075	101.37	4.56	4.25
筛底	55.34	0.00	筛底	72.44	0.00	0.00
合计	1406.99		合计	1587.17		

集料密度　　表4.1-11

集料名称	表观相对密度	毛体积相对密度	吸水率(%)
玄武岩10~15	3.025	2.984	0.46
玄武岩5~10	3.027	2.979	0.54
玄武岩3~5	2.871	2.818	0.66
玄武岩0~3	2.991	2.952	0.45

矿粉筛分结果 表 4.1-12

集料名称	矿粉		试验时间		
材料来源	长青				
试样总重	500		500		
筛孔	分计筛余	通过率	分计筛余	通过率	平均
1.18		100.00		100.00	100.00
0.6	0.94	99.81	0.94	99.81	99.81
0.3	0.85	99.64	0.85	99.64	99.64
0.15	5.68	98.50	5.68	98.50	98.50
0.075	60.26	86.44	60.26	86.44	86.44
筛底	431.73	0.00	431.73	0.00	0.00
合计	499.46		499.46		

4.1.2 矿质填料

矿粉在沥青混合料中起到重要的作用,矿粉要适量,少了不足以形成足够的比表面吸附沥青,矿粉过多又会使胶泥成团,致使路面胶泥离析,同样造成不良后果。

课题组根据已取得的研究成果及其他工程的使用情况,建议填充料应采用石灰岩质矿粉。相对于国外对矿粉的要求,我国对矿粉的技术要求比较少,应重视对矿粉的研究,为了提高沥青混合料的抗水损害能力,矿粉在生产过程中应加入混合料总量为 1.3 ±0.3% 的生石灰粉。对于 SMA 沥青混合料大约生石灰粉与矿粉的重量比为 15 ±5∶85 ±5。小于 0.075mm 部分细料含量的多少对沥青混合料的体积性能有较大的影响,集料筛分应采用水筛法,合成级配必须考虑粗细集料本身带有的小于 0.075mm 粉尘部分的含量。

由于桥面铺装中混合料除 SMA-13 外,还有浇注式沥青混凝土及沥青砂混凝土,从胶浆理论设计出发,为保证良好玛蹄脂及胶泥的形成,建议对矿粉的粒度范围等技术要求做出更为严格的限制,规定矿粉中,≤0.075mm 的通过率≥80%。

其技术指标如表 4.1-13 所示。

原材料密度 表 4.1-13

集料名称	表观相对密度	毛体积相对密度	吸水率(%)
矿粉	2.686	2.686	—

4.1.3 沥青胶结料

为保证铺装层具有良好的高温稳定性与低温抗裂性,必须选用优质的高黏度的沥青材料,根据桥面铺装的设计工作温度选择高温抗流动性好、中温抗疲劳性能好、低温抗裂的优质沥青,对提高混合料的使用性能、延长铺装层的使用寿命意义重大。研究表明,国内外桥面铺装设计中都很重视沥青的选择。沥青类型根据混合料的类型确定,一般 SMA 沥青混合料多采用 SBS 改性沥青、浇注式沥青混凝土多采用低标号沥青、70 号或更低标号(20 ~ 40

号）普通沥青（或高聚物改性沥青）与硬质沥青（如湖沥青）掺配得到高稠度、高韧性的混合沥青，由于掺配得到的混合料沥青拌和温度较高（多在200℃以上），时间较长时易老化，故在生产中多加入降黏剂以降低生产温度。

《公路沥青路面施工技术规范》规定，当使用常规聚合物改性沥青时，其技术要求应该符合该规范表4.6.2规定。其中国内工程多使用SBS改性剂为主的半成品或成品改性沥青，性能要求符合Ⅰ-D标准，该标准主要是基于三大指标（针入度、软化点、延度）的沥青选择规范，课题组通过已经取得的成果发现，参照SHRP结合料性能分级方法或黏度分级方法选用沥青更有利于优质沥青的选择，省内多采用70号左右基质沥青进行改性，从降低产品造价出发，多数工程使用SBS改性沥青，改性剂掺量（内掺）为4.0%～4.5%左右，按照SHRP结合料性能分级标准，其PG分级在70-22、76-22级左右，由于铺装层的使用条件（尤其是高温条件）较路面使用条件严酷得多，国内在进行铺装层（尤其是钢桥面铺装层）设计时多将技术标准提高一个等级，即与SHRP结合料PG82-22级改性沥青的技术标准相当。

由表4.1-14可以看出，国内对改性沥青的高温指标都较规范规定有所提高，说明桥面铺装的高温稳定性能必须引起足够的重视。

国内工程用桥面铺装改性沥青技术等级 表4.1-14

指标	单位	试验结果	技术要求		
			某工程项目	钢桥面规范	I-D
针入度（25℃，100g，5s）	0.1mm	50	50～70	≥40	40～60
针入度指数PI		0.3	≥1.0	-	≮0
延度（5℃，5cm/min）	cm	33	≥30	≥20	≮20
软化点 $T_{R\&B}$，	℃	85	≥70	≥72	≮60
闪点	℃	342	-	≥250	≥230
运动黏度（135℃）	Pa·s	2.5	≤3.0	≤3.0	≤3.0
溶解度	%	99.75	≥99	-	≥99
弹性恢复（25℃）	%	85	≥85	≥90	≥75
离析（48h软化点差）	℃	0.6	-	≤2.5	≤2.5
密度（15℃）	g/cm^3	1.023	实测	实测	实测
TFOT（或RTFOT）后残留物					
质量变化	%	-0.02	≤1.0	±1.0	±1.0
针入度比	%	80	-	≥65	≮65
弹性恢复率	%	-	-	≥75	-
延度（5℃）	cm	22	-	≥20	≮15
SHRP分级		PG70-22	PG82-22	PG76-28	PG70-22

4.1.4　铺装层混合料路用性能验证

4.1.4.1　高温稳定性能

目前,可用于评价沥青混合料高温性能试验的方法很多,包括试验室圆柱试件的单轴、三轴静载、径向静载、动载重复试验,简单剪切静载、重复加载和动力试验。此外还有真空圆柱试件的动力、剪切试验,棱柱形梁试件的弯曲蠕变试验,小型模拟试验设备的车辙试验,大型环道、直道试验、足尺路面高温性能试验和现场试验,路面的加速加载试验等。其中,车辙试验、现场试验路、加速加载试验等,在国外作为常规的验证试验方法。

本次研究参照沥青及沥青混合料试验规程(JTJ 052—2000)的要求进行车辙试验,试验温度为60℃,采用动稳定度和变形两个指标评价沥青混合料的抗车辙性能。

4.1.4.2　低温抗裂性能

根据沥青路面开裂的主要原因,裂缝分为两大类,即荷载型裂缝和非荷载型裂缝,前者主要是由于交通荷载作用下产生的疲劳裂缝,后者主要为温度型裂缝。温度型裂缝产生的原因主要有以下三种:日平均气温低,且持续时间长;日平均气温并不低,但昼夜温差大、日温度周期性变化规律明显;温度引起的基层反射裂缝。

国内外用于评价沥青混合料低温抗裂性能的试验方法多种多样,包括间接拉伸试验、等速拉伸的直接拉伸试验、拉伸蠕变、简支梁弯曲试验、约束梁的三点弯曲试验、温度膨胀系数。国内主要是采用 -10℃低温小梁弯曲试验对混合料低温性能进行评估。

本课题参照沥青及沥青混合料试验规程(JTJ 052—2000)的要求进行 -10℃小梁低温弯曲试验,主要通过试件破坏时的抗弯拉强度、最大弯拉应变、弯曲劲度模量三个指标来衡量。

强度和变形是铺面结构的重要技术参数,但在衡量沥青混合料的性质时,仅考虑强度或变形,对混合料的路用性能不利。根据材料损伤准则,材料损伤过程包括裂缝的引发、亚临界状态增大和最后终止3个阶段,这3个阶段在宏观上均可观察到,假定材料破坏形式与单位体积内能量状态相对应,那么材料损伤即可用弯曲应变能密度临界值$\frac{\mathrm{d}W}{\mathrm{d}V}$来表示,该指标的表达公式为:

$$\frac{\mathrm{d}W}{\mathrm{d}V} = \int_0^{\varepsilon_{ij}} \sigma_{ij}\mathrm{d}\varepsilon_{ij} \tag{4.1-1}$$

式中:$\mathrm{d}W/\mathrm{d}V$——应变能密度函数,其临界值是断裂时应力—应变关系曲线下的面积;

σ_{ij}——盈利;

ε_{ij}——应变分量。

弯曲应变能临界值的几何意义可以解释为应力达到最大值以前应力—应变曲线下方的包络面积,该应力应变曲线可以通过小梁弯曲试验确定。

相关研究表明,该指标在一定程度上兼顾了强度与变形的综合影响,更贴切地表达混合料的抗低温能力,评价结果可靠性强,可以弥补用弯拉强度和临界弯拉应变作为评价指标的单一性,其试验步骤如下:①根据试验结果,绘出应力—应变关系曲线;②通过回归确定应力应变变化方程,要求可靠度≥95%;③根据回归方程计算临界应变能密度。应变密度越大,材料发生破坏所需的能量也越大,材料的性能也越好。

4.1.4.3 水稳定性能

沥青混合料水稳定性的评定方法,通常分两个阶段进行,第一阶段是评价沥青与矿料的黏附性;第二阶段是评价沥青混合料的水稳定性。对沥青与矿料黏附性评价方法包括水煮法、水浸法、光电比色法、搅动水净吸附法等。目前,国内主要采用水煮法进行集料与矿料间的黏附性试验和评价。对沥青混合料而言,在浸水条件下,由于沥青与矿料的黏附力降低,导致损坏,最终表现为混合料的整体力学强度降低,因此沥青混合料的水稳定性最终是由浸水条件下沥青混合料物理力学性能降低的程度来表征的。这需要考虑几个关键问题:首先是混合料试件条件,如成型方法、尺寸、试件的空隙率等,二是浸水和模拟浸水的试验条件,包括温度、时间、循环次数等等;三是采用何种物理力学性质的试验、指标来评定。

考虑到 AASHTO T 283 试验成型时空隙率不容易控制,为保持比较结果的一致性,本课题初步研究过程中采用规范规定的浸水马歇尔方法(T0729—2000)进行比较分析。

4.2 铺装混合料设计

混合料级配的选择是材料研究的基础,选择合理的级配组成能达到改善铺装层受力状态、延长其使用寿命的目的。由于桥面受力状态的特殊性,铺装层沥青混凝土的选择要考虑铺装层的受力特性,兼顾铺装层力学性能和路用性能的级配组成。

4.2.1 SMA-13 级配设计

初定选择 SMA-13 混合料作为铺装上层。

SMA 是一种由沥青、纤维稳定剂、矿粉及少量的细集料组成的沥青玛蹄脂填充间断级配的粗集料骨架间隙组成一体的沥青混合料,自 20 世纪 60 年代中期由德国开发以来,以其优良的抗车辙性能和抗滑性能成为常用的路面及桥面铺装材料。选用 SMA-13 做铺装上层,主要由于其空隙率较小、泌水性好,表面粗糙,设计及施工技术成熟,既可以起到良好的承重作用,又能满足抗滑、降噪的功能性要求。

4.2.1.1 设计参数与性能指标

SMA 混合料级配选定根据《公路沥青路面施工技术规范》(JTG F40—2004)推荐的级配,级配设计范围应满足表 4.2-1 的级配范围的要求。根据原材料所设计沥青混合料合成级配应尽可能在要求的级配范围要求内,其中 0.075,2.36,4.75,三级必须满足级配范围要求。

SMA-13 沥青混合料级配范围表 表 4.2-1

筛孔尺寸	范围要求		允许偏差(%)
	上限	下限	
16	100	100	3
13.2	90	100	3
9.5	50	75	3

续上表

筛 孔 尺 寸	范 围 要 求		允许偏差(%)
	上限	下限	
4.75	20	34	3
2.36	15	26	3
1.18	14	24	2
0.6	12	20	2
0.3	10	16	2
0.15	9	15	2
0.075	8	12	1

SMA 配合比设计一般采用马歇尔试件体积设计法,即马歇尔击实成型,通过测定试件的物理参数(试件毛体积相对密度、空隙率 AV、有效沥青饱和度 VFA 等等),确定最佳级配和最佳沥青含量,整个设计须遵循以下两点原则:

(1)混合料必须具有相互嵌挤紧密的粗集料骨架;

(2)填充在 SMA 的粗集料骨架间隙中的沥青结合料应该符合最小沥青用量的要求,马歇尔试件的空隙率必须控制在要求的范围之内。

为验证其性能是否符合要求,按照公路沥青路面设计规范的规定,对沥青混合料的高温稳定性、水稳定性及低温性能等进行检验,具体方法参见《沥青路面施工技术规范》(JTG F40—2004),《沥青及沥青混合料试验规程》(JTJ 052—2000)。

4.2.1.2 SMA 混合料级配设计

表 4.2-2 和表 4.2-3 为 SMA 混合料设计级配,设计目标空隙率为 4.5%,由表 4.2-4 可知,根据体积指标确定最佳级配为 2#级配,最佳沥青含量为 5.7%,木质纤维的掺加量是沥青混合料的 3‰。

SMA-13 用胶结料性能指标 表 4.2-2

试 验 项 目		SBS 改性沥青(实测)	技 术 要 求
针入度(℃,100g,5s,0.1mm)	15	21	
	25	53.7	40 ~ 60
	30	83	
针入度指数 PI		0.02	≥0
软化点(R&B)(℃)		75.8	≥60
5℃延度(cm)		24.5	≥20
运动黏度(135℃,Pa·s)		1.994	≤3
(175℃,Pa·s)		0.355	
TFOT(或 RTFOT)后残留物	质量变化(%)	-0.005	≤ ±1.0
	针入度比(25℃,%)	78	≥65
	延度(5℃,cm)	55	≥15

SMA-13 目标配合比设计　　表 4.2-3

筛孔尺寸	级配 1	级配 2	级配 3	16	13.2	9.5	4.75	2.36	1.18	0.6	0.3	0.15	0.075
玄武岩 10~15	35	35	35	100.0	80.1	4.8	0.5	0.5	0.5	0.5	0.5	0.5	0.4
玄武岩 5~10	38	41	44	100.0	100.0	96.1	6.8	2.0	1.6	0.9	0.7	0.6	0.5
玄武岩 0~3	17	14	11	100.0	100.0	100.0	100.0	83.8	55.9	33.6	20.6	10.3	4.2
矿粉	10	10	10	100.0	100.0	100.0	100.0	100.0	100.0	100.0	100.0	99.1	91.1
SMA-13				100.0	90.0	50.0	20.0	15.0	14.0	12.0	10.0	9.0	8.0
SMA-13				100.0	100.0	75.0	34.0	26.0	24.0	20.0	16.0	15.0	12.0
级配中值				100	95	62.5	27	20.5	19	16	13	12	10
合成级配 1	100			100	93.0	65.2	29.8	25.2	20.3	16.2	13.9	12.0	10.2
合成级配 2		100		100	93.0	65.1	27.0	22.7	18.6	15.2	13.3	11.8	10.1
合成级配 3			100	100	93.0	65.0	24.2	20.3	17.0	14.3	12.7	11.5	9.9

SMA-13 体积计算表　　表 4.2-4

级配	沥青含量 P_b (%)	毛体积相对密度 γ_{sb}	最大相对理论密度 γ_t	空隙率 AV (%)	矿料间隙率 VMA (%)	沥青饱和度 VFA (%)
1#	5.3	2.602	2.767	6.0	18.8	68.2
1#	5.7	2.607	2.747	5.1	19.0	73.0
1#	6.1	2.577	2.728	5.5	20.3	72.7
2#	5.3	2.557	2.697	5.2	17.0	74.6
2#	5.7	2.561	2.679	4.4	18.0	75.6
2#	6.1	2.576	2.660	3.2	17.8	82.3
3#	5.3	2.533	2.630	3.7	16.1	77.2
3#	5.7	2.535	2.613	3.0	16.4	81.8
3#	6.1	2.537	2.596	2.3	16.7	86.4

4.2.1.3 SMA 混合料性能评价

确定 SMA-13 最佳级配与最佳沥青含量后，按规范方法成型相应试件，测试其技术指标，主要考虑了其高温稳定性性能、低温抗开裂性能、中温抗疲劳性能及抗水损坏能力：

（1）高温抗车辙能力

为了评价桥面铺装承重层因为变形累计而形成车辙的可能，通过沥青混合料车辙试验（JTJ 052—2000 T0719—1993）测定沥青混合料的高温稳定性能，试验温度为 60℃，轮压 0.7MPa，试验得 SMA-13 混合料平均动稳定度为：3929 次/mm，符合规范规定，表明混合料具有较强的高温抗车辙能力。

(2)低温抗裂性试验

采用低温弯曲小梁的实验方法(T0715—1993),试验温度 -10℃,加载速率 50mm/min,采用 UTM-100 通用试验机进行数据采集,试验数据见表 4.2-5。

SMA-13 沥青混合料小梁弯曲结果 表 4.2-5

试件编号	1	2	3	4	5
荷载(kN)	1.02	1.29	1.50	1.37	1.12
抗弯拉强度(MPa)	7.63	9.72	11.41	10.31	8.76
R_B(MPa)	9.57				
极限弯拉应变(με)	3304	2433	3876	2526	2324
ε_B 平均值	2893				
弯曲劲度模量 S_B(MPa)	2310	3994	2945	4083	3771
S_B 平均值	3420				
弯曲应变能(kJ·m^{-3})	14.61	7.86	24.97	45.54	7.31
弯曲应变能均值	23.25				
弯曲应变能标准差	27.46				
弯曲应变能变异系数	1.18				

由以上分析可以看出,SMA-13 混合料的弯曲应变能平均值较大,但变异性较大,分析主要原因与混合料粒径较大,内部颗粒不均匀,在受弯时容易产生微裂缝导致局部应力集中,因此发生破坏的可能性就大。

(3)抗水损害能力

通过冻融劈裂试验,测定沥青混合料在受水损害前后劈裂破坏强度比,来评价沥青混合料水稳定性。测定结果如表 4.2-6 所示。

SMA-13 沥青混合料冻融劈裂结果 表 4.2-6

冻融循环后第一组试件					
试件编号	2	4	6	8	平均值
试件空隙率(%)	5.88	6.16	6.29	5.85	6.04
真空饱水水中重(g)	670.90	675.64	671.38	671.50	672.36
真空饱水 SSD(g)	1127.81	1135.11	1130.71	1127.10	1130.18
试件吸水率(%)	3.42	4.60	4.13	3.77	3.98
试件饱和度(%)	58.14	74.67	65.60	64.54	65.74
应力环读数(0.01mm)	102.00	97.00	106.00	105.00	102.50
力值(N)	8623	8207	8956	8873	8664
劈裂强度(MPa)	0.86	0.82	0.89	0.88	0.86

续上表

冻融循环后第二组试件					
试件编号	1	3	5	7	
试件空隙率(%)	5.79	6.26	6.08	6.49	6.15
应力环读数(0.01mm)	114.00	117.00	121.00	124.00	119.00
力值(N)	9622	9872	10205	10455	10038
劈裂强度(MPa)	0.96	0.98	1.01	1.04	1.00
冻融劈裂强度比 TSR(%)	86.33				
规范要求 TSR(%)	≥80				

4.2.2 常规沥青砂混合料级配设计

沥青砂材料属于悬浮密实结构,具有沥青用量多、细集料多、粗集料少、自身柔性和弹性恢复性能高的特点,主要用在铺装结构下层,起到以下作用:

(1)增大界面接触面积、提高相同黏结层用量下层间黏结能力;

(2)内部构造均匀,通过大变形消散裂缝间断应力集中,延缓裂缝的产生;

(3)空隙率小,密封不透水、截断了沥青铺装层开裂后外界水的下渗通道,为下面的防水黏结层提供了保护屏障,抗水损害、抗疲劳性能强;

(4)结构层厚度小,模量相对较高,不会降低铺装层整体的整体抗车辙能力。

4.2.2.1 沥青砂混合料级配设计

表4.2-7和表4.2-8为沥青砂混合料级配设计级配,设计目标空隙率为4.0%,根据体积指标确定最佳级配为2#级配,最佳沥青含量为7.3%。

沥青砂目标配合比设计　　表4.2-7

筛孔尺寸	级配1	级配2	级配3	9.5	4.75	2.36	1.18	0.6	0.3	0.15	0.075
玄武岩3~5	22	25	28	100.0	97.8	7.3	4.1	2.6	2.0	1.5	1.1
玄武岩0~3	73	70	67	100.0	100.0	83.8	55.9	33.6	20.6	10.3	4.2
矿粉	5	5	5	100.0	100.0	100.0	100.0	100.0	100.0	99.1	91.1
沥青砂上限				100.0	90.0	55.0	35.0	20.0	12.0	7.0	5.0
沥青砂下限				100.0	100.0	80.0	60.0	40.0	28.0	18.0	10.0
级配中值				100	95	65	45	30	20	12.5	7.5
合成级配1				100.0	99.5	67.8	46.7	30.1	20.4	12.8	7.9
合成级配2				100.0	99.5	65.5	45.1	29.2	19.9	12.6	7.8
合成级配3				100.0	99.4	63.2	43.6	28.3	19.3	12.3	7.7

沥青砂体积计算表 表4.2-8

级配	沥青含量 P_b (%)	毛体积相对密度 γ_{sb}	最大相对理论密度 γ_t	空隙率 AV (%)	矿料间隙率 VMA (%)	沥青饱和度 VFA (%)
1#	6.3	2.521	2.629	4.1	18.7	78.1
1#	6.8	2.526	2.607	3.1	19.0	83.6
1#	7.3	2.498	2.586	3.4	20.4	83.2
2#	6.3	2.478	2.626	5.6	20.0	71.8
2#	6.8	2.482	2.605	4.7	20.3	76.8
2#	7.3	2.477	2.583	4.1	20.9	80.3
3#	6.3	2.456	2.624	6.4	20.6	69.1
3#	6.8	2.449	2.602	5.9	21.3	72.3
3#	7.3	2.494	2.580	3.4	20.1	83.2

4.2.2.2 沥青砂混合料性能评价

(1)虽然沥青砂位于铺装结构的下层,承受荷载的负担小,但是如果自身高温稳定性太差,会影响整个铺装层整体的抗永久变形能力,因此需要对其高温稳定性能进行测试,通过沥青混合料车辙试验(JTJ 052—2000,T0719—1993)测定沥青混合料的高温稳定性能(图4.2-1),试验温度为60℃,轮压0.7MPa,试验得沥青砂混合料平均动稳定度为4265次,辙槽深度<2.0mm,相对变形率<4.6%,表明沥青砂混合料并没有降低整个铺装层的高温稳定性。

图4.2-1 沥青砂混合料车辙试验

(2)低温弯曲试验

由之前章节中对铺装层的病害成因分析得知,桥面板收缩或铺装层混合料自身温度应力的影响,都对铺装层混合料抗拉强度及变形协调能力提出了更高的要求,要求混合料具有较高强度或在低温下有较好的抗变形能力和较强的应力松弛能力,温度应力则不会过大累积,混合料将具有较好的低温抗裂性能,即材料的抗裂强度越高或弯拉应变越大,则其低温抗裂性能也越好。通过采用沥青混合料的小梁弯曲试验,测试最佳级配与最佳沥青含量时沥青砂混合料在不同温度条件(－10℃)下的破坏荷载、抗弯拉强度、最大弯拉应变、弯曲劲度模量等参数。试验结果如表 4. 2-9 所示。

低温弯曲试验结果　　表 4. 2-9

试验温度	试件编号	1	2	3	4
－10℃	荷载(kN)	1. 42	1. 50	1. 50	1. 45
	抗弯拉强度(MPa)	11. 6	12. 3	12. 2	11. 8
	R_B(MPa)	12. 0			
	极限弯拉应变(με)	3367	4653	3424	3283
	ε_B 平均值	3682			
	弯曲劲度模量 S_B(MPa)	3439	2633	3576	3605
	S_B 平均值	3313			

同 SMA-13 混合料的低温弯曲试验结果比较可知,沥青砂混合料的抗弯拉强度和极限弯拉应变都有大幅度提高,而弯曲劲度模量有所下降,说明沥青砂材料较 SMA-13 混合料强度并未下降,而低温柔性则有一定程度的提高。

(3)抗水损害能力

通过冻融劈裂试验,测定沥青混合料在受水损害前后劈裂破坏强度比,来评价沥青混合料水稳定性。测定结果如表 4. 2-10 所示。

沥青砂混合料冻融劈裂结果　　表 4. 2-10

冻融循环后第一组试件					
试件编号	1	3	5	7	平均值
最大理论密度(g/cm^3)	2. 614				
试件高度(mm)	61. 98	63. 22	64. 33	64. 03	63. 39
空气中重(g)	1248. 95	1269. 33	1265. 24	1258. 02	1260. 39
水中重(g)	750. 22	759. 73	746. 61	741. 83	749. 60
饱和面干重(g)	1249. 13	1269. 84	1265. 71	1258. 62	1260. 83
试件毛体积密度(g/cm^3)	2. 503	2. 488	2. 437	2. 434	2. 466
试件空隙率(%)	4. 23	4. 81	6. 76	6. 87	5. 67
真空饱水水中重(g)	767. 89	781. 79	777. 12	773. 78	775. 15
真空饱水 SSD(g)	1264. 50	1289. 05	1293. 37	1287. 65	1283. 64
试件吸水率(%)	3. 13	3. 89	5. 45	5. 77	4. 56
试件饱和度(%)	73. 98	80. 87	80. 64	83. 87	79. 84
应力环读数(0. 01mm)	110. 00	114. 00	97. 00	95. 00	104. 00
力值(N)	9289	9622	8207	8040	8789. 34
劈裂强度(MPa)	0. 94	0. 96	0. 80	0. 79	0. 87

续上表

冻融循环后第二组试件					
试件编号	1	3	5	7	
试件高度(mm)	62.23	62.45	64.25	63.95	63.22
空气中重(g)	1258.94	1257.69	1258.20	1257.02	1257.96
水中重(g)	756.49	752.54	743.18	742.53	748.69
饱和面干重(g)	1259.31	1258.06	1258.82	1257.78	1258.49
试件毛体积密度(g/cm^3)	2.504	2.488	2.440	2.440	2.47
试件空隙率(%)	4.22	4.82	6.65	6.67	5.59
应力环读数(0.01mm)	132.00	143.00	112.00	124.00	127.75
力值(N)	11121	12036	9455	10455	10767
劈裂强度(MPa)	1.12	1.21	0.93	1.03	1.07
冻融劈裂强度比 TSR(%)	81.40				

以上为沥青砂混合料沥青用量6.7%,目标设计空隙率控制为5.0%时的冻融劈裂结果,可以看出,由于沥青砂为密实悬浮结构,当混合料空隙率过大时,其抗水损害能力要比SMA-13(骨架密实结构)下降幅度大,因此,沥青砂混合料的目标设计空隙率应该有更严格的控制,建议普通沥青砂混合料的目标设计空隙率不应大于3.0%。

4.2.3 铺装层动态模量及疲劳性能比较

由于桥面铺装层所处的环境条件都较一般路面恶劣,因此对铺装层混合料的使用性能也有更高的标准,混合料除了具有更好的高温稳定性和低温抗裂性外,还需要具有较差的温度敏感性及常温下适应大变形的抗疲劳性能。

4.2.3.1 模量试验研究

我国现行沥青路面设计模量均采用相当于静态荷载作用下测定的静态模量。在静态模量试验中,荷载变化速度慢,并在一定加载级位下维持一段时间,这显然与路面结构承受车轮动载的受力状况存在很大差异。沥青混合料动态模量参数与路面实际工作状态比较接近,在基于力学的沥青路面设计方法中,被视为最重要的设计参数之一。美国沥青路面协会AI法、联邦公路局(FHWA)沥青路面设计方法VESYS、NCHRP项目1-37A推出的《沥青路面力学经验设计方法指南》均将动态模量列为基本输入参数之一。考虑到目前研究的试验条件、模量指标的通用性与可替代性及之后研究的便利性等因素,采用动态模量对不同混合料类型的模量特征进行研究。

沥青混合料的动态模量采用Superpave简单性能试验机(SPT)测定。参考的试验规程为AASHTO TP-62。动态模量试验可以采用应变控制方式或应力控制方式。本研究中采用应力控制方式,对试件施加正弦荷载,图4.2-2给出了动态模量试验中典型的应力应变曲线。由于沥青混合料的黏滞性质,周期性的应变滞后于周期性的应力,变形与荷载之间相差一相位角ϕ,应力与应变的最大值之比定义为复数模量,或称动态模量。复数模量是一个复

数,用来确定黏弹性材料的应力、应变特性,它由实部和虚部两部分组成,如下式所示:

$$E^* = E' + iE'' \tag{4.2-1}$$

其中 E' 为存储模量,E'' 为损失模量。动态模量是复数模量的绝对值,反映了材料抵抗变形的能力,动态模量的定义如下:

$$|E^*| = \sqrt{(E')^2 + (E'')^2} \tag{4.2-2}$$

动态模量可以通过试验达到稳定状态时的应力幅值和应变幅值的比值来确定即:

$$|E^*| = \frac{\sigma_{amp}}{\varepsilon_{amp}} \tag{4.2-3}$$

其中:σ_{amp} 为应力幅值.ε_{amp} 为应变幅值。相位角 ϕ 描述材料黏性部分和弹性部分的相对大小,由下式确定:

$$\phi = 2\pi f \Delta t \tag{4.2-4}$$

其中:f 为施加荷载的频率,Δt 为试验中应变滞后于应力的时间。对于完全弹性材料 $\phi = 0$,对于完全黏性材料 $\phi = 90$。随着相位角的增加,材料的黏性性质增加。存储模量,损失模量,动态模量及相位角有如下的关系:

$$E' = |E^*|\cos\phi \tag{4.2-5}$$

$$E'' = |E^*|\sin\phi \tag{4.2-6}$$

通常通过对试验数据的分析可以得到动态模量和相位角,利用关系式(4.2-5)和(4.2-6)就可以确定该种材料的存储模量和损失模量,进而得到复数模量。应当注意,在许多文献中,为了简便动态模量也用 E^* 来表示,应加以区分。

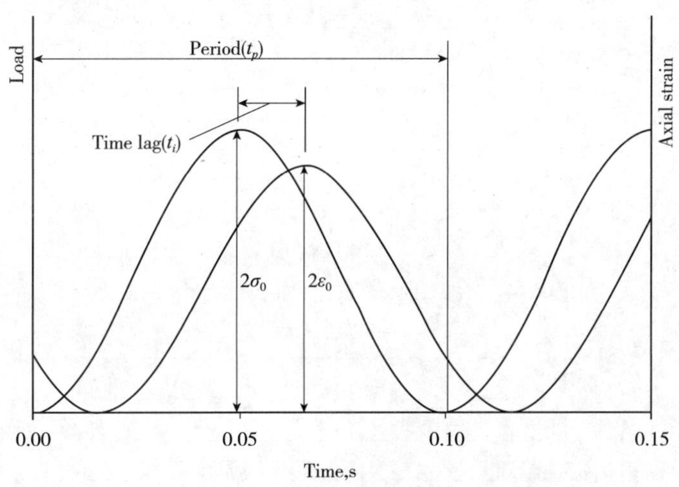

图 4.2-2　动态模量试验应力应变曲线

试验试件为 $\phi 100 \times 150$mm 钻芯试件。先用旋转压实仪(SGC)成型高度为 16.5 ~ 17.5cm 的试件,用取芯机从试件中取出 $\phi 100$mm 的芯样,再用双面锯切割出符合要求的高度。动态模量试验标准与 AASHTO TP62 相同。试验温度为 4.4℃,21.1℃,40℃,50℃,在每个试验温度下分别采用 25.00,10.00,5.00,1.00,0.50,0.10,0.01 Hz 这 7 个加载频率测定动态模量和相位角。动态模量试验采用常应变控制方式,对试件施加正弦荷载,应变控制在 75 ~ 125μm 之间。在路面结构中,由于沥青混合料受荷载作用时存在侧向压力，因此，在试验中参考 NCHRP9-19 的试验方法，采用 138kPa 的围压，使试验条件更接近现场状态。

图 4.2-3 ~ 图 4.2-7 所示是铺装层用不同混合料类型动态模量、相位角与温度和加载频率的关系，为对比传统铺装层常用混合料性能，将 AC-20 沥青混合料动态模量试验结果列入，由表 4.2-11 和表 4.2-12 可以看出：

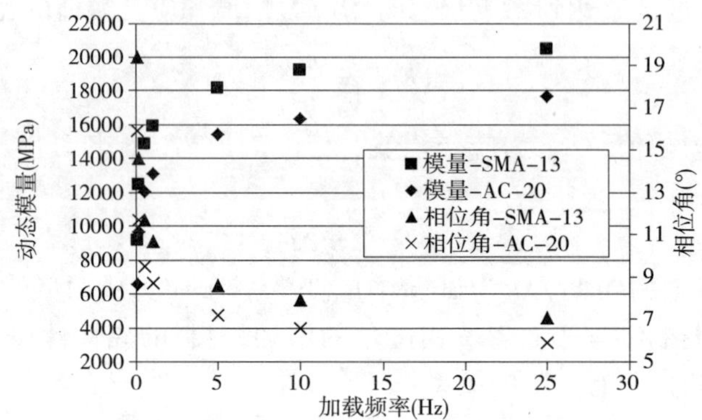

图 4.2-3　4.4℃混合料模量和相位角随频率的变化

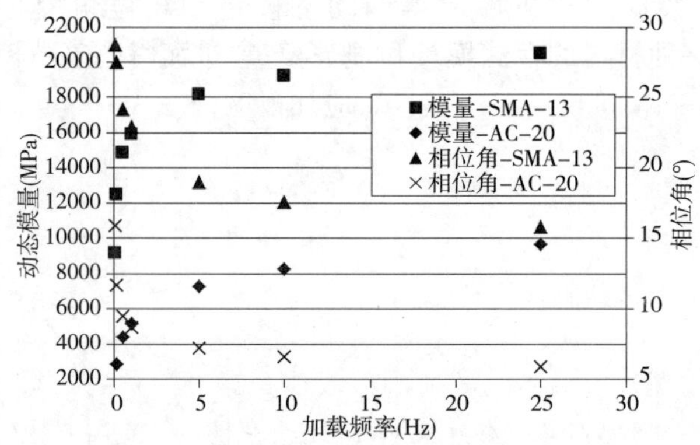

图 4.2-4　21.1℃混合料模量和相位角随频率的变化

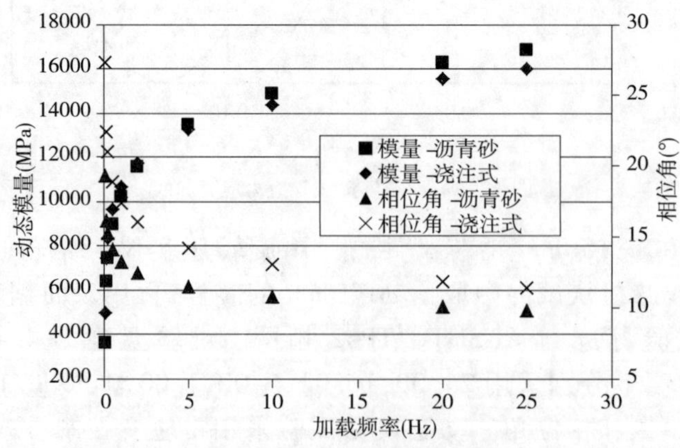

图 4.2-5　4.7℃混合料模量和相位角随频率的变化

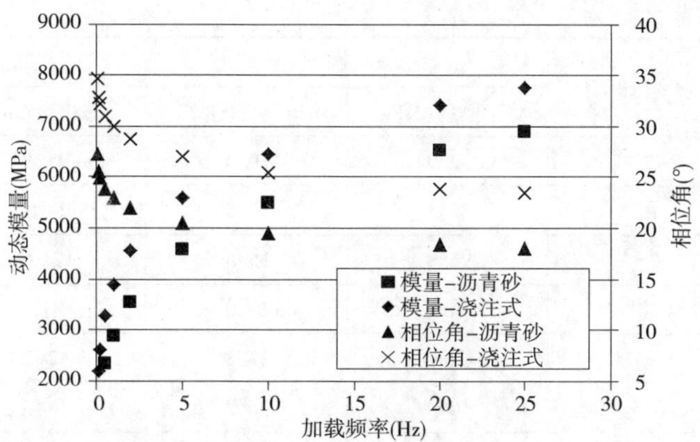

图 4.2-6　20.2℃混合料模量和相位角随频率的变化

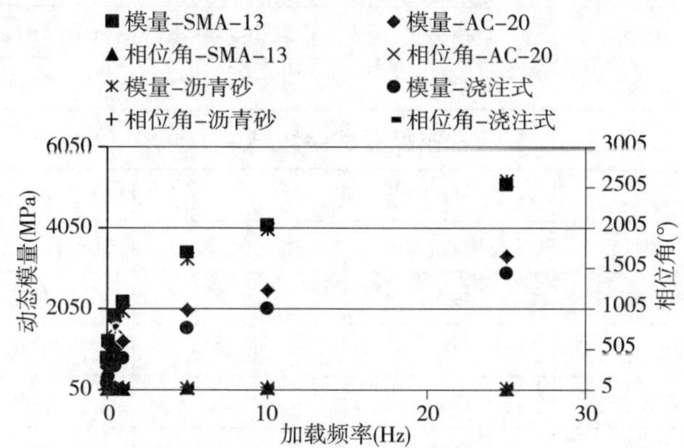

图 4.2-7　40℃混合料模量和相位角随频率的变化

动态模量试验结果 1　　表 4.2-11

试验温度(℃)	频率(Hz)	SMA-13		AC-20	
		动态模量(MPa)	相位角(度)	动态模量(MPa)	相位角(度)
4.4	0.01	6578	19.4	9195	15.9
4.4	0.1	9672	14.6	12490	11.7
4.4	0.5	12040	11.7	14872	9.5
4.4	1	13095	10.7	15907	8.7
4.4	5	15407	8.6	18190	7.2
4.4	10	16367	7.9	19193	6.6
4.4	25	17697	7.1	20518	5.9
21.1	0.01	1530	28.7	2523	28.3
21.1	0.1	2871	27.5	4449	24.5
21.1	0.5	4410	24.2	6344	20.8
21.1	1	5190	22.9	7211	19.2

续上表

试验温度(℃)	频率(Hz)	SMA-13		AC-20	
		动态模量(MPa)	相位角(度)	动态模量(MPa)	相位角(度)
21.1	5	7279	19.0	9521	15.6
21.1	10	8253	17.6	10615	14.3
21.1	25	9658	15.8	12109	12.7
40	0.01	588	19.0	812	23.2
40	0.1	764	23.3	1242	26.7
40	0.5	1049	26.2	1847	27.4
40	1	1245	27.7	2198	27.8
40	5	2028	28.8	3428	26.4
40	10	2515	28.7	4106	25.6
40	25	3333	27.6	5134	24.0

动态模量试验结果 2 表 4.2-12

试验温度(℃)	频率(Hz)	沥青砂		浇注式	
		动态模量(MPa)	相位角(度)	动态模量(MPa)	相位角(度)
4.7	0.01	4970	19.3	3633	27.3
4.7	0.1	7461	16.12	6410	22.44
4.7	0.2	8363	15.28	7460	20.97
4.7	0.5	9635	14.1	8980	18.9
4.7	1	10670	13.26	10226	17.43
4.7	2	11753	12.46	11551	16.04
4.7	5	13232	11.46	13486	14.24
4.7	10	14390	10.78	14867	13.04
4.7	20	15571	10.11	16298	11.88
4.7	25	16021	9.86	16833	11.44
20.2	0.01	1149	27.22	577.5	34.64
20.2	0.1	2185	25.5	1375	32.75
20.2	0.2	2613	24.92	1734	32.13
20.2	0.5	3290	23.84	2340	30.98
20.2	1	3893	22.97	2889	29.95
20.2	2	4569	21.96	3541	28.75
20.2	5	5584	20.55	4577	26.96
20.2	10	6450	19.48	5498	25.47
20.2	20	7419	18.37	6520	23.86

续上表

试验温度(℃)	频率(Hz)	沥青砂		浇注式	
		动态模量(MPa)	相位角(度)	动态模量(MPa)	相位角(度)
20.2	25	7766	18.04	6897	23.47
40	0.01	224	25.06	82.4	31.5
40	0.1	468.8	27.27	164.8	33.84
40	0.2	582.8	28.17	211.2	34.95
40	0.5	784.3	28.8	300.4	35.8
40	1	974.8	29.39	394.3	36.56
40	2	1212	29.56	516	37.36
40	5	1613	29.29	763.1	37.11
40	10	1988	28.89	1002	37.23
40	20	2437	28.26	1308	36.96
40	25	2591	28.18	1437	36.57
50.1	0.01	120.8	21.36	—	—
50.1	0.1	200.3	24.68	—	—
50.1	0.2	238.2	25.92	—	—
50.1	0.5	308.4	27.49	—	—
50.1	1	377.5	28.83	—	—
50.1	2	466.9	30.12	—	—
50.1	5	645.7	31.01	—	—
50.1	10	821.3	31.7	—	—
50.1	20	1051	32.03	—	—
50.1	25	1153	31.36	—	—

(1)温度和频率对沥青混合料的动态模量大小有重要影响。温度的升高和频率的降低引起动态模量减小,温度降低和频率提高能引起动态模量增大。

(2)温度为5~20℃时,混合料的相位角随着加载频率的增加,逐渐减小,温度高于40℃时,随着加载频率的增加,相位角先增大,后减小,说明常温或低温状态下,沥青胶结料特性对混合料劲度的影响显著,随着荷载频率的减小,混合料的黏滞性愈见明显,在较高温度和较高频率是,随着频率的减小,混合料级配特性(如矿料骨架的嵌挤)对混合料劲度的影响权重变大,因此混合料的相位角减少,而动态模量增加更大。

(3)动态模量试验的加载频率与铺面所受车辆的实际作用时间有一定关联,根据VandePoel的公式:

$$t = 1 / (2\pi f) \tag{4.2-7}$$

当荷载作用频率为10Hz时,加载时间为0.016s,大致相当于60~65km/h车速,我国现行的《公路工程技术标准》规定的汽车专用公路的计算行车速度范围为40~120km/h,选择

10Hz 的荷载频率符合对车辆实际运行状态的描述。当荷载作用频率为 0.01Hz 时，可以认为近似混合料在静态荷载作用下的状态，为此，对 0.01Hz、10Hz 荷载作用频率时不同混合料在不同温度下的动态模量及相位角进行比较，需要指出的是：SMA-13、AC-20 混合料 50℃时的动态模量未进行测试，浇注式沥青混凝土高温状态下过软，50℃时的动态模量无法测出。

由图 4.2-8 可以看出，在静态荷载作用下，动态模量大小依次为：AC-20 > SMA-13 > 沥青砂 > 浇注式沥青混凝土，随着温度的升高，动态模量呈现规律性的减小，浇注式模量绝对值量级及衰减幅度最大，说明其发生静载蠕变的机率最大。

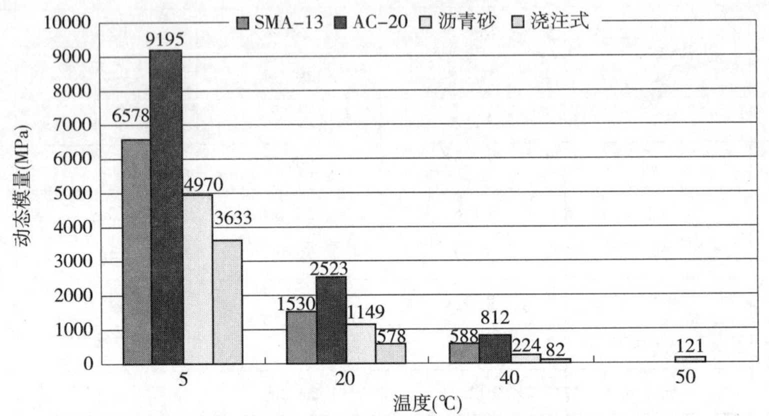

图 4.2-8　0.01Hz 加载频率时不同混合料动态模量对比

由图 4.2-9 可以看出，10Hz 作用频率时，混合料的动态模量大小规律与静态荷载作用类似，浇注式在低温（5℃）时的模量要高于沥青砂，说明温度较低时，硬质沥青变脆，混合料的模量有所升高。

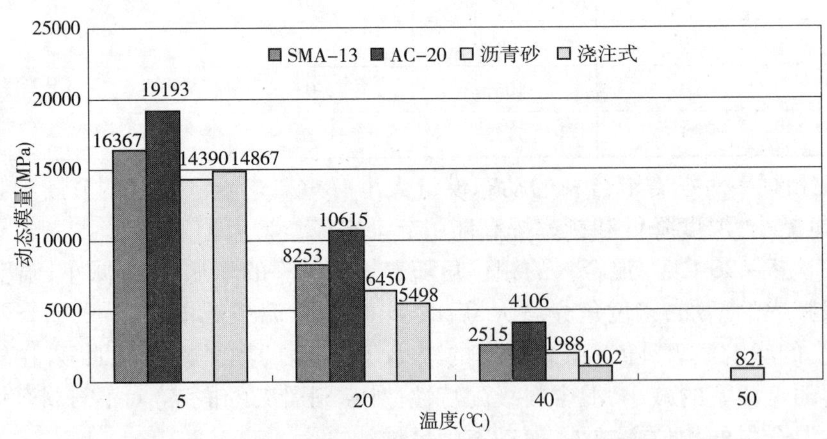

图 4.2-9　10Hz 加载频率时不同混合料动态模量对比

由图 4.2-10 可以看出，在静态荷载作用下，浇注式沥青混合料的相位角量级都远大于其他三类混合料，说明混合料的黏滞性最明显，AC-20 混合料相位角的涨幅最大，说明其黏滞性受温度的影响最显著，SMA-13 与沥青砂在低温及中温状态下的相位角相似，高温状态下沥青砂的黏滞性较 SMA-13 有增强，但仍远低于浇注式沥青混合料。

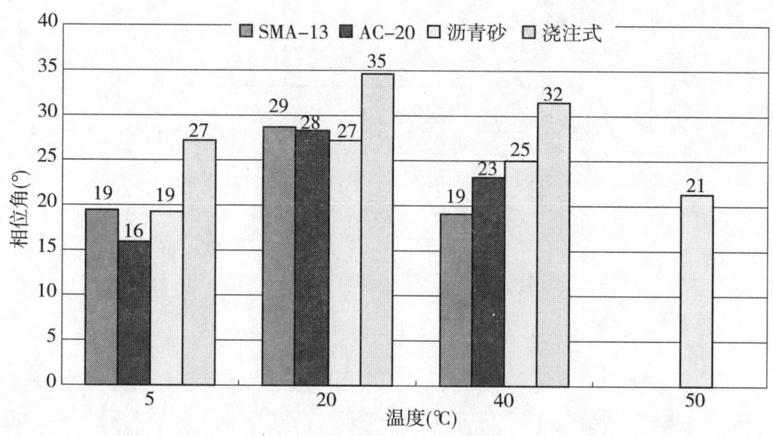

图 4.2-10 0.01Hz 加载频率时不同混合料相位角对比

由图 4.2-11 可以看出，10Hz 作用频率下混合料的相位角与图 4.2-10 类似，有所不同的是 AC-20 在高温下的相位角大于中温时相位角，沥青砂与 SMA-13 在高中低温状态下黏滞性类似，低温状态下沥青砂的相位角大于 SMA-13，说明沥青砂的温度敏感性较 SMA-13 还要好一些。

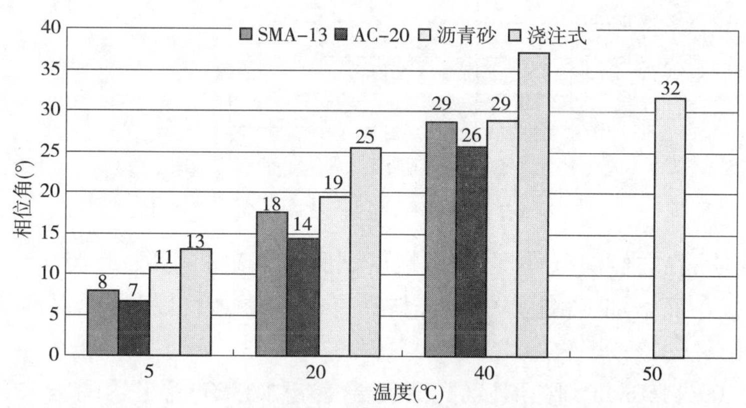

图 4.2-11 10Hz 加载频率时不同混合料相位角对比

由以上结论可以看出，从强度、温度敏感性两个方面比较，SMA-13 的综合评价最好，其次为 AC-20 与沥青砂，AC-20 的强度虽然高于 SMA-13，但是高温状态下黏滞性较 SMA-13 显著，因此从长期使用性能来看，AC-20 连续密实级配要比 SMA-13 间断密实级配发生流动性车辙的概率大；沥青砂与浇注式沥青混合料相比，强度及温度敏感性都要优于浇注式沥青混合料，主要原因可能在于，浇注式沥青混合料沥青含量过高，胶结料特性对混合料整体性能的影响更为显著，而沥青砂混合料沥青特性与级配同时起作用，整体性能要更好一些。

4.2.3.2 静态蠕变试验

静态蠕变试验是在规定的试验温度里对试件施加一恒定的轴向压荷载，同时测定相应试件的轴向应变，应变的变化率再次开始增大那点的时间就是流变时间 F_t。流变时间定义为轴向应变最小变化率所对应的时间（图 4.2-12 和图 4.2-13）。

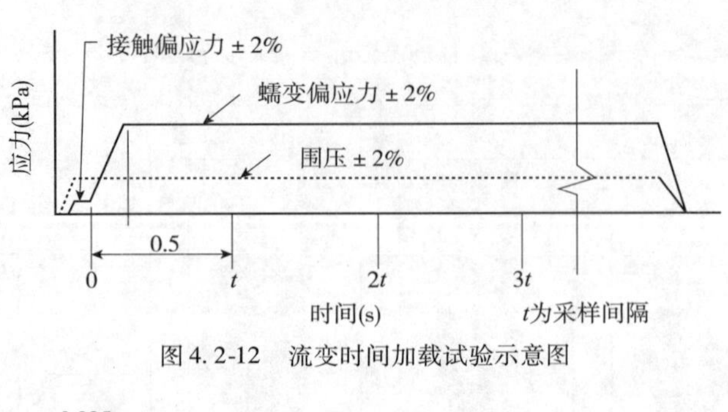

图4.2-12 流变时间加载试验示意图

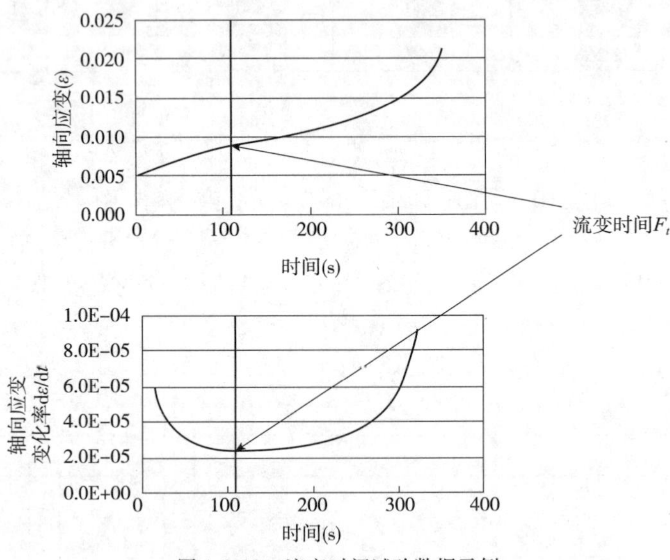

图4.2-13 流变时间试验数据示例

研究数据表明，在右侧限条件下，静载蠕变试验与车辙最关联，F_t 与车辙深度密切相关，车辙深度随 F_t 减小而增加，性能差的混合料具有很小的 F_t，也就是说很容易在短时间内遭到破坏。

试验采用 ϕ100×150mm 圆柱形试件，试验温度控制在50℃，平均围压20kPa，接触偏应力为5kPa，蠕变偏应力为600kPa，终止轴向应变为50000με，终止时间为20000s，采样间隔0.5s。

对沥青砂试件进行静态蠕变试验，测得 F_t 为4479s，F_t 点轴向应变为18850με，F_t 数据图线如图4.2-14所示。

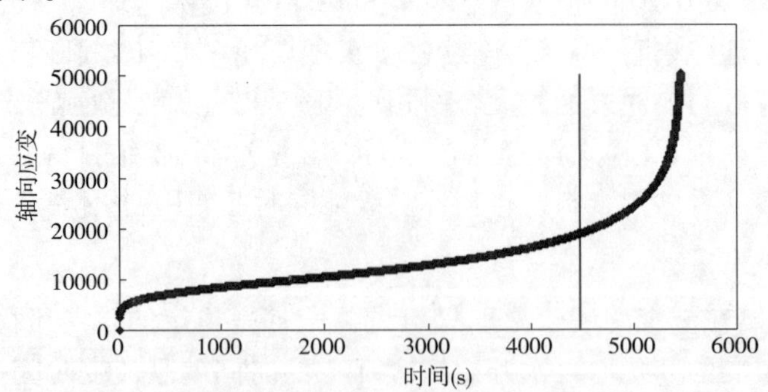

图4.2-14 沥青砂沥青混凝土 F_t 数据线

对浇注式试件进行静态蠕变试验，测得 F_t 为 295.5s，F_t 点轴向应变为 49940με，F_t 数据图线如图 4.2-15 所示。

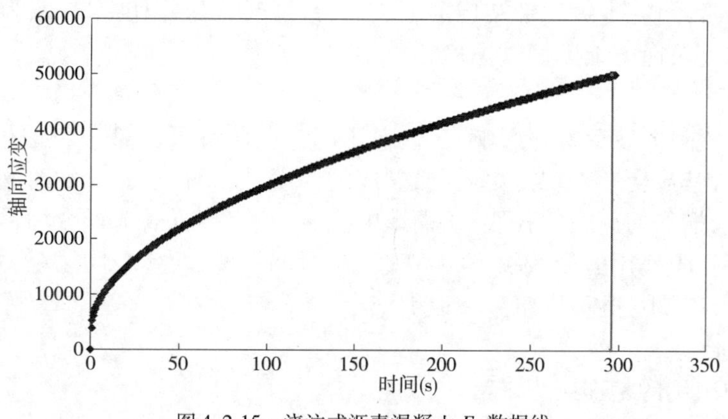

图 4.2-15　浇注式沥青混凝土 F_t 数据线

由图上可以看出，沥青砂混凝土的 F_t 值是浇注式沥青混凝土的 15.2 倍，流变点处的轴向应变远小于浇注式沥青混凝土，说明后者的高温稳定性更差，抗车辙能力不理想，这与前一节对两者动态模量及相位角的分析结论是一致的，需要对混合料设计进行更深一步的优化研究，同时从 F_t 值可以看出，沥青砂自身的抗车辙能力有待进一步加强。

4.2.3.3　抗疲劳性能

疲劳是指材料在循环应力和应变作用下，在一处或几处逐步产生局部永久性累积损伤，经一定循环次数产生裂纹或发生完全断裂的过程。

桥面铺装层的疲劳开裂是指铺装层在正常使用情况下，由行车荷载的多次反复作用引起的铺装层开裂破坏，是桥面铺装的主要破坏类型，因此，铺装材料的抗疲劳特性必须引起足够的重视。

目前室内小型疲劳试验（也称试件疲劳试验）方法众多，包括有旋转法、扭转法、简支三点或四点弯曲法、悬臂梁弯曲法、弹性基础梁弯曲法、直接拉伸法、间接拉伸法、三轴压力法、拉—压法和剪切法等。华南理工大学学者对在全球范围内开展较为普遍的间接拉伸法（即劈裂疲劳试验）、梯形悬臂梁弯曲法和四点弯曲法进行了比对；著名的美国 SHRP 计划于 1994 年发布的题为“沥青混合料的疲劳响应”的沥青混合料疲劳性能研究报告中（编号：SHRP-A-404），对上述三种试验方式进行了详细的评价。

根据 AASHTO T321 规范，采用四点梁疲劳评价沥青混合料的疲劳性能。试验机采用澳大利亚 IPC 公司生产的气动伺服疲劳试验设备，加载和数据采集由计算机自动完成，试验过程如下：

将混合料加热至压实温度，然后用车辙搓揉成型机成型试块（成型用试模是经专门加工的）。待试块放置 24 小时后，切割成符合标准尺寸要求的小梁试件。将试件置于 20.0 ± 0.5℃的环境中 3h。打开疲劳试验机，将测试温度设置在 20.0℃，预热 15min。将试件放入加载系统、加紧夹具，接触 LVDT（位移传感器）。设置控制应变、加载频率、试件尺寸等，开始试验，通过对铺装层进行荷载作用特性分析，认为采用应变控制模式可以更好的模拟铺装层材料受力状态。

(1)试验温度

按照疲劳开裂多发生在常温条件的思想,综合考虑实验设备、评价标准及便于与同类材料比较等诸多因素,研究中关于铺装层混合料疲劳性能的试验温度水平取为20℃,这个温度与北方春融期温度及南方地区雨季温度相差不大。

(2)加载频率

加载频率对材料的疲劳寿命影响较大,对于沥青混合料而言,其影响更为显著。因为在较低频率条件下,其流变性表现得更充分,裂纹的产生、发展有了充分的时间,使材料的损伤表现得更加明显,损伤的速率比较快,从而影响到疲劳寿命,所以选择合适的、能真正反应实际沥青路面循环受力作用的荷载频率,对于正确评价混合料的疲劳性能至关重要。

根据3.2.4.5节中分析,试验频率取10Hz。

(3)加载波形

疲劳试验中采用的是连续正弦波。

(4)疲劳破坏标准

由于控制应变的疲劳试验没有明显的破坏现象,通常人为定义当时作为疲劳破坏的判定,此时重复荷载的作用次数为疲劳寿命。由于采用大应变试验条件进行疲劳试验,周期长,设备的最大功率有限,持续工作时间不宜过长,同时对混合料层底应变的控制标准缺乏定量的检测或计算,因此采取双指标作为实验结束标准:①混合料劲度下降到初始劲度一半;②在混合料疲劳寿命超过1000万次时即停止试验。

(5)疲劳试验结果及分析

按照800με水平对浇注式沥青混合料进行疲劳试验,得到的疲劳寿命为10128740次,疲劳曲线如图4.2-16,疲劳试验结果参见表4.2-13。

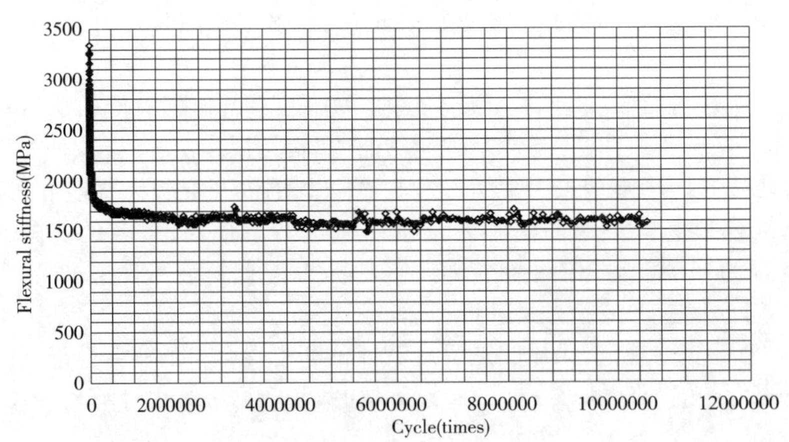

图4.2-16 浇注式沥青混凝土疲劳曲线

浇注式混合料疲劳试验结果 表4.2-13

级配类型	沥青含量(%)	应变水平(με)	初始模量(MPa)	终止模量(MPa)	模量损失(%)	累积耗散能(MPa)	疲劳次数
级配2	8.5	800	2938	1577	53.7%	20475.11	10128740

按照800$\mu\varepsilon$水平对沥青砂混合料进行疲劳试验，得到的疲劳寿命为7192570次，疲劳曲线如图4.2-17，疲劳试验结果参见表4.2-14。

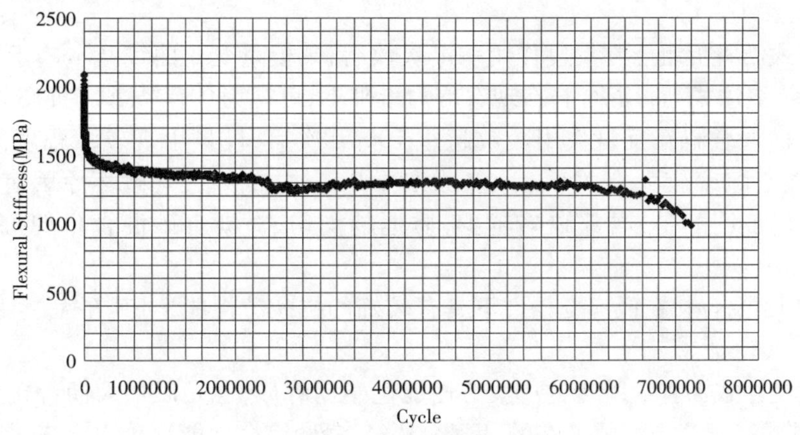

图4.2-17　沥青砂疲劳试验结果

沥青砂混合料疲劳试验结果　　表4.2-14

级配类型	沥青含量(%)	应变水平($\mu\varepsilon$)	初始模量(MPa)	终止模量(MPa)	模量损失(%)	累积耗散能(MPa)	疲劳次数
级配2	7.3	800	1965.05	976.94	50%	11180.46	7192570

按照200$\mu\varepsilon$水平对SMA-13混合料进行疲劳试验，得到的疲劳寿命为14491420次，疲劳曲线如图4.2-18，疲劳试验结果参见表4.2-15。

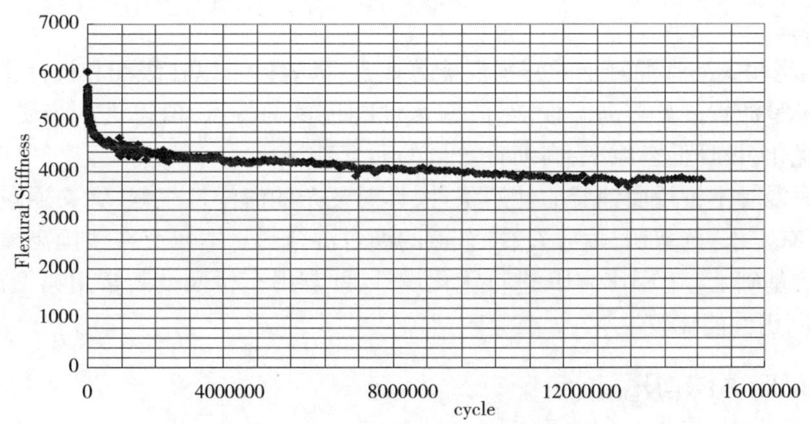

图4.2-18　SMA-13疲劳试验结果

SMA-13混合料疲劳试验结果　　表4.2-15

级配类型	沥青含量(%)	应变水平($\mu\varepsilon$)	初始模量(MPa)	终止模量(MPa)	模量损失(%)	累积耗散能(MPa)	疲劳次数
级配2	5.9	200	5657.81	3831.14	67.7%	4696.98	14491420

由以上分析可以看出：

(1)同等应变水平下,沥青砂与浇注式沥青混合料都具有优良的抗疲劳性能,其中浇注式沥青混合料在常温状态下的抗疲劳性能非常优异,这主要与混合料内部微空隙小,质地均匀的特点有关。

(2)浇注式沥青混凝土在反复作用一定次数后,其模量变化曲线基本趋于平缓,说明作用一定次数后,浇注式沥青混合料在现有应力水平下,可视为具有“永久”抗疲劳能力。

(3)沥青砂混合料在反复作用次数超过 700 万次后,模量出现较大幅度的衰减,估计与沥青砂试件空隙率较大有关(设计空隙率 4.0% ~4.5%),其破坏原因有待进一步分析,有一点可以证明的是,内部缺陷越少,质地越均匀,对沥青砂混合料的抗疲劳性能越有利。

(4)SMA-13 混合料在低应变条件下具有较好的抗疲劳性能,对其在大应变条件的性能衰减有待进一步论证。

(5)虽然浇注式沥青混凝土的抗疲劳性能优于沥青砂,但是以加大沥青含量、牺牲其他路用性能尤其是高温稳定性能换来的,因此,从经济性、综合性能评价方面来讲,即使具有较高的抗疲劳性能,也是不可取的。

4.3 铺装层混合料优化设计研究

本节主要分析了铺装层各类混合料的胶结料特性、级配特性、混合料的设计及路用性能验证分析,对混合料的优缺点进行了试验验证和理论分析,提出了下一步优化的思路。

(1)相对于浇注式沥青混凝土,沥青砂在同样频率作用下高温具有相对较高的强度和稳定性,但模量受温度的影响程度有所降低,原因在于其胶结料类型和级配对混合料的高低温性能都有影响。

(2)借鉴浇注式沥青混凝土的密水性能等优点,沥青砂可以在级配和设计指标方面进一步优化。高模量沥青砂具有高温性能好,密水性能优良的特点,值得进一步研究,通过级配优化和沥青优化,设计低空隙率,高沥青含量的沥青砂材料。

结合水泥混凝土桥桥面铺装的使用条件,针对复杂的海洋性气候、大交通量和超载交通条件,研究具有密水、抗剪切、耐劈裂、抗车辙的沥青混合料。本研究在法国高模量沥青混合料设计方法的基础上,对 EME0/10 进行优化设计,并与山东桥面铺装常用典型混合料 SMA-13 进行综合路用性能比较。

4.3.1 EME0/10 级配设计

法国高模量沥青混合料基于性能设计,注重采用硬质沥青,对级配设计基于经验方法。由山东高速集团、美国海瑞集团联合研制开发,以分子量一万以上的亲沥青基材料—天然岩沥青为主要成分,复合少量性能增强剂制作而成的 HSA 高模量沥青,对提高基质沥青的高低温性能和黏附性具有明显的作用,为高模量沥青混合料的研究提供了技术支持。

大量研究表明,矿料的合理嵌挤设计可大大提供混合料的抗车辙和耐久性,本研究参考贝雷设计法对于 EME0/10 设计三个级配 G1、G2、G3。分别采用沥青含量为 4.4%、4.9%、5.4% 进行旋转压实成型。考虑到桥面铺装材料的防水功能,空隙率控制到 3% ~6%(图 4.3-1)。

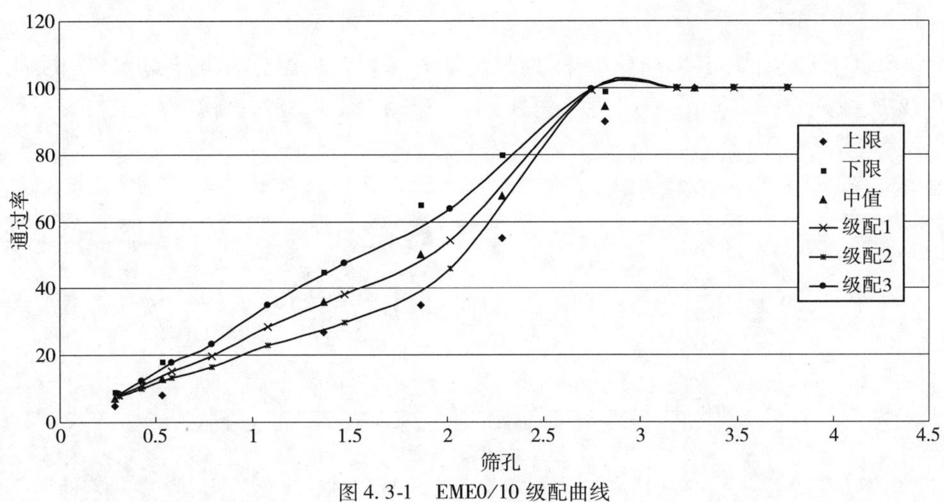

图 4.3-1 EME0/10 级配曲线

4.3.2 性能试验

(1)动态模量

选取 15 ℃、10Hz 加载频率下,不同级配均在最高沥青含量 5.5% 时动态模量值进行评价,其动态模量值均表现为:G3 > G1 > G2(图 4.3-2)。

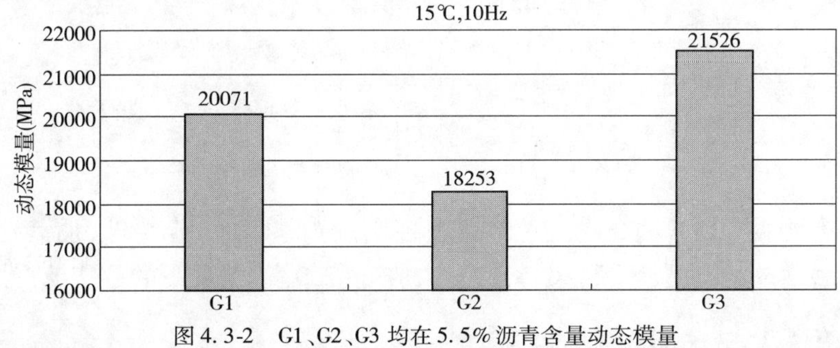

图 4.3-2 G1、G2、G3 均在 5.5% 沥青含量动态模量

(2)车辙试验

试件表面轮辙处只呈现微弱的印痕,无显著变形,均表现出出色的高温抗车辙能力。

(3)小梁低温弯曲试验

法国岩改基质沥青,针入度为 20 时的 EME0/10 三个不同级配低温抗裂性随沥青胶结料用量提高而有所改善;

对于同一沥青含量,EME0/10 低温性能 G3 > G1 > G2,这与相同沥青含量下级配对动态模量的影响状态一致。

(4)抗水损害性能验证(表 4.3-1)

冻融劈裂试验结果 表 4.3-1

级 配	TSR(%)	级 配	TSR(%)
G1	87.71	G3	86.77
G2	84.39		

(5)抗疲劳性能

按 AASHTO T8 测试了 G1、G3 级配混合料在 5.5% 沥青含量时的抗疲劳性能。采用 10℃、10Hz 加载频率及 260με 的控制应变(图 4.3-3 和图 4.3-4)。

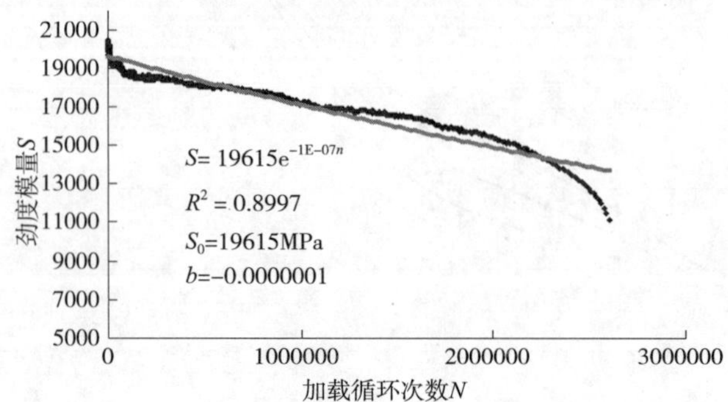

图 4.3-3　10Hz 频率下 G13 劲度损失曲线

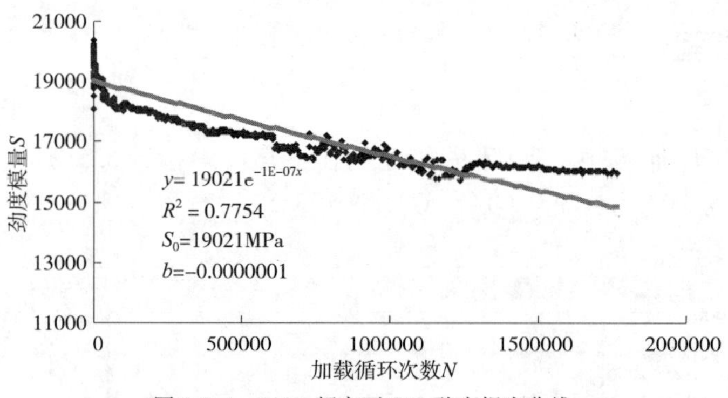

图 4.3-4　10Hz 频率下 G33 劲度损失曲线

试验结果表明,在 10℃时,G1 与 G3 都表现出较好的抗疲劳特性,加载次数均远超过 1500000 次,在后续试验中可针对桥梁特性,对大应变(750℃)条件下的抗疲劳特性进行研究。

4.3.3　EME10 与 SMA-13 性能比较

(1)高温稳定性

由汉堡试验的数据及对比可以看出,岩沥青改性沥青混合料在浸水、高温条件下抵抗反复荷载的能力有了明显增强,20000 次变形量 SMA-13 为 SBS 改性沥青混合料的 76%,而且 EME0/10 混合料浸水车辙性能要优于 SMA-13,有效地提高混合料抗水损害及永久变形能力。

(2)低温抗裂性能(表 4.3-2)

高模量沥青混合料低温弯曲试验结果　　表 4.3-2

混　合　料	试件编号	最大荷载(kN)	跨中挠度(mm)	弯拉强度(MPa)	劲度模量(MPa)	破坏应变(με)
EME0/10 + 18% 岩改 SBS	平均	1.54	0.47	12.56	5169.86	2445
SMA-13 + SBS	平均	1.361	0.422	11.11	5011.71	2216.4
SMA-13 + 18% 岩改 SBS	平均	1.274	0.387	10.40	5123.26	2028.67

(3)抗水损害性能

按照《沥青及沥青混合料试验规程》T0729—2000 要求,采用冻融劈裂试验,测定沥青混合料在受水损害前后劈裂破坏强度比,来评价高模量沥青混合料水稳定性(表 4.3-3)。

不同沥青混合料类型冻融劈裂结果　　表 4.3-3

混合料类型	TSR(%)	混合料类型	TSR(%)
EME0/10	93.7	SMA-13 + SBS	92.9
SMA-13 + 复合改性硬质沥青	87.3		

4.3.4 沥青砂与密水型硬质沥青砂性能比较

沥青砂混合料级配设计目标空隙率为 4.0%,根据体积指标确定最佳级配为 2#级配,最佳沥青含量为 7.3%。

借鉴浇注式沥青混凝土的密水性能等优点,通过级配优化和沥青优化,设计低空隙率(<3%),高沥青含量的密水型硬质沥青胶砂材料;使其在具有良好密水性能、水稳定性能等优势的同时,高温稳定性能和低温性能不会丧失。

(1)车辙试验(图 4.3-5)

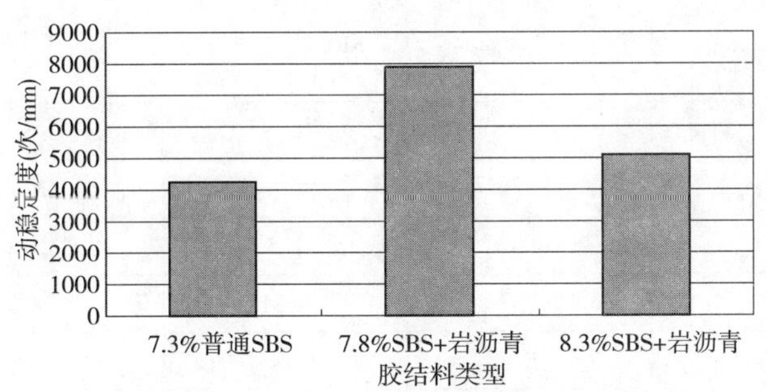

图 4.3-5　不同沥青含量及胶结料类型的沥青胶砂动稳定度对比(G1)

(2)低温弯曲试验(图 4.3-6)

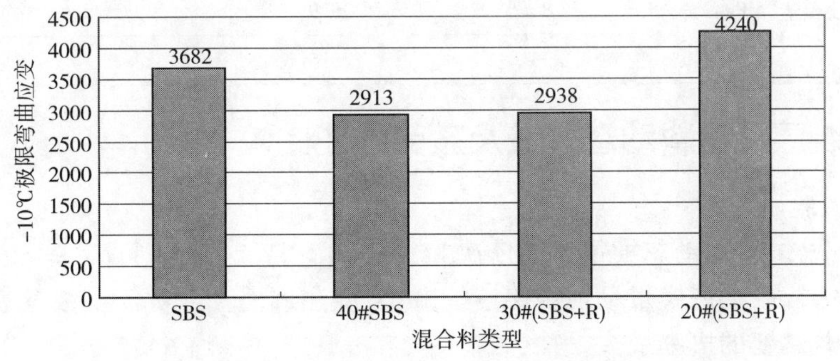

图 4.3-6　高模量沥青混凝土与常规沥青混凝土低温弯曲试验结果对比

(3)抗水损害能力

由于沥青砂为密实悬浮结构,当混合料空隙率过大时,其抗水损害能力要比下降幅度大,因此,沥青砂混合料的目标设计空隙率应该有更严格的控制,建议普通沥青砂混合料的目标设计空隙率不应大于 3.0%(图 4.3-7)。

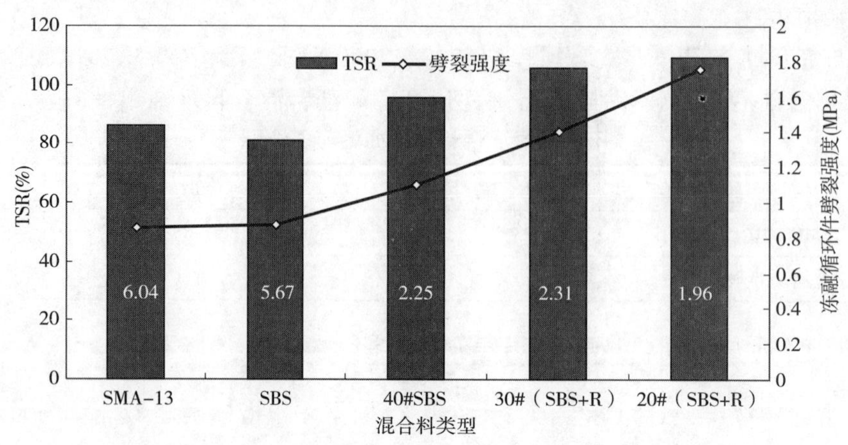

图 4. 3-7 铺装层用沥青混合料冻融前后强度比较

(4)常温抗拉性能

用间接拉伸—劈裂试验评价沥青胶砂的抗拉性能(表 4. 3-4)。

常温条件下劈裂结果(G4) 表 4. 3-4

指　　标	沥青含量	SBS 改性沥青	SBS 改性沥青 + 11% 岩沥青	SBS 改性沥青 + 25% 岩沥青
RT 劈裂抗拉强度,MPa	7. 5	1. 7	2. 5	2. 5
	8	1. 6	2	2. 8
	8. 5	1. 5	2. 0	2. 6
εT 破坏拉伸应变 με	7. 5	8531	15901	15514
	8	12879	15728	12619
	8. 5	16194	14729	13263
ST 破坏劲度模量,MPa	7. 5	305. 1	291. 5	310. 2
	8	236. 9	287. 6	459. 2
	8. 5	175. 5	226. 9	390. 0

4. 3. 5 铺装层混合料动态模量及疲劳性能比较

(1)模量试验研究

在静态荷载作用下,动态模量大小依次为:AC-20 > SMA-13 > 沥青砂 > 浇注式沥青混凝土,随着温度的升高,动态模量呈现规律性的减小,浇注式模量绝对值量级及衰减幅度最大,说明其发生静载蠕变的机率最大。

10Hz 作用频率时,混合料的动态模量大小规律与静态荷载作用类似,浇注式在低温(5℃)时的模量要高于沥青砂,说明温度较低时,硬质沥青变脆,混合料的模量有所升高。

在静态荷载作用下,浇注式沥青混合料的相位角量级都远大于其他三类混合料,说明混合料的黏滞性最明显,AC-20 混合料相位角的涨幅最大,说明其黏滞性受温度的影响最显著,SMA-13 与沥青砂在低温及中温状态下的相位角相似,高温状态下沥青砂的黏滞性较

SMA-13 有增强,但仍远低于浇注式沥青混合料。

AC-20 在高温下的相位角大于中温时相位角,沥青砂与 SMA-13 在高中低温状态下黏滞性类似,低温状态下沥青砂的相位角大于 SMA-13,说明沥青砂的温度敏感性较 SMA-13 还要好一些。

(2)静态蠕变试验

对沥青砂试件进行静态蠕变试验,测得 F_t 为 4479s,F_t 点轴向应变为 18850$\mu\varepsilon$。对浇注式试件进行静态蠕变试验,测得 F_t 为 295.5s,F_t 点轴向应变为 49940$\mu\varepsilon$。

(3)抗疲劳性能

①同等应变水平下,沥青砂与浇注式沥青混合料都具有优良的抗疲劳性能,其中浇注式沥青混合料在常温状态下的抗疲劳性能非常优异,这主要与混合料内部微空隙小,质地均匀的特点有关;

②浇注式沥青混凝土在反复作用一定次数后,其模量变化曲线基本趋于平缓,说明作用一定次数后,浇注式沥青混合料在现有应力水平下,可视为具有"永久"抗疲劳能力;

③沥青砂混合料在反复作用次数超过 700 万次后,模量出现较大幅度的衰减,估计与沥青砂试件空隙率较大有关(设计空隙率 4.0% ~4.5%),其破坏原因有待进一步分析,有一点可以证明的是,内部缺陷越少,质地越均匀,对沥青砂混合料的抗疲劳性能越有利;

④SMA-13 混合料在低应变条件下具有较好的抗疲劳能行,对其在大应变条件的性能衰减有待进一步论证;

⑤虽然浇注式沥青混凝土的抗疲劳性能优于沥青砂,但是以加大沥青含量、牺牲其他路用性能尤其是高温稳定性能换来的,因此,从经济性、综合性能评价方面来讲,即使具有较高的抗疲劳性能,也是不可取的。

第5章

防水系统性能试验及层间稳定性能研究

5.1 桥面铺装的防水概念

《公路沥青路面设计规范》(JTG D50—2006)中提到,防水层和下面层共同组成防水体系。实际上,从之前章节对桥面铺装的破坏成因分析可以看出,桥面铺装的使用应该"排"、"防"结合,整个桥面铺装层应为一个多道设防的密水体系,从铺装层顶面到底端各个层位功能互相补充以增加防水的保险系数,既满足防水的设计年限,又保证铺装层的长期使用性能。一般来讲,桥梁结构共设有三道密水体系,第一道为沥青混凝土面层,传统结构多采用密级配沥青混凝土,防止水进入面层内部。第二道位于铺装层与桥面之间,称之为防水黏结层,多采用防水卷材、防水涂料、热沥青或沥青胶砂等柔性防水材料,既起到联结上下界面的承启作用,又可防止水渗入水泥混凝土内部,同时还起到黏结与应力消减的作用。第三道为刚性防水层,即防水混凝土或素水泥混凝土,防止水渗入桥梁结构内部造成主梁钢筋腐蚀。这三道体系互相制约,互相影响,任何一道体系的破坏都会造成整个铺装系统的加速破坏,从近些年国内的使用状况来看,这三道体系的使用情况都不理想,水泥防水调平层由于自身特性及施工差异性的影响,在使用过程中出现了许多问题,许多现行工程中已经逐步弱化该层的使用,对于防水黏结层来说,目前国内外应用的防水材料品种多样,许多产品在使用过程中也表现出了不同的使用性能,因此,需要对防水材料的性能及防水机理、防水体系的整体稳定性进行系统的研究。

5.2 桥面铺装防水体系组成

桥面铺装的防水系统中每一个组成部分的性能是相互影响的,整个防水系统良好性能的发挥依赖于系统各部分性能的正常发挥,其中尤其以防水黏结层的设计最为复杂、功能最为显著,可以说,防水黏结层的设计优劣关系整个铺装层的使用成败。

综合国内外已有研究成果,从功能方面划分,防水黏结层通常由以下一些结构层次组成:(1)底涂层;(2)下黏结层;(3)透气层;(4)防水层;(5)保护层;(6)上黏结层。

5.3 桥面防水材料技术要求

对理想防水层的要求可以简单地概括为施工后不透水和在设计年限内不透水，而且在全寿命周期内是经济而长效的。

实践表明，由于防水材料种类、施工工艺、技术特点多样，研究并制定相应的防水系统性能标准是极其困难的，不过根据实际工程情况和相关研究，可知防水层和防水材料必须满足以下基本技术要求：

(1)高效的密水性能；(2)良好的黏结性能；(3)温度敏感性差；(4)抵抗桥面变形的能力强；(5)施工后完整性能好；(6)桥型及桥面适应性强；(7)耐久性好；(8)工艺简单且施工快捷；(9)施工协同性好。

除以上技术指标外，价格合理的经济因素也是导致防水材料得以广泛推广的重要优势。

5.4 桥面防水材料性能指标

5.4.1 推荐防水黏结层类型

本研究主要考察四种防水黏结层的应用，通过其在铺装结构中的综合性能比较，对比分析出性能优劣，同时提出优化的技术方案。

四种防水黏结层分别设置为：

(1)桥面防水专用热洒布型 SBS/橡胶改性沥青 +0.4% 预拌碎石 + 沥青砂 + 改性乳化沥青；

(2)桥面防水专用热涂敷型橡胶沥青 + 防护板 + 改性乳化沥青；

(3)桥面防水专用热施工型浇注式沥青混凝土；

(4)桥面防水专用冷施工型加筋聚合物改性沥青防水涂膜。

从以上防水黏结层在整个铺装层中的位置和功能来讲，①、③属于一类，为兼有黏结、防水、承重、缓解应力的多功能防水体系，②、④按照范畴由大至小分别归属于防水材料中的涂膜类防水层—沥青类—水乳型—改性乳化沥青—厚质型、涂膜类防水层—沥青类—无溶剂型—复合改性沥青类。

5.4.2 防水黏结层的组成及技术指标

(1)防水黏结层 1

该防水黏结层由热改性沥青防水层(1 ~ 2mm)、0.4% 沥青的含量的预拌碎石保护层(5 ~ 10mm)、沥青砂多功能层、改性乳化沥青黏结层组成。

根据混凝土桥梁的受力特点，防水层采用改性沥青必须能够在高温、低温、常温、黏韧性、耐久性等方面具有良好的特性，采用热沥青防水层，要确保其在低温下不脆裂、高温时不软化滑移，同时必须具有较低的温度敏感性，从已有研究来看，符合《公路沥青路面施工技术规范》(JTG F40—2004)规定的道路石油沥青技术要求的一般普通沥青软化点多在45~50℃作用,低温脆点也在-10℃以上,按照美国SHRP的PG等级分类,最高不过在PG64-22,高温性能远低于我国多数地区铺装层的实际温度,从调查结果来看,满足这一要求的、市场上普遍供应且不受料源限制的便只有SBS改性沥青。SBS改性沥青由于添加了SBS(苯乙烯-丁二烯-苯乙烯嵌段共聚物),其黏度较普通沥青有大幅度增加,高温稳定性也有明显提高,按照美国SHRP标准,符合公路沥青路面施工技术规范Ⅰ-D标准的SBS改性沥青PG76-22左右,而且随着SBS改性剂掺量的增加,其黏度成线性增长,无疑有利于层间的黏结。考虑到黏结力及韧性的要求,要求SBS改性沥青除满足Ⅰ-D标准外,在生产条件允许的范围内提高其软化点、135℃运动黏度及弹性恢复指标。

受生产工艺及存储稳定性的影响,橡胶粉改性沥青在我国实际工程中尚未得到广泛推广,橡胶是一种高弹性的高分子化合物,它具有其他材料所没有的高弹性,亦称作弹性体,其主要特征是分子量巨大,具有多分散性,在沥青中由于橡胶的混入,使沥青材料具有了某些橡胶特性。橡胶的加入量越多,其弹性、韧性、耐热性、耐寒性和耐久性越好,而且橡胶粉改性沥青具有造价低,环保的特点,代表了未来防水黏结层的应用方向。

采用橡胶粉改性沥青做防水黏结层时,加工橡胶沥青的基质沥青宜采用针入度不大于90的90#沥青或70#沥青,橡胶粉的掺量一般为20%~25%(外掺),推荐指标如表5.4-1所示。

普通橡胶沥青技术标准 表5.4-1

项目		指标
180℃旋转黏度(Pa·s)①		1.5~4.0
25℃针入度(0.1mm)②		25~80
软化点(℃)③		>54
25℃,弹性恢复(%)		≥60
5℃延度(cm)		>30
薄膜烘箱老化后	质量损失(%)	<0.4
	25℃针入度比(%)	>80
	5℃延度比(%)	>40
离析,软化点差(℃)		≤2.5

注:①旋转黏度按照50%扭矩内插获得。

②当采用70#基质沥青时,橡胶沥青的针入度为40~60。

③当采用70#基质沥青时,橡胶沥青的软化点要求大于56℃。

本技术指标只适用于橡胶沥青,不用于评价橡胶改性沥青。

(2)防水黏结层2

该防水黏结层有稀释沥青底涂层+橡胶沥青(5mm)+防护板(3.6mm)+改性乳化沥青。

该防水黏结层的主体是橡胶沥青防水层,该橡胶沥青与常规橡胶沥青不同,通过复合改性工艺加工制得,具有高弹性、黏韧性等特征,常规测试指标如表5.4-2所示。

桥面防水用橡胶沥青测试指标 表 5.4-2

检测项目	试验方法	技术要求	检测项目	试验方法	技术要求
锥形针入度@ 25℃	ASTM D5329	≤50	软化点	T0606-2000	≥85℃
流动度 @ 60℃	ASTM D5329	≤3mm	-25℃时低温柔韧性	—	—

由表 5.4-2 可以看出,所列指标为试验室内及现场可控的或满足施工和易性方面提出的指标,无法与常用防水类热沥青指标进行对比,真正反映桥面防水用橡胶沥青劲度及耐久性的指标并未涉及,在参考安大略省的橡胶沥青膜层标准规范的基础上,建议应该在该材料的设计阶段增加标准条件及非标准条件下的动态剪切试验(Dynamic Shearing Test),反映其低温柔性及抗高温低温循环作用的耐久性试验(如短期老化前后的低温弯曲、老化前后的弹性恢复等性能)。

严格讲,在大多数桥面铺装承受交通的温度下,从其力学行为看,无论是液体沥青还是固体沥青,都是一种黏弹性体。在弹性体的情况下,对材料施加一应力时,材料将瞬间产生形变并达到最大形变状态,不会再有运动,应力施加多久,形变状态就持续多久;一旦撤销应力,形变即瞬间恢复。在牛顿黏性液体的情况下,任何微小的外力都能引起不可逆的剪切流动或永久的塑性变形,外力施加多久,流动即持续多久,剪切停止时,液体中的应力立即下降为零;液体各部分之间不存在滑移。当采用橡胶沥青作为防水层且具有一定厚度(5mm)时,我们希望在铺装层的工作温度范围内,橡胶沥青具有相当的弹性特征以保证在荷载作用下具有良好的变形及自我恢复功能,以保证不会发生荷载下的层间滑移及在内部裂缝类缺陷产生时有较好的自愈能力。从这个观点出发,采用动态剪切试验指导橡胶沥青的设计更多意义上不是关注动态剪切流变仪的职能特性(获取沥青胶结料特性的必要参数——复数剪切模量 G^* 和相位角 δ),而是通过固定压力和转速下的形变来衡量指定温度下橡胶沥青的弹性特征,主要试验条件如下:

①标准试验条件:试验温度 64℃,压力 1600Pa—模拟标准轴载,10rads/s—模拟车速 100km/h;

②课题设计试验条件:考虑到该课题工程中荷载变大,车速变慢,采用如下条件:4800Pa—模拟三倍轴载、8rads/s—模拟车速 80km/h。

③衡量指标:

设计试验条件下试样最大剪应变(Strain) <11%,该值为标准试验条件下结合工程成功的经验参数而得。

依据以上思路,对课题用橡胶沥青形变特征进行研究,结果如表 5.4-3 所示。

由此结果可以看出:

相同试验条件下橡胶沥青的抗变形能力有大幅度增加,主要原因是提高了橡胶沥青中改性剂(尤其是胶粉)的掺量,使得橡胶沥青硬度有明显的提高,变形恢复能力良好,经测定,课题用橡胶沥青的弹性恢复能力可达到95%;

进行 RTFO(163 ±0.5℃,85min)后 DSR 试验时,老化后的橡胶沥青由于颗粒粗大,浇样困难,无法进行后期工作,初步认为胶粒数量的增加,使得胶粒表面对沥青组分的选择性吸附能力增大,同时胶粒发生二次溶胀,因此,高掺量橡胶沥青的长期性能需要进一步验证和优化(图 5.4-1)。

桥面防水用橡胶沥青 表 5.4-3

序　　号	试验温度	试验条件		典型结果	备　　注
国外标准试样	64℃	压力	1600Pa	11.121	老化前
		转速	10rad/s		
		压力	4800Pa	44.392	
		转速	8rad/s		
试样 1		压力	1600Pa	12.11	
		转速	10rad/s		
		压力	4800Pa	44.3	
		转速	8rad/s		
试样 2		压力	1600Pa	4.14	
		转速	10rad/s		
		压力	4800Pa	14.75	
		转速	8rad/s		
课题用		压力	1600Pa	4.95	
		转速	10rad/s		
		压力	4800Pa	18.7	
		转速	8rad/s		

a)试样1

b)课题用试样

图 5.4-1　橡胶沥青浇样

随着改性剂掺量的增加，橡胶沥青黏度增大，试验得 175℃ 黏度达到 4.6Pa·s，远大于Ⅰ-D 标准的 SBS 改性沥青及橡胶粉改性沥青，该特征导致施工时为保证橡胶沥青的流动性，加热温度由标准试样的 190℃ 升高到 230℃，现场甚至高达 260℃，在这个温度条件下，橡胶沥青中的部分改性剂成分开始降解，对橡胶沥青的性质影响大，因此，建议根据添加胶粉的种类对橡胶沥青的脱硫温度进行限定。

防护板为浸有沥青的板材，主要起到对橡胶沥青的保护作用，该板材厚度为 3.6mm ±0.4mm，防护板的宽度为 1100mm ± 200mm，长度为 1500mm ± 200mm。常规测试指标见表 5.4-4和表 5.4-5。

防护板测试指标 表5.4-4

检测项目	技术要求	执行标准
穿刺试验	0.25～0.9mm	1215.05.03
吸水性	≤5%	1215.05.06

透层油规范 表5.4-5

试验项目	试验方法	规范	
		最小	最大
赛波特黏度25℃	ASTM D88	10s	100s
泰格闭口杯闪点仪	ASTM D1310	27℃	
石油沥青产品的蒸馏	ASTM D402		
超过总体积的百分数。 百分比按照360℃下蒸馏物总量为100%	至190℃	25%	
	至225℃	70%	
	至260℃	80%	
	至315℃	92%	
不少于原始体积的	至360℃	30%	
蒸发残留物技术要求			
针入度	ASTM D5	25	85
沥青材料的三氯乙烯溶解度	ASTM D2042	98%	

(3)防水黏结层3

与防水黏结层1类似,该防水黏结层主要由GS-Ⅰ溶剂型黏结剂(底涂层)与浇注式沥青混凝土防水层组成,浇注式沥青混凝土空隙率小,具有良好的防水功能,同时由于沥青含量高,与界面接触性能优异,其技术指标之前章节中已有叙述。GS溶剂型黏结剂是沥青与多种高分子树脂基助剂经专门加工工艺融解于有机溶剂中而形成的一种单组份溶剂型防水黏结剂。该产品的施工及工作机理为:

该产品为单组份黏度较低的液态物质,施工前将其倒入适当大小的容器中,轻微搅拌3～5min。施工时可由操作人员采用辊筒通过人工涂布的方式均匀涂布于水泥混凝土表面,也可由操作人员通过喷枪将其均匀喷涂到桥面上,在第一遍喷涂1h之后进行第二遍喷涂,待溶剂黏结剂弯曲固化后,方可进行沥青混合料的摊铺。

当GS-Ⅰ喷涂到处理后的水泥混凝土桥面上时,黏结剂可在短时间内渗透到水泥混凝土表层一定深度(相关资料表明达2～5mm)范围内的微孔中并完成固化,形成了与水泥混凝土相互贯穿的致密结构,从而实现了GS-Ⅰ与水泥混凝土基层之间的有效黏结及防水作用,由于该黏结剂属高分子热塑性材料,与同为高分子材料的道路沥青有着较好的相似相容性,当施工沥青混合料时,在热拌沥青混合料的热作用和碾压作用下,GS-Ⅰ膜部分熔化与热拌沥青混合料融为一体。随着温度逐渐降低,两者发生第二次固化,从而实现黏结剂与沥青铺装层之间的有效黏结(表5.4-6)。

GS-Ⅰ型黏结剂在不同温度下的指干和固化时间　　表5.4-6

气温(℃)	5	15	25	35	45
指接触干(表干)时间(h)	8	5	3	2	1
固化时间(h)	48	36	24	18	12

(4)防水黏结层4

该防水黏结层为一种机械喷涂的防水涂膜,与常规柔性防水薄膜不同的是,该聚合物改性沥青防水涂料分4~5层喷涂,喷涂2、4层时同步撒布无碱玻璃纤维,起到加筋的作用,有效提高了防水黏结层的整体强度及施工期间抗刺破能力,具有良好的防水性能和黏结性。

桥面黏结防水涂料的技术指标符合中华人民共和国建材行业标准《道桥用防水涂料》(JC/T975—2005)规定,同时个别指标有所提高(表5.4-7)。

纤维增强桥面黏结防水涂料技术指标　　表5.4-7

序号	项　目		Ⅱ　型
1	固体含量		≥50
2	表干时间(h),小于		2
3	实干时间(h),小于		4
4	耐热度(℃)		180
5	不透水性(0.3MPa,30min)		不透水
6	低温柔度(℃)		-20
7	拉伸强度(MPa)		1.0
8	断裂延伸率(%),不小于		800
9	盐处理	拉伸强度保持率(%),不小于	80
		断裂延伸率(%),不小于	800
		低温柔度(℃)	-15
		质量增加(%),不大于	2.0
10	热老化	拉伸强度保持率(%),不小于	80
		断裂延伸率(%),不小于	600
		低温柔度(℃)	-15
		加热伸缩率(%),不大于	1.0
		质量损失(%),不大于	1.0
11	涂料与水泥混凝土黏结强度		0.60
12	50℃剪切强度(MPa),不小于		0.15
13	50℃黏结强度(MPa),不小于		0.05
14	接缝变形能力		10000次循环无渗漏
15	热碾压后抗渗性		0.1MPa,30min不透水

防水涂料喷洒时同步撒布的纤维为无碱玻璃纤维无捻粗砂，玻璃类型：E，单纤直径：13μm，技术指标见表5.4-8。

无碱玻璃纤维技术指标 表5.4-8

Tex	灼伤损失	含水量	硬挺度	分散性
2400±10%	0.8	0.1	≥140	≥95

5.5 桥面防水材料试件制作及试验对比

混凝土桥面沥青混凝土铺装最主要的病害是面层的剥落、松散、拥包等，咎其原因，主要是由于层间抗剪和黏结强度不足引起的。

目前我国在混凝土桥面铺装黏结层结构设计方面还缺乏针对性的试验评价方法的规范，国内的科研机构也往往根据研究使用的防水材料在施工及后期使用过程中可能出现的情况进行模拟实验，其试验结果也较难进行比较参考。通过研究认为，脱离整个铺装层结构系统去单纯进行防水黏结层自身特性、黏结机理等方面的研究，是片面的，需要结合铺装层的实际结构、考虑施工变异性，尽量模拟现场的施工状况，成型复合结构，从铺装层路用角度出发研究防水层在层间的真实作用状态，才更有针对性和指导意义。

为比较不同防水材料在层间的稳定性能，主要进行了以下内容的研究：

(1)层间黏结性能

采用拉拔试验来确定防水黏结层与梁板和沥青混凝土的黏结力状况，检测高聚物防水材料与水泥混凝土桥面间的黏结强度，考察黏结力不足时的破坏面特征，研究不同外部环境因素对层间黏结力的影响规律。同时，它也能辅助确定不同防水材料破坏时的薄弱部位，为防水材料的优化设计提供依据。

试验分别在低温(-10℃)、中温(20℃)、高温(50℃)条件下测试。

(2)层间剪切试验

层间剪切试验用以确定防水层在顶面压力作用下层间抵抗水平剪切的能力，重点评价混凝土桥面与防水层之间的黏结力，建立剪切指标，以供选择防水材料，评价层间黏结性能。

试验分别在低温(-10℃)、中温(20℃)、高温(50℃)条件下测试。

(3)防水层耐候性

模拟铺装层在高温、低温循环影响以及冬季撒融雪剂后，盐水对防水层的影响，观测防水层与桥面板之间黏结能力的变化。

(4)抗咯破性能

模拟防水黏结层在施工期间被运料车、摊铺机等破坏的可能性。

(5)铺装层透水试验

5.5.1 试件制作

试件采用32cm×26cm水泥预制板，为接近现场实际情况，采用胶州湾大桥水泥混凝土箱梁施工配比及材料，与现场同步成型、养生，强度达到28d后方可使用，其配比如表5.5-1所示。

水泥混凝土板配比　　表 5.5-1

名　　称	比例	名　　称	比例
水	0.51	碎石(5～10mm)	0.85
水泥	1.00	粉煤灰	0.18
砂	2.37	钢纤维	0.15
碎石(10～30mm)	2.56		
技术指标	数值	技术指标	数值
坍落度(cm)	3～5	抗折强度(MPa)	40

图 5.5-1　去除浮浆前后的桥面板

混凝土强度达到要求后，依次进行切割、表面打磨等工序，去掉表面的浮浆，鉴于目前桥面处理工艺的多样，为统一对比，综合《道桥用改性沥青防水卷材》、《城市桥梁桥面防水工程技术规程》中提出的拉拔试验方法，以桥面板表面处理掉浮浆为准，实际工程中采用其他处理工艺，会加大表面的粗糙度，更有利于层间的联结(图 5.5-1)。

5.5.2　试件成型

桥面板处理完后，按照不同防水黏结层的施工要求，进行室内作业。

(1)成型工艺

为了确定复合试件成型时的压实工艺，首先进行马歇尔试验确定不同类型混合料的最优级配及最佳沥青含量，通过试压确定汉堡成型试件与马歇尔试件之间的用量关系，之后调整汉堡线性揉搓试验机的垫板高度来确保各结构层的厚度。

试验方法：

①水泥混凝土板的凿毛、清洗、干燥，要保证三分之一单位面积以上露出新鲜的混凝土层；

②施加封层：通过测量水泥混凝土板面积，天平测定来精确计算封层油的撒布量(单位面积撒布量参照《公路沥青路面施工技术规范》(JYG F40—2004))，采用毛刷将其均匀刷到水泥混凝土板上；

③结构层成型：根据马歇尔击实试验确定的试验级配及最佳沥青含量进行试压，通过体积指标确定预期厚度下混合料用量，预期厚度根据调整成型试验机内垫板的数量确定；

④下层成型完 24h 后，在下层板表面涂刷一层改性乳化沥青或乳化沥青做黏结层；

⑤重新调整垫板数量，确定预期厚度，按照步骤③成型上层板。

分层压实前需要将试验机的垫块及垫板进行预热，设定温度为 120℃。

(2)防水黏结层 1 成型

①热 SBS 改性沥青洒布量 1.2L/m^2；

②撒布一层粒径 5～10mm 单一尺寸，经过 3‰～5‰沥青预拌碎石，碎石采用经过清洗干燥后的基性硬质岩碎石，撒布后用喷灯烘烤，使石料嵌入热沥青封层中(图 5.5-2)；

③封层完毕，采用线性揉搓试验机成型沥青砂，沥青砂用量通过试压确定(图 5.5-3)；

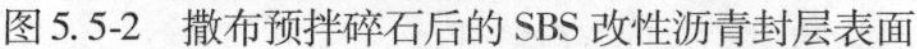

图 5.5-2　撒布预拌碎石后的 SBS 改性沥青封层表面

图 5.5-3　汉堡试验机成型

④沥青砂成型后，喷洒 SBS 改性乳化沥青(图 5.5-4a)，洒布量根据《公路沥青路面施工技术规范》要求；

a)

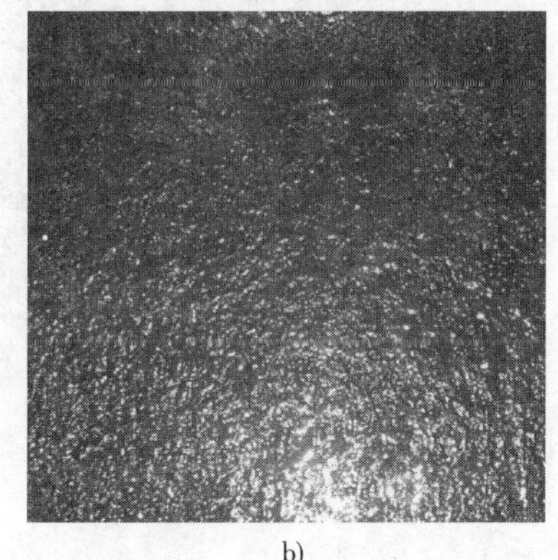

b)

图 5.5-4　成型后的沥青砂表面(右撒布改性乳化沥青)

⑤改性乳化沥青破乳后，成型上铺装层(图 5.5-5)。

图 5.5-5　成型后的铺装层试件

(3)防水黏结层 2 成型

①洒布稀释沥青，用量 0.2L/m^2；

②涂敷橡胶沥青，控制厚度 5mm(图 5.5-6)；

图 5. 5-6　橡胶沥青铺敷

③趁热铺设防护板(图 5. 5-7);

图 5. 5-7　铺设防护板

④洒布改性乳化沥青;

⑤改性乳化沥青后,成型上层结构。

(4)防水黏结层 3 成型

①GS-Ⅰ型黏结剂,以不露白为宜;

②浇注式成型,撒布 0. 5% 预拌碎石;

③成型上层结构。

(5)防水黏结层 4 成型

①分 5 层分层喷涂聚合物防水改性乳化沥青;

②第 2 层与第 4 层时撒布无碱玻璃纤维;

③成型上部结构(图 5. 5-8)。

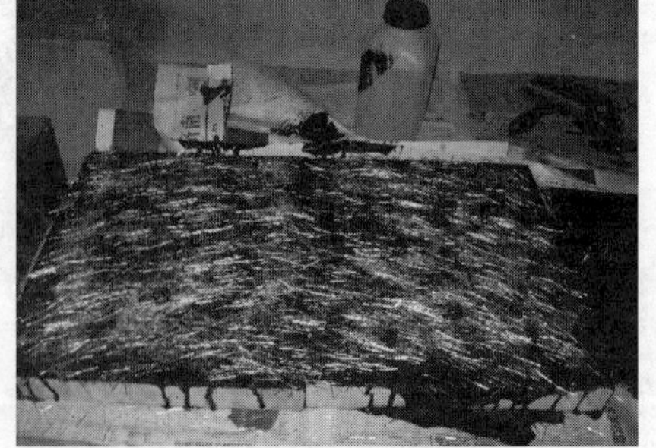

图 5. 5-8　防水涂料作业

(5)取芯(图5.5-9)

图5.5-9　复合件取芯

5.5.3　拉拔试验

(1)试验仪器

拉拔试验采用LGZ-1型结构层材料强度拉拔仪,最大量程3kN,最大量程为30mm。

仪器可以设定拉拔速度并控制马达自动工作,现场采集数据、存储、显示、处理、保持峰值,RS232接口连接PC机处理。采用ϕ100mm拉拔头(图5.5-10)。

图5.5-10　拉拔试验

(2)试验步骤

①混凝土板取芯后,用环氧树脂将其无防水层的一端黏在拉伸圆板上,并施加一定的压力使试件黏结牢固,另一端则黏结可与拉拔仪相连的拉拔盘。用于拉拔试验的试件。

②24~48小时后,待环氧树脂固结后,将试件放到拉拔试验仪上,进行试验。试验数据通过RS232接口连接电脑,把试验所获得的数据及力值与位移对应曲线传到电脑上。试验时要确保试件不要偏心受拉。

③试验时拉伸速度为10mm/min,拉拔试验结束后,通过专门的软件对数据进行提取并分析;

④对试验结果进行处理。通过下式计算层间黏结力:

$$C=\frac{F}{S}$$

式中:C——层间黏结力(MPa);

F——拉拔仪测定的拉力值(kN);

S——层间剪切面积(m^2)。

(3)试验结果(表5.5-2～表5.5-5,图5.5-11～图5.5-14)

防水黏结层1拉拔试验结果 表5.5-2

温度	序号	附着力(N)	位移(mm)	破坏强度(MPa)	备注
20～25℃	1	2971	0.5	0.38	拉拔头与环氧层间断开,环氧层与沥青面层间有脱落
	2	3531	0.8	0.45	
平均值		3251	0.65	0.42	
45～50℃	1	387	0.4	0.05	环氧层与沥青砂表面断开,沥青砂有脱落
	2	416	0.3	0.05	
平均值		402	0.35	0.05	

防水黏结层2拉拔试验结果 表5.5-3

温度	序号	附着力(N)	位移(mm)	破坏强度(MPa)	备注
20～23℃	1	3174	1.1	0.404	试件与桥面板之间断开
	2	3145	1.0	0.401	拉拔头与环氧层间断开
平均值		3160	1.1	0.403	—
45～50℃	1	736	2	0.09	拉拔头与环氧层间断开
	2	435	1.8	0.06	拉拔头与环氧层间断开,橡胶沥青与防护板之间有断裂
	3	736	2.8	0.09	拉拔头与环氧层间断开,橡胶沥青与防护板之间有断裂
	4	229	0.8	0.03	拉拔头与环氧层间断开,橡胶沥青与防护板之间有断裂
平均值		534	1.85	0.068	—

防水黏结层3拉拔试验结果 表5.5-4

温度	序号	附着力(N)	位移(mm)	破坏强度(MPa)	备注
20～25℃	1	7841	1.8	1.00	拉拔头与环氧层间断开
	2	8832	1.7	1.13	拉拔头与环氧层间断开
平均值		8337	1.75	1.07	—
45～50℃	1	1445	1.1	0.18	混凝土块与水泥板之间断开
	2	1631	0.6	0.21	拉拔头与环氧间断开
	3	1440	0.5	0.18	混凝土块与水泥板之间断开
	4	272	0.3	0.03	混凝土块与水泥板之间断开
	5	1598	0.9	0.20	拉拔头与环氧间断开
平均值		1277	0.68	0.16	—

防水黏结层4拉拔试验结果

表5.5-5

温度	序号	附着力(N)	位移(mm)	破坏强度(MPa)	备　注
20~25℃	1	1077	0.7	0.14	拉拔头与环氧层间断开
	2	1292	0.7	0.16	拉拔头与环氧层间断开
平均值		1185	0.7	0.15	—
45~50℃	1	320	0.4	0.04	混凝土底部与涂层顶部断开
	2	320	0.6	0.04	混凝土底部与涂层顶部断开

图5.5-11　防水黏结层1拉拔试验

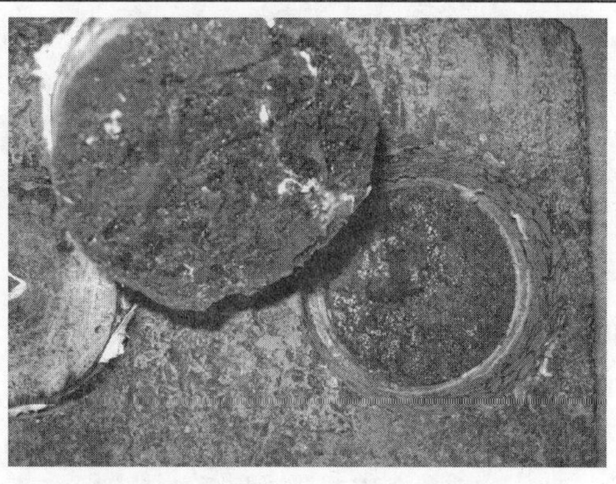

图5.5-12　防水黏结层2拉拔试验

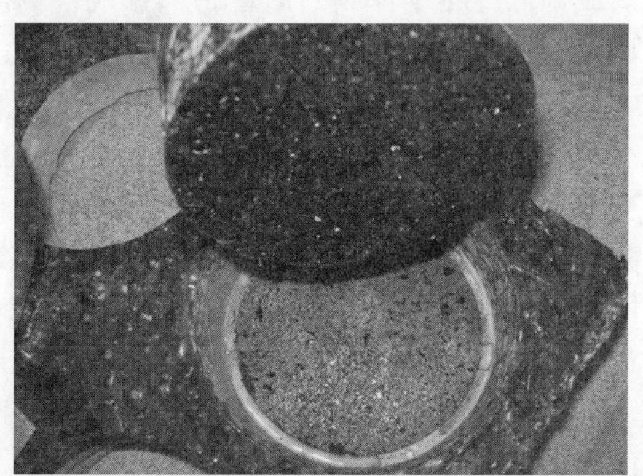

图5.5-13　防水黏结层3拉拔试验

图5.5-14　防水黏结层4拉拔试验

(4)小结

①桥面的黏结强度不仅与防水材料自身特性有关,还与桥面的处理状态,洁净程度、上铺装层的压实程度等因素有关;

②常温及高温状态下,防水黏结层3黏结强度最大,原因主要是一方面采用了GS-Ⅰ有机溶剂,有一定的渗透能力,一定程度上改善了桥面板的表面特性,另一方面是因为浇注式沥青混凝土良好的流动性使得混凝土与桥面板之间接触面积大,界面联结能力强;

③防水黏结层1和防水黏结层2处于同一个量级,黏结强度都大于0.35MPa,基本符合《公路沥青路面设计规范》中对桥面铺装黏结强度的要求,两者的黏结原理基本相同,防水膜都具有一定的厚度,一方面通过良好的黏结性能与桥面板联结,另一方面部分沥青嵌入上铺装层层空隙,增大了接触面积,提高了黏结能力,有所不同的是,防水黏结层2及橡胶沥青防水层自身厚度远大于SBS改性沥青防水膜,拉拔试验实际测得为沥青膜自身的抗拉伸能力,由于橡胶沥青自身黏度远大于SBS改性沥青,这是两者常温黏结强度比较接近的原因,但是从高温拉拔试验结果可以看出,防水黏结层2的黏结强度衰减很快,说明沥青膜增厚温度敏感性增强,层间失稳的概率增大,下一步应该对SBS改性沥青的最佳洒布量、橡胶沥青的适当厚度进行优化研究;

④防水黏结层4的常温及高温条件下黏结强度都不理想,原因一方面可能在于该防水涂料现场通过喷涂施工,室内无法模拟,使用辊刷施工,人工撒布纤维,一定程度上影响了无碱玻璃纤维的乱相分布,造成局部纤维增厚,板体性太强,影响了与上铺装层的黏结,另一方面,通过拉拔后破坏状况可以看出,该防水涂膜与桥面板联结良好,主要从上铺装层联结出断开或防水层层间加筋处,说明该方案过分强调了与桥面板的联结及整体抗咯破能力,现行撒布量及玻璃纤维数量使得防水涂膜太硬,与上铺装层混合料的接触面积减少,因此黏结强度下降,下一步的工作中应该从洒布量优化及上铺装层接触面积改善角度进行研究;

⑤由以上分析可知,防水层上部的铺装层接触面积对层间的稳定状态有显著影响,本研究中采用SMA-13、沥青砂、浇注式沥青混凝土三种类型混凝土,其中浇注式沥青混凝土与沥青砂属于密实悬浮级配,整体较细,与防水层的接触面积大,有利于黏结,SMA-13属于密实间断级配,整体较粗,由图5.5-14可以看出,铺装层底部与防水层接触面积小,如果无防水层材料的嵌入作用,黏结能力无疑会大大削减。

5.5.4 层间剪切试验

拟通过室内模拟试验,采用层间剪切强度来评价层间结构体系的稳定性能。对采用不同防水层黏结层材料的桥面铺装结构层间抗剪强度的影响规律进行探讨,层间剪切试验可以有效评价封层撒布量、界面特性及施工期间水侵害对层间联结效果的影响,同时有助研究铺装层采用不同防水层材料后高温状态时发生层间失稳的概率。

目前关于层间剪切指标及剪切标准并未有统一标准,国内现有的仪器多为无压力的直接剪切试验,仅能定性模拟不同防水层材料之间剪切力的大小,不能对铺面在实际荷载和车速作用下,层间水平及正向压力的真实状态进行模拟,因此自主开发了可以精确控制加载模式并精确采集数据的层间动态作用模拟仪器PLSS-Ⅰ,目前程序运行尚在调试中,因此无法对已成型试件进行不同温度、不同压力及加载速率下的剪切试验,有待进一步研究。

国内相关研究表明:直剪试验竖向力为0.2MPa。试验温度25℃,剪切速率为10mm/min时,采用热SBS改性沥青防水涂膜封层,上铺沥青砂时,其抗剪强度与沥青用量的关系见图5.5-15,主要表现为:

(1)凿毛处理后的桥面层间抗剪强度有明显增大;

(2)随着SBS改性沥青用量的增加,层间抗剪强度呈现出先增大后减小的趋势,存在一个最佳沥青用量,该用量范围与桥面处理方式有关联;

(3)加入沥青砂结构后,铺装层间的抗剪强度有明显的改善,主要成因与4.5.3节中分析相同;

(4)考虑到施工可控性,推荐SBS改性沥青用量为1.2~1.5kg/m^2。

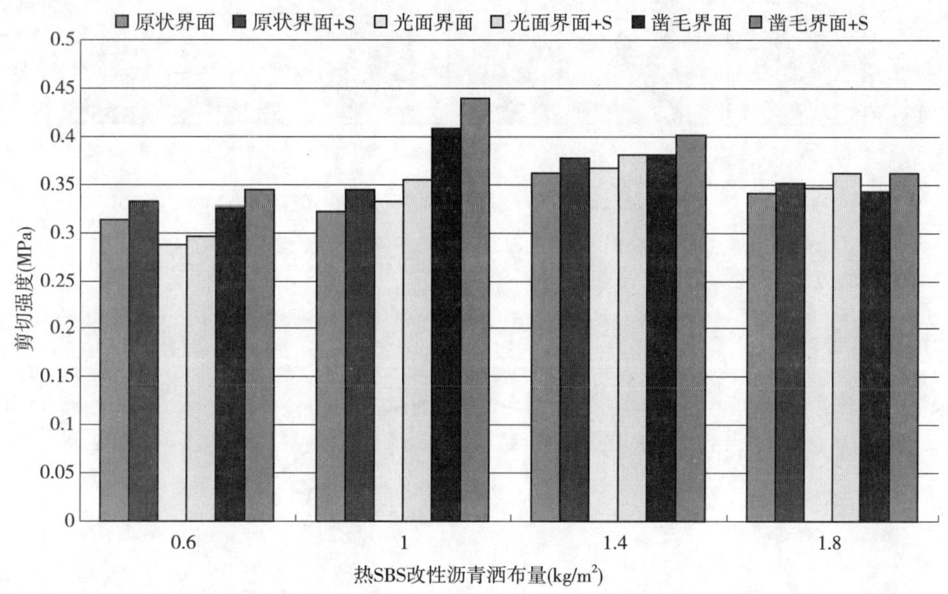

图5.5-15 层间抗剪强度与界面处理、结构组合、热沥青洒布量关系图

图5.5-16表示SBS改性沥青洒布量为1.2kg/m^{2}时,抗剪切强度与温度、界面处理方式及结构组合之间的关系图,可以看出:

(1)随着温度的升高层间抗剪切能力有大幅度的衰减,温度上升到60℃时,抗剪切强度不及常温时的50%,说明,采用热沥青防水膜时,温度敏感性增大;

(2)加铺沥青砂较不铺沥青砂同样条件下层间剪应力有所增大,在低温条件下增幅最为明显,常温及高温状态下增长不明显,具体原因可能与铺装层与防水层材料的接触状态有关。

由以上分析结果可以看出,当采用热沥青防水膜时,随着防水膜厚度即沥青用量的增加,层间抗剪切强度呈现先增大后减小的规律,当超过最佳沥青用量时,层间抗剪切能力有大幅度的削弱,见图5.5-17,当沥青膜防水层厚度增加一倍时,抗剪切强度衰减到原来的32%,因此,对热沥青防水涂膜,建议必须通过类似试验确定最佳沥青用量及控制误差,同时在施工时严格执行。

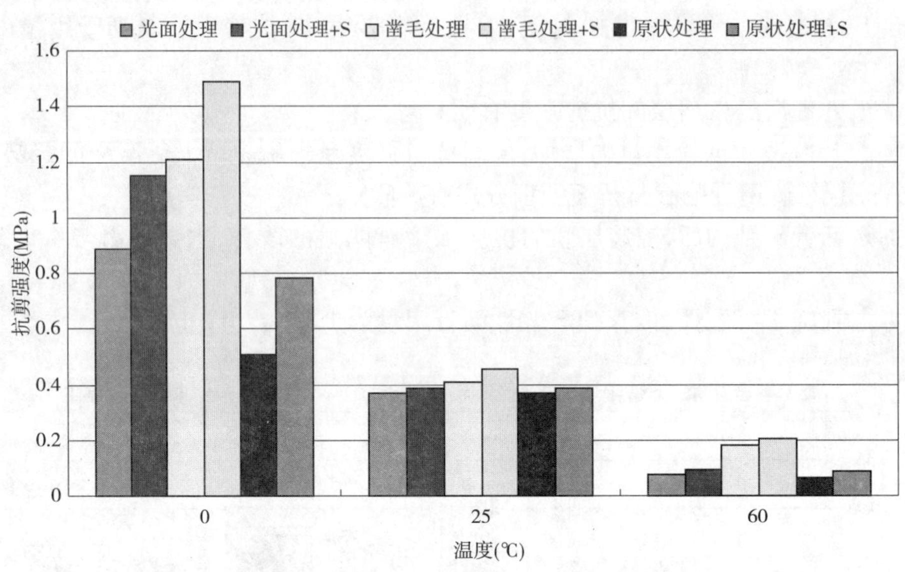

图 5. 5-16　最佳沥青用量下抗剪切强度与温度、界面处理及结构组合关系图

注:处理方式 + S:表示上铺沥青砂。

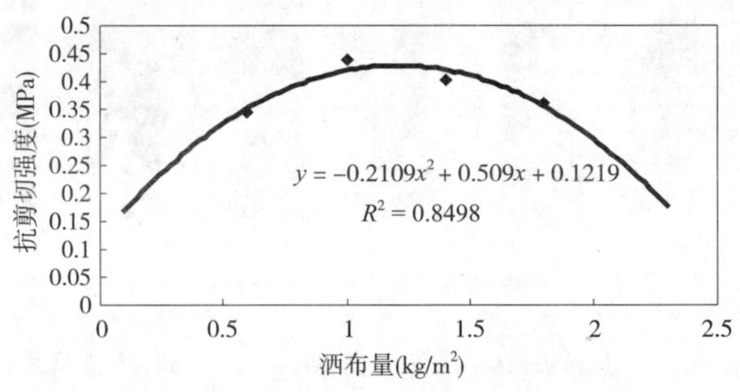

图 5. 5-17　抗剪切强度衰变图

利用自制直剪仪器对热沥青涂膜类试件进行 45℃时的无压力直接剪切试验(图 5. 5-18),发现该温度下试件受试模重力(<150N)作用下及发生滑移破坏,无法进行后续试验,而同样条件下路面结构使用改性乳化沥青黏结剂时,最小剪切力 >1. 1kN,最大剪切力可达 4. 6kN,其原因固然与层间的接触条件有关,更重要的一点是,当采用热 SBS 改性沥青防水膜或热橡胶沥青防水膜时,更应关注的是其在防水、黏结方面的综合性能,由拉拔试验也可以看出,该类防水层在不发生层间滑移时,连续抵抗层间破坏的能力要优于防水涂膜类黏结层,后者不仅防水效果差、初期容易被破坏,后期使用过程中一旦被破坏即意味着整个铺装层的黏结失效如图 5. 5-19 所示。因此,综上说明:层间剪切试验可以作为确定热沥青类防水层最佳沥青用量的手段,不能成为材料比选的依据,在满足防水、黏结要求的前提下,应该从结构层厚度、铺装层材料模量角度进行优化设计,减少其层间在高温状态下滑移的可能性。

图 5.5-18 自制直剪试验

a)改性乳化沥青黏结层

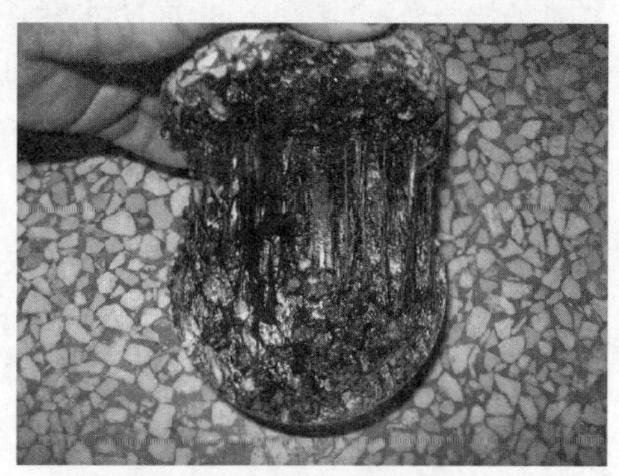

b)SBS改性沥青防水黏结层

图 5.5-19 不同防水黏结层破坏状况

5.5.5 耐候性试验

胶州湾大桥地处北方寒冷地区，防水材料低温性能的好坏，直接关系到其耐久性，一方面，冬天天气的骤降可能会使防水黏结材料的抗拉伸性能降低，收缩变形过大发生脆裂，黏结能力下降，另一方面，冬季撒盐是除冰雪，快速开放交通的主要方式，胶州湾海域多盐雾，通过吸附等方式进入混凝土的水分中夹杂着较高浓度的氯盐，在反复冻融作用下，极易破坏防水层，最终引起桥面板(梁)及混凝土铺装层以盐冻剥蚀为主的腐蚀破坏。

针对以上特点，分别进行了防水黏结层材料低温柔性和耐腐蚀性试验。

5.5.5.1 低温柔性试验

(1)试验方法

参见 GBT 16777—2008。

①仪器及材料：10mm 圆铁棒、牛皮纸、低温环境(-20℃，精度为 0.5℃)；

②试件准备：在牛皮纸上分别涂刷防水黏结层，总厚度为 0.5 ~ 0.6mm，在室温下放置 7d，剪成 25mm × 120mm 的柔度试件，每组四条；

③操作步骤：将试件和金属棒同时放在已达规定试验温度的环境箱中 2h，于该温度下，将试件在 2 ~ 3s 内绕金属棒均衡弯曲 180℃，肉眼观察试件有无裂纹。

(2)试验结果(表 5. 5-6)

低温柔性试验结果　　表 5. 5-6

试　　样	试验前表观描述(25℃)	-20℃试验结果
SBS 改性沥青	有良好柔度,涂刷均匀,表面发亮	有相应柔度,弯曲时脆裂,裂纹最明显
桥面防水专用橡胶沥青	有良好柔度,涂刷表面颗粒明显	有相应柔度,弯曲时部分试件脆裂,裂纹明显
普通橡胶粉改性沥青	有良好柔度,涂刷表面颗粒明显	有相应柔度,弯曲时部分试件脆裂,裂纹较明显
聚合物用改性沥青防水涂料	有良好柔度,涂刷表面颗粒明显	无变化

需指出的是,实际情况下,由于铺装层的保护防水黏结层温度会高于铺装层的上层,桥面防水黏结层也不会发生 180℃弯曲的情况,因此,防水黏结层的低温柔性试验只能定性比较,不能作为判断其低温性质的依据,可以确定的是,低温情况下橡胶粉改性沥青的性能较 SBS 改性沥青有一定的改善,与桥面防水专用橡胶沥青相比,后者脆性更大一些,可能与橡胶沥青中胶粉的目数及产量有关,桥面防水用聚合物改性沥青的低温柔性要明显优于其他三类沥青。

5. 5. 5. 2　耐腐蚀性试验

本实验旨在定性模拟桥面铺装使用过程中,经过反复高温、低温循环作用,氯盐随水渗入至防水层时,防水层本身的耐久性、耐腐蚀性能及对桥面板的保护作用。

(1)试验条件

①高温 60℃,7d/周期 ×2;②低温 -10℃,7d/周期 ×2;③35℃盐雾循环,4d/周期。

(2)试验步骤

①试件成型后,抽真空,常温下放入水中饱水 7d,分普通淡水与海水两组对比,见图 5. 5-20。

图 5. 5-20　试件饱水对比

②60℃恒温水浴中饱水 7d,空气中静置 7d,后放入 -10℃冰柜中保温 7d,循环两次;

③试件取出放入盐雾腐蚀箱,35℃条件下喷 5% 盐雾,4d 后停止试验。

期间随时观察防水黏结层的破坏情况(图 5. 5-21)。

(3)试验结果(表 5. 5-7,图 5. 5-22)

由观测结果可以看出,经过反复冻融循环及盐雾腐蚀后,四种防水层或底涂层均与桥面板联结良好,SBS 改性沥青及橡胶沥青指触发硬,说明二者在经过高低温循环后化学性质或物理成分可能发生了一定变化,黏韧性有所下降,因此,该试验说明:在整个铺装层设计的过程中,应该尽量避免外部水的进入及蔓延,当外部水进入到防水层部位时,尽管防水层体系性能已有优化提高,但是水、温度、盐分等因素的长期耦合作用后,仍会使防水层材料的性能在短时间内加速劣化。

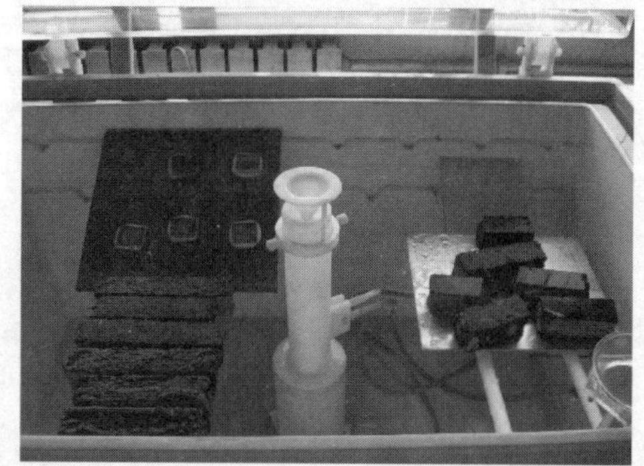

图 5. 5-21 盐融腐蚀试验

耐候性试验结果

表 5. 5-7

序号	类 型	表 观 描 述
1	桥面板 + SBS 改性沥青	联结无脱落、表面有气泡,延性下降,指触发硬
2	桥面板 + 橡胶沥青	联结无脱落,表面有气泡,延性下降,指触发硬
3	桥面板 + GS- Ⅰ 黏结剂	表观无明显变化
4	桥面板 + 防水涂料	联结无脱落,边缘处有毛刺

a)桥面板+SBS改性沥青

b)桥面板+橡胶沥青

c)桥面板+GS-I黏结剂

d)桥面板+防水涂料

图 5. 5-22 耐候性试验后的试件

此外，对比了两种沥青短期老化后的性能，SBS改性沥青经过短期老化后，性能如表5.5-8所示。

短期老化后SBS改性沥青性质　　　　表5.5-8

试验项目		SBS改性沥青(实测)	技术要求
TFOT(或RTFOT)后残留物	质量变化(%)	-0.005	≤±1.0
	针入度比(25℃,%)	78	≥65
	延度(5℃,cm)	55	≥15

橡胶沥青由于颗粒粗大、浇样困难，短期老化后损失太大，无法继续下步评价工作，说明橡胶沥青的耐久性能需要进行深入研究，初步分析为橡胶沥青中胶粉掺量过多，经过短期老化后，胶粉有二次发育溶胀的过程，进一步吸收沥青中的轻质油分，导致橡胶沥青硬度增加，延性及黏韧性下降。为此，研究认为，常规的测试指标对评价该橡胶沥青性质是不适用，在满足生产商提供的技术指标外，建议增加橡胶沥青老化前后的黏韧性试验，以期对橡胶沥青的配比优化提出指导性建议。

5.5.6 抗咯破性能试验

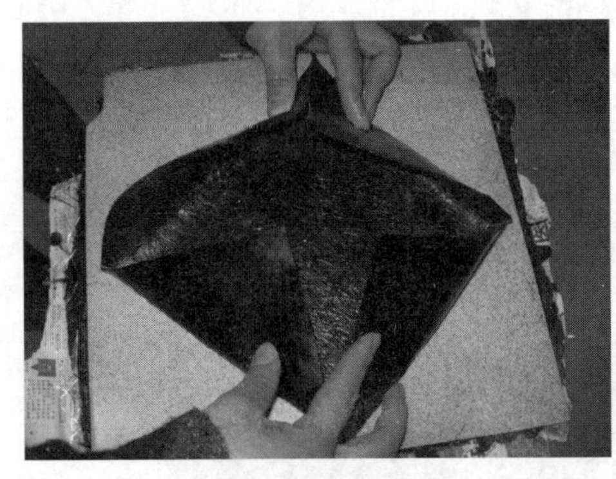

图5.5-23　防水层剥离

(1)试验步骤

①防水层薄膜成型，玻璃板上涂布隔离剂，防水层薄膜成型后完整剥离(图5.5-23)；

②防水层薄膜下覆水泥混凝土板，上覆沥青混合料旋转压实或汉堡线性揉搓机碾压成型，温度为现场施工控制温度；

③模拟现场碾压成型后，观察防水薄膜底部是否有破损。

(2)试验结果(表5.5-9)

抗咯破描述　　　　表5.5-9

序号	类型	上覆铺装层	表观描述
1	SBS改性沥青防护膜	沥青砂	沥青与沥青砂黏结，碎石嵌入沥青砂，部分嵌入沥青
2	橡胶沥青+防护板	SMA-13	1. 防护板下层被烫化，橡胶沥青与SMA-13间有纤维织物； 2. 防护板被碾破，局部聚集
3	底涂层+浇注式沥青混凝土	—	底涂层辊涂量少，无破坏
4	防水涂料	SMA-13	表层有凹陷，整体性未被破坏

由试验结果可以看出，由于防水层为厚度5mm的橡胶沥青，因此，在碾压过程中，起到保护作用的防护板存在状态比较复杂，当下部橡胶沥青较少、混凝土板较平整时，防护板下面被烫化，橡胶沥青与混凝土之间隔有一层无黏性的纤维植物，多数情况下，由于防护板被碾碎，局部富集见图5.5-24，该防护板黏性原小于橡胶沥青，可能影响层间的联结强度，这点说明，防水层与保护层并非是独立的，需要性质协同才能发挥作用，过分强调防护板的保护作用，忽略其作为黏结层层间过渡的性能，无疑会对层间黏结强度有削弱作用。

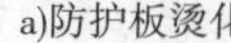
a)防护板烫化

b)防护板被碾碎

图5.5-24　防水层2抗咯破试验

5.6　小结

本章主要对桥面铺装的防水概念、防水体系的组成进行了分析，同时对桥面防水材料的技术要求进行了限定，主要有以下内容：

(1)桥面铺装的使用应该"排"、"防"结合，整个桥面铺装层应设计为一个多道设防的密水体系，从铺装层顶面到底端各个层位功能互相补充以增加防水的保险系数，既满足防水的设计年限，又保证铺装层的长期使用性能。

(2)为保证最后一道防水屏障功能的实现，桥面铺装的防水体系应至少包括底涂层、防水黏结层、保护层三部分，黏结层的黏结强度随着厚度的增加而降低，因此在能满足抗剪强度的条件下，胶黏层不宜太厚。

(3)理想防水体系的要求可以简单地概括为施工后不透水和在设计年限内不透水，而且在全寿命周期内是经济而长效的。为保证以上要求的实现，防水体系必须达到以下技术要求：①高效的密水性能；②良好的黏结性能；③优异的耐高温、低温性能；④抵抗桥面变形能力强；⑤施工后完整性能好；⑥桥型及桥面适应能力强；⑦耐久性好；⑧工艺简单且施工快捷；⑨施工协同性好，此外，在满足以上要求的同时，价格经济合理也是防水体系选择的一个重要因素。

(4)本章重点对采用不同防水层类型时层间的黏结性能进行了分析，认为防水层上部的铺装层接触面积对层间的稳定状态有显著影响，本研究中采用SMA-13、沥青砂、浇注式沥青混凝土三种类型混凝土，其中浇注式沥青混凝土与沥青砂属于密实悬浮级配，整体较细，与防水层的接触面积大，有利于黏结，SMA-13属于密实间断级配，整体较粗，铺装层底部与防水层接触面积小，如果无防水层材料的嵌入作用，黏结能力无疑会大大削减。

(5)由层间剪切试验可以看出，当采用热沥青防水膜时，随着防水膜厚度即沥青用量的增加，层间抗剪切强度是呈现先增大后减小的规律，当超过最佳沥青用量时，层间抗剪切能力有大幅度的削弱。

(6)通过耐候性试验可知，低温情况下橡胶粉改性沥青的性能较SBS改性沥青有一定的改善，与桥面防水专用橡胶沥青相比，后者脆性更大一些，可能与橡胶沥青中胶粉的目数及产量有关，由于涂刷厚度较薄，桥面防水用聚合物改性沥青的低温柔性要明显优于其他三类沥青。

(7)经过反复冻融循环及盐雾腐蚀后,四种防水层或底涂层均与桥面板联结良好,SBS改性沥青及橡胶沥青指触发硬,说明二者在经过高低温循环后化学性质或物理成分可能发生了一定变化,黏韧性有所下降,因此,该试验说明:在整个铺装层设计的过程中,应该尽量避免外部水的进入及蔓延,当外部水进入到防水层部位时,尽管防水层体系性能已有优化提高,但是水、温度、盐分等因素的长期耦合作用后,仍会使防水层材料的性能在短时间内加速劣化。

(8)通过抗咯破试验可知,防水层为厚度5mm的桥面防水专用橡胶沥青防水体系+铺装层结构在碾压过程中,起到保护作用的防护板存在状态比较复杂,当下部橡胶沥青较少、混凝土板较平整时,防护板下面被烫化,橡胶沥青与混凝土之间隔有一层无黏性的纤维植物,多数情况下,由于防护板被碾碎,局部富集,该防护板黏性原小于橡胶沥青,可能影响层间的联结强度,这点说明,防水层与保护层并非是独立的,需要性质协同才能发挥作用,过分强调防护板的保护作用而提高防护板硬度,忽略其作为黏结层层间过渡的性能,可能会使铺装层无法刺破防护板与橡胶沥青有效的结合,对层间的黏结强度有削弱作用,因此,需要结合我国施工机械的特点对防护板的抗刺破性能进行适当的优化。

第 6 章

复合结构试验研究及有限元分析

桥面铺装的结构性能是铺装方案比选时的重要依据。桥面铺装力学机理与路用性能分析表明，繁重的交通负担要求桥面铺装满足多方面的要求，而且不同功能性的要求映射到铺装层材料的性能指标上往往是相互矛盾的，难以全部通过材料设计来满足，在全面了解铺装层用 SMA-13、沥青砂、浇注式沥青混和料及防水黏结材料性能的基础上，对初定桥面铺装方案进行复合结构的性能研究，有助于检验铺装层的整体抗破坏能力，了解各桥面铺装方案的破坏方式和破坏特征，确定桥面铺装中的薄弱层位，从而确定桥面铺装上下结构层的合理厚度及防水黏结层材料，选择出适合胶州湾大桥桥面铺装的合理结构组合方案。

6.1 复合结构方案设计

与普通沥青路面的使用条件不同，水泥混凝土桥面板与沥青铺装层之间为刚—柔组合，铺装层的荷载变形特性与桥面板的处理方式，防水黏结层的厚度及劲度、层间黏结状况等特性高度相关。为了在试验中充分考虑水泥混凝土桥面铺装的这种特性，必须将铺装上层材料、黏结层材料、桥面结构作为一个整体进行试验研究，即复合结构试验研究（表 6.1-1）。

试验的铺装方案 表 6.1-1

方案	防水系统	铺装层	总厚度
1	热 SBS 改性沥青 &0.5% 单粒径预拌碎石 +2cm 沥青砂 + 改性乳化沥青	6cmSMA-13	8cm
2	稀释沥青底涂层 +5mm 橡胶沥青 +3.6mm 防护板 + 改性乳化沥青	7cmSMA-13	
3	GS-I 型底涂层 +3.0cm 浇注式沥青混凝土	5cmSMA-13	
4	0.12cm 增强型防水涂料（五层喷涂）	8cmSMA-13	
5	改性乳化沥青	5cmAC-20 +4cmAC-13	9cm

拟定方案重点考察了防水黏结层对结构性能的影响，为增加对比性，增设传统结构方案 5，复合结构成型方式在第四章已经有介绍。

6.2 复合结构汉堡实验研究

汉堡试验机由德国汉堡的 Helmut-Wind 公司开发研制,用于评价重交通量沥青路面抵抗车辙、剥落及抗水敏感性的仪器,该试验描述了浸水条件下,沥青混合料试件在一来回滚动钢轮的碾压过程,主要提供了试件在移动、集中荷载下的永久变形的信息(图 6.2-1)。

图 6.2-1　汉堡试验机

(1)试验温度

试验时试件浸没在 25 ~ 70℃的恒温水浴中,其中 50℃是比较常用的试验温度,水温达到规定温度后,试件需浸水 30min 后开始试验。

(2)试验过程

通过一直径为 203.2mm、宽度为 47mm 的钢轮在试件表面前后运动以施加大小为 705 ± 4.5N 的垂向作用力,随时间进行正弦加载。试验轮每分钟通过试件次数约为 50 次,运行时从试件中心通过,最大速度可以达到 305mm/s。当试件加载达到 20000 个加载循环或试件表面的车辙深度达到 20mm 时结束试验。

(3)试验结果分析

汉堡试验的试验结果由车辙深度、蠕变率、剥落点以及剥落斜率组成。蠕变率是试件受到初始碾压或处于稳定碾压状态时的变形曲线在线性区间内变形率的倒数,此时试件还没有发生屈服变形。剥落斜率是试件发生剥落变形之后的变形曲线段线性区间变形率的倒数。剥落点是试件蠕变段和剥落段的交点。一般用试件剥落点所对应的变形量来评价沥青混合料抗水损坏的能力。

目前汉堡轮辙试验尚无统一的检验标准。根据国外的研究报告和试验评定指标(CDOT),当拐点小于 10000 次时认为沥青混合料水稳定性和抗高温变形性能较差。此外,基于对密级配沥青路面水损害与汉堡轮辙试验结果的相关性研究结果,指出在碾压 10000 次时最大变形深度不应超过 4mm,在碾压 20000 次时最大变形深度(试验系统自动记录左右轮辙共 12 个点的变形,最大变形一般发生在第 6 点,分别取第 6 点和第 9 点(或第 3 点)评价沥青混凝土的变形(图 6.2-2 和图 6.2-3))不应超过 10mm。

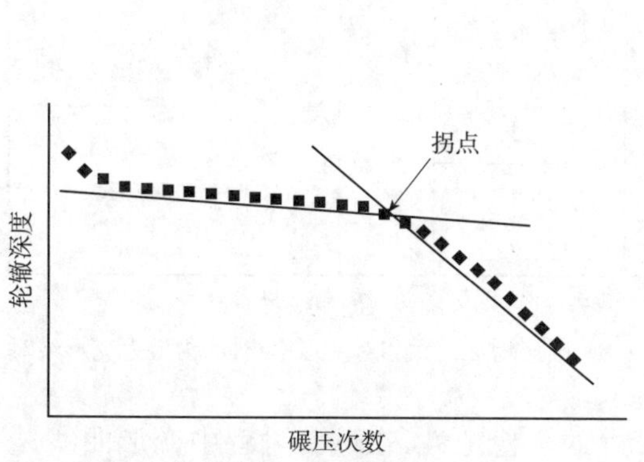

图 6.2-2 汉堡轮辙试验原理示意图

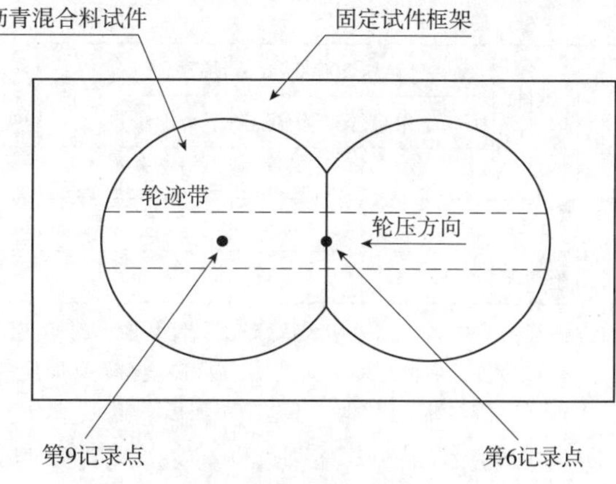

图 6.2-3 汉堡轮辙试验变形记录点示意图

(4)各方案试验结果(表 6.2-1)

五种铺装方案汉堡试验结果 表 6.2-1

方案	试件	碾压 20000 次变形值			最大变形值(mm)	最大相对变形率(%)	拐点	备注
		第 3 记录点	第 6 记录点	第 9 记录点				
1	1-1	4.9	4.6	4.8	4.9	6.1	无	—
	1-2	4.8	3.7	4.1	4.8	6.0		
	均值	4.9	4.2	4.5	4.9	6.1		
	1-3	2.85	4.27	4.33	4.33	4.8	无	章丘十九郎料玄武岩
	1-4	2.04	1.88	2.42	2.42	2.7		
	均值	2.5	3.1	3.4	3.4	3.8		
2	2-1	10.86	10.14	10.00	10.86	18.1	无	橡胶沥青层厚 5mm
	2-2	4.91	4.69	5.12	5.12	8.1	无	橡胶沥青层厚 3mm
	2-3	5.2	4.3	5.1	5.2	6.5	无	橡胶沥青层厚 5mm(快速成型)
	2-4	4.45	3.27	3.44	4.45	5.6		
	均值	4.8	3.8	4.3	4.3	6.1		
	2-5	10.92	9.48	11.73	11.73	13.0	无	试样 2 橡胶沥青
	2-6	6.41	6.49	12.24	12.24	13.6		
	均值	7.94	7.41	11.05	11.99	13.3		
3	3-1	5.23	5.95	6.95	6.95	8.7	无	—
	3-2	4.12	3.61	4.40	4.40	5.7		
	均值	4.68	4.78	5.68	5.68	7.2		
4	4-1	2.49	2.97	2.40	2.97	4.6	无	—
	4-2	4.32	3.81	3.45	4.32	7.1	无	
	均值	3.41	3.39	2.93	3.65	5.9	无	

续上表

方案	试件	碾压 20000 次变形值			最大变形值(mm)	最大相对变形率(%)	拐点	备注
		第 3 记录点	第 6 记录点	第 9 记录点				
5	5-1	6.46	6.74	8.92	8.92	9.9	无	章丘十九郎玄武岩
	5-2	4.66	4.53	5.3	5.3	5.9		
	平均值	5.56	5.6	7.1	7.1	7.9		

注:(1)表中备注部分如无特殊说明,铺装层材料均使用昌乐玄武岩,橡胶沥青均为课题用橡胶沥青;

(2)复合成型过程中,铺装层实际高度与设计厚度有一定差别,因此增加最大相对变形率指标,为最大变形绝对值与铺装层厚度(不包括水泥板厚度)比值。

由试验结果可以看出,四种复合结构均具有较好的水稳定性,在试验过程中变形曲线并未出现拐点。除结构 2 外,其余三种结构汉堡试验中均表现出较好的高温稳定性,绝对变形值及相对变形率均符合要求,结构 2 变形变异性较大,部分试件辙槽深度较大,推测原因主要存在两个方面:

①结构 2 底部防水层为 5mm 橡胶沥青及 3.6mm 防护板,该防水黏结体系具有一定厚度且劲度较小,在上层混合料摊铺碾压时,由于采用 SMA-13 混合料,底部空隙大,防水黏结层熔化且在碾压时过程中随碾压轮发生迁移,一定程度上消减了压实功,导致混合料压实度不足,混合料在后期使用时发生压密变形的概率增大。

②结构 2 在汉堡过程中,整个试件温度都在 50℃左右,底部防水层沥青在车轮碾压过程中会再次迁移,铺装层结构处于层间失稳的状态,铺装层内应力重新分布,剪应力增大,混合料产生塑性变形的概率增大。

由汉堡试验的结果也可以证明以上结论,试件 2-2 在试验时人为减小了橡胶沥青的厚度,试件 3、试件 4 在混合料摊铺后迅速压实(下层未完全热熔前压实,远低于实际施工中热料碾压时间),复合试件各项指标均有所改善(实际试件成型时由于部分橡胶沥青从边缘挤出,橡胶沥青厚度可能小于 3mm),可见,防水层的设计除考虑防水层自身的特性外,还应该考虑与整个铺装层施工的协同性,尤其是对上铺装层施工效果的影响,建议结合防水层的防水效果对结构 2 的设计厚度进行深入研究。

6.3 复合结构试件模量试验

沥青混合料作为黏弹性材料是一种典型的黏、弹、塑性综合体,它以黏弹性为其基本的力学特征。它在低温小变形范围内接近线弹性体,在高温大变形活动范围内表现为黏塑性体,而在通常温度的过渡范围则为一般黏弹性体,所以,沥青混合料在其实际工作范围内主要表现为黏弹性体,这种黏弹性主要表现在它的变形在卸载后的不可恢复性,即塑性和黏性变形,以及其应力-应变关系的曲线特性上。模量、黏度与相位角是描述材料抗剪切变形与变形恢复的重要参数,模量是从弹性的角度来描述沥青及沥青混合料的,黏度与相位角则从黏性的角度来描述沥青及沥青混合料性质,表述的是沥青基沥青混合料抗剪切变形的能力及黏性成分的大小。当黏结防水层有一定厚度时,其力学特性、复合试件的模量及相位角变化是结构层模量、黏结防水层模量变化的综合反映。

本实验模拟各铺装方案施工条件进行室内复合成型，取芯 ϕ100×150mm 试件，测试其在 5℃、25℃、50℃条件下的复合模量及相位角（图 6.3-1 和图 6.3-2）。

图 6.3-3 至图 6.3-6 分别列出了荷载作用频率为 0.01Hz、10Hz 时，复合试件模量及相位角与温度的关系，可以看出，复合试件在荷载作用频率变化时，表现出不同甚至是截然相反的变化规律，静载作用下，结构 3 的低温条件下模量最大，高温条件下模量反而最小，说明该结构受温度影响大，低温条件下产生脆纹的概率增大，高温条件下发生蠕变变形的概率增大，中温条件下该结构具有良好的综合性能；荷载作用频率为 10Hz 时，结构 4 高温状态下模量小于结构 1，推测原因可能与结构 4 中 SMA-13 跟桥面板之间存在的防水层（1.2mm）高温稳定性差有关，综合来看，结构 1、结构 2、结构 3 均小于无防水层及桥面板时单测模量，具体原因尚有待进一步研究，有一点可以确定的是，尽管桥面板的模量远高于沥青混合料试件，高温状态下复合试件测得的复合模量值不升反降，说明，防水层的厚度、自身劲度、黏弹性质对铺装层整体的力学特性起到了一定的影响，影响机理及效果的量化有待进一步研究。

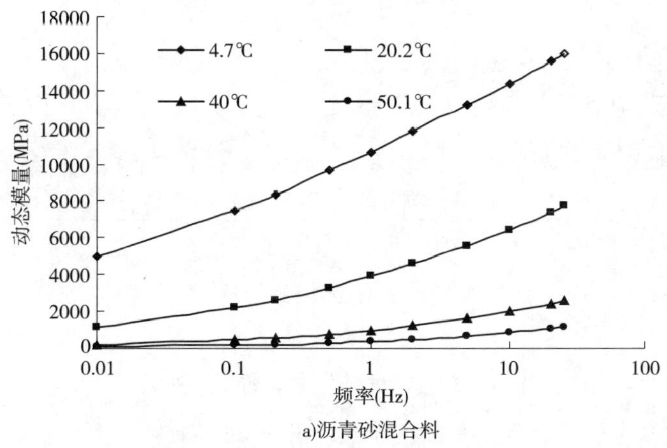

a)沥青砂混合料

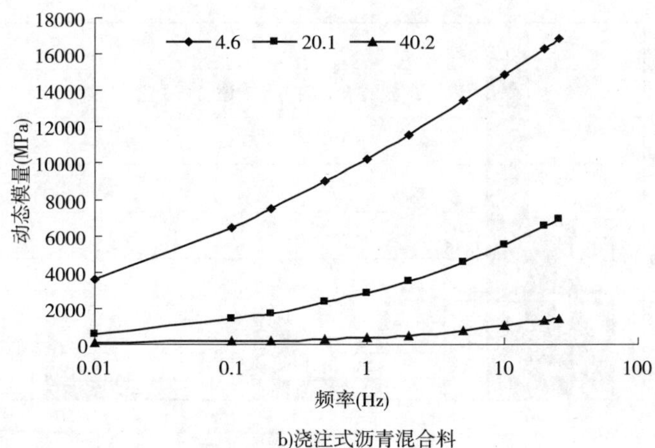

b)浇注式沥青混合料

图 6.3-1　多功能混合料动态模量变化曲线

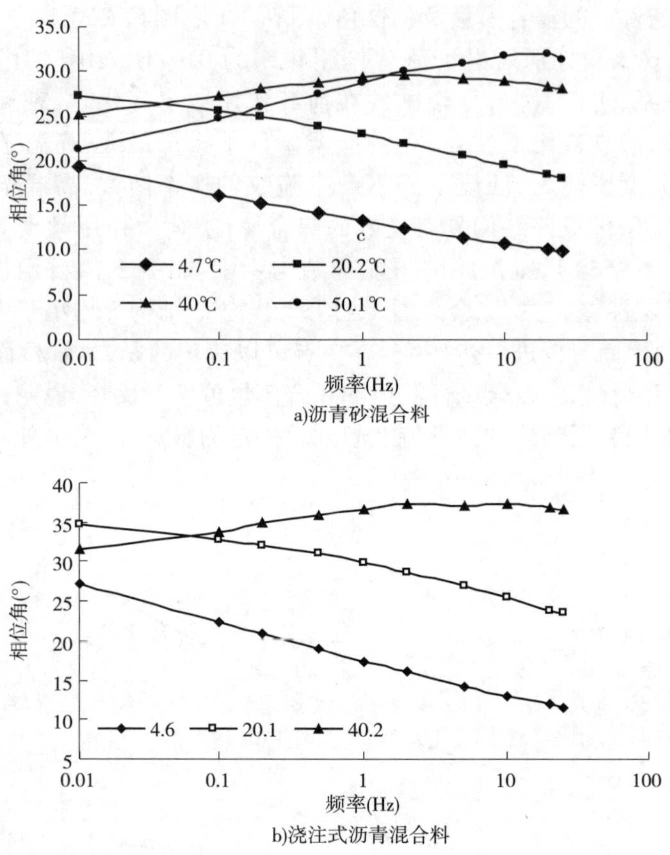

图 6. 3-2　多功能混合料相位角变化曲线

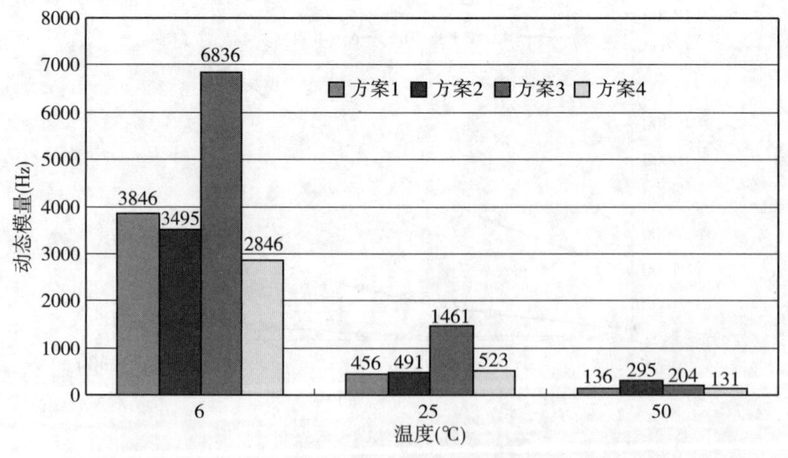

图 6. 3-3　试件复合模量与温度关系(0. 01Hz)

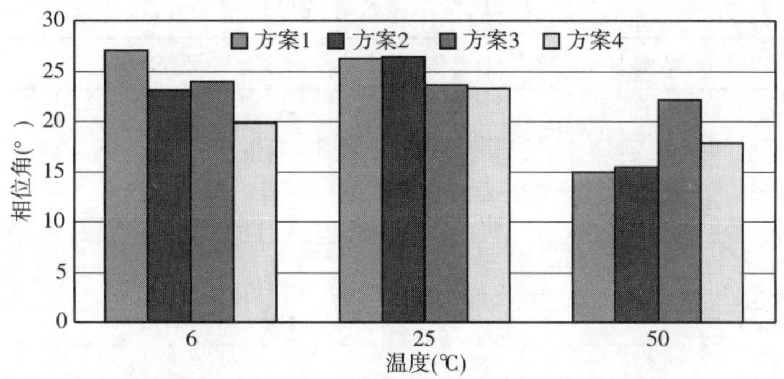

图 6.3-4　试件相位角与温度关系(0.01Hz)

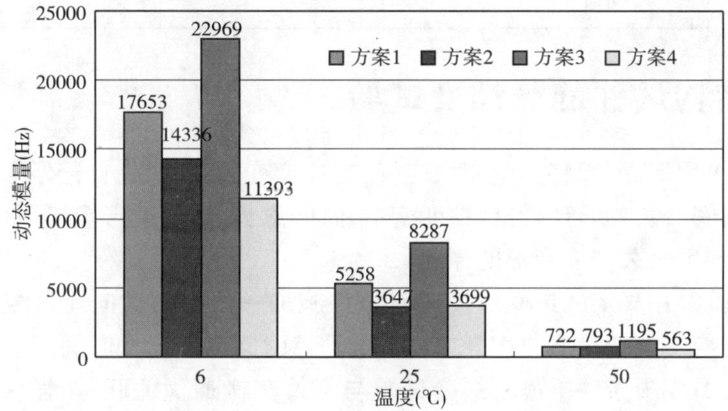

图 6.3-5　试件复合模量与温度关系(10Hz)

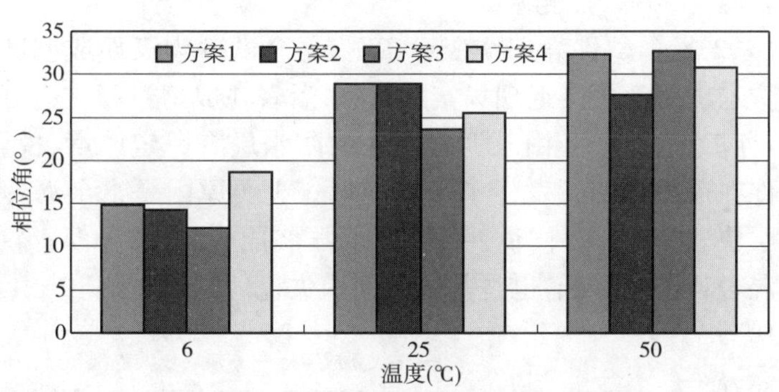

图 6.3-6　试件相位角与温度关系(10Hz)

为了分析温度对混合料力学特性的影响,采用温度敏感值概念 TSV,即单位温度变化时的模量变化值列表见表 6.3-1,可以看出,结构 3 中浇注式沥青混凝土由于采用了较高的沥青用量,其温度敏感性是最显著的。

需要指出的是,该复合试件采用旋转压实成型;尽管已经最大限度采取封闭措施,结构 1 试件在成型过程中仍有部分橡胶沥青从边缘溢出,因此实际封层沥青厚度小于设计厚度,因此该试验过程中指标有待进一步验证,之后试验使用汉堡成型复合试件,橡胶沥青防水层厚度更接近现场实际状态。

复合试件温度敏感性分析　　表 6.3-1

<table>
<tr><th>频　率</th><th>结构 1</th><th>结构 2</th><th>结构 3</th><th>结构 4</th></tr>
<tr><td rowspan="4">0.01Hz</td><td colspan="4">TSV_{5-25}</td></tr>
<tr><td>178</td><td>158</td><td>283</td><td>122</td></tr>
<tr><td colspan="4">TSV_{25-50}</td></tr>
<tr><td>13</td><td>8</td><td>50</td><td>16</td></tr>
<tr><td rowspan="4">10Hz</td><td colspan="4">TSV_{5-25}</td></tr>
<tr><td>652</td><td>563</td><td>773</td><td>405</td></tr>
<tr><td colspan="4">TSV_{25-50}</td></tr>
<tr><td>181</td><td>114</td><td>284</td><td>125</td></tr>
</table>

6.4　复合结构试件静载蠕变试验

在静态荷载作用下，沥青将产生应力应变和“应变变软”现象，并导致不可回复的永久变形，随荷载作用时间增长，沥青将产生蠕变变形，时间愈长，蠕变变形愈不可回复。这是车速愈慢路面愈容易产生永久蠕变变形的原因。

静态蠕变试验是在规定的试验温度里对试件施加一恒定的轴向压荷载，同时测定相应试件的轴向应变，应变的变化率再次开始增大的那点时间就是流变时间 F_t。

研究证明，在有侧限条件下静态蠕变试验与室外车辙最优关联，车辙深度随 F_t 减小时而增加，性能差的混合料具有很小的 F_t，也就是说很容易在短短的时间内遭到破坏。

试验条件：试验温度 50℃，加侧限。

图 6.4-1 为结构 2 复合试件静态蠕变示意图，复合试件为汉堡成型试件及旋转压实试件，前者橡胶沥青防水层厚度更接近现场实际状态，后者在成型过程中有部分橡胶沥青从缝隙中溢出。由图 6.4-2 可以看出，由于沥青层底的防水层有一定厚度，模量较小，尽管有侧限，很短时间内试件在荷载作用下发生了流动变形。主要原因是富余沥青在压力作用下侧向流动，导致结构层快速失稳，另外，试件采用旋转压实成型时，部分沥青在压实过程中进入上层混合料，使得混合料模量降低，也是其短时间内失稳的因素之一。

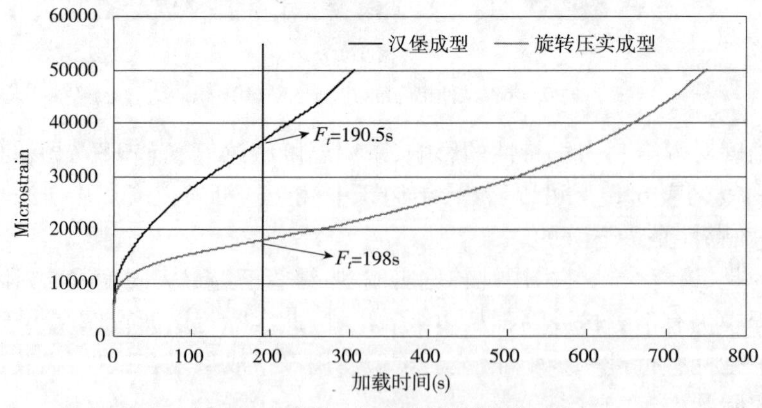

图 6.4-1　结构 2 复合试件静载蠕变试验

图 6.4-2　静载蠕变试验后的结构 2 试件

图 6.4-3 为结构 4 复合试件静态蠕变示意图，$F_t = 1636.5$s，可以看出由于采用 SMA-13 具有较高的模量，因此结构具有更好的承载能力。

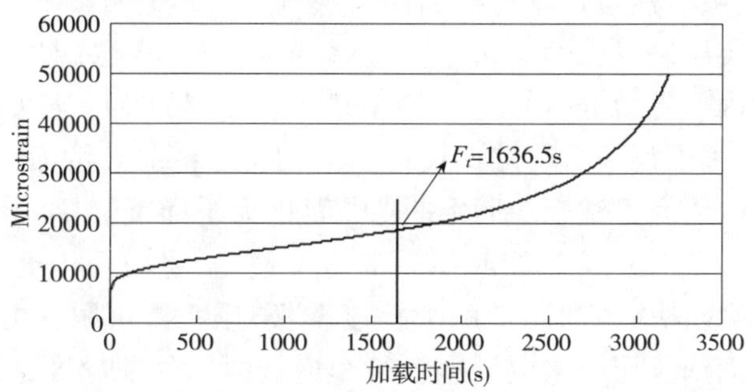

图 6.4-3　结构 4 复合试件静载蠕变试验

图 6.4-4 为结构 1 复合试件静态蠕变示意图，$F_t = 231$s、364s，可以看出相对于结构 2，AC-5 模量相对较高，结构的整体承载能力有所提高。

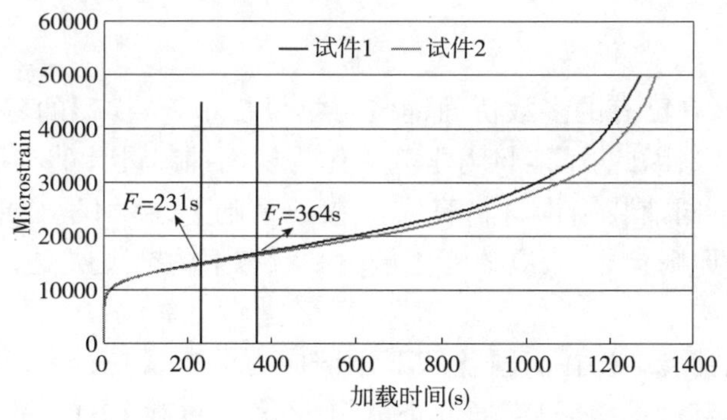

图 6.4-4　结构 1 复合试件静载蠕变试验

需要指出的是，由于 AC-5 较 SMA-13 沥青含量更高，因此对温度的敏感性更大，同样温度下，模量衰减较快，为提高混合料高温下的抗荷载能力，需要在满足混合料低温变形能力的前提下，通过复合改性的方式提高 AC-5 的高温模量。

结构 3 由于试验中途停止，未能获取有效数据。

6.5 铺装层结构的有限元计算

由第2章2.2节及2.3节可知,由于桥面铺装各层的性质、力学参数不一样,层间的黏结特性差异导致层间不连续,行车荷载经过时,会在与下一层不连续的结构层层底产生拉应力,剪应力也会在相应的不连续结构层底面集中,从而导致受力环境恶劣,长期下去必将加速铺面的破坏,最终出现推移、拥包、车辙等病害。

针对以上问题,应用ANSYS有限元通用程序对所建立的计算模型进行了各层受力分析,以期通过分析各结构组合方案铺装层内部的受力状态和应力应变分布规律,对受力的薄弱部位及其间可能出现病害进行分析,提出下一步工作中优化的思路。

(1)研究背景

桥面沥青铺装层力学分析主要有解析法和数值模拟法两种途径,近几年随着计算机的发展,国内外普遍采用数值模拟计算对桥面铺装层进行力学分析。

①目前对桥面铺装层进行力学分析的方法多样,有三层次法(桥梁整体变形、桥面板局部变形及铺装层结构内部受力分析)、基于最小总势能原理的有限条法;

②结构模型方面,国内日前多将路面设计中的相关理论引入桥面铺装层设计,如借鉴路面结构多层弹性体系的研究方法,将桥面铺装层简化为桥面铺装层+水泥混凝土行车道板+主梁(弹性半空间体)的三层弹性层状体系的力学模型、将桥面板简化为正交异性的弹性小挠度薄板,将铺装层简化为各向同性的大挠度薄板,用三维有限元方法来进行计算分析,将桥面铺装简化为桥面铺装层+水泥混凝土行车道板两部分进行研究;

③综合国内研究来看,多数研究对车辆荷载的简化模型比较类似,多根据静态分析对车辆荷载及逆行等效转换。荷载大小采用沥青混凝土路面设计的标准荷载BZZ-100,即以双轮组单轴重100kN为标准轴载,将规范规定的轮胎接地形状由圆面积等效转换为矩形面积,保持两轮中心不变。

(2)计算条件

由以上叙述可知,在已有的多数桥面铺装力学分析中,从模型的建立、材料属性的定义都与实际情况存在出入,因此,不能将力学分析作为桥面铺装设计的唯一依据,但是,在尽量模拟现场工艺,获取不同铺装结构材料真实参数的基础上,将力学结果作为性能评价的参考,是可取的,在这个原则指导下,应该考虑最不利状态下的铺装层受力状态。

①荷载形式

重点分析各桥面铺装结构在高温状态下内部应力分布状态,铺装层材料模量参数采用动态模量实测值(见第三章),通过交通调查可知,我省的重载车辆流量及载重远超过标准轴重(90%以上的卡车重量为125t,超过国外标准轴重的2.5倍)、车辆行驶速度降低,约在60~80km/h,按照根据VandePoel的公式,材料参数取10Hz时的动态模量是比较符合车辆运行的实际状态的。

计算荷载选取标准和重载两种情况考虑,后者重点考虑桥梁在车辆超载运行时的极限破坏状态(图6.5-1)。

(a)标准轴载 BZZ-100,双轮单轴重 100kN,接地压强 0.7MPa;
(b)重载荷重:双轮单轴重 250kN,接地压强 1.4MPa。

图 6.5-1 青岛实测重载车辆

②试验温度选取

与路面温度场不同,由于整个桥梁系都暴露在空气中,铺装层不仅受到自上至下的热辐射和传导过程,而且水泥梁体也受到水平方向的热传导过程,加之箱梁梁体内空气流通慢,因此,温度变化较路面更为迟缓,铺装层的最高温度普遍高于气温 10~20℃,而且气温越高,差距越大,根据铺装层材料动态模量计算结果,考虑到铺装层厚度较薄,为便于运算,统一取 40°时模量进行计算(表 6.5-1)。

计算用铺装层材料模量参数 表 6.5-1

层位	材料类型	结构层厚度(cm)	模量取值(MPa)	泊松比 μ
结构 1	SMA-13	6	2515	0.25
	沥青砂	2	1988	0.3
	热 SBS 改性沥青 + 预拌碎石	0.12	—	—
	水泥混凝土板	22	50000	0.15
结构 2	SMA-13	7.2	2515	0.25
	橡胶沥青 + 防护板	0.8	85	0.35
	水泥混凝土板	22	50000	0.15
结构 3	SMA-13	5	2515	0.25
	浇注式沥青混凝土	3	1308	0.3
	水泥混凝土板	22	50000	0.15
结构 4	SMA-13	8	2515	0.25
	防水涂料	0.12~0.15	—	—
	水泥混凝土板	22	50000	0.15

③模型参数

桥面铺装结构的计算模型包括铺装层、黏结层、桥面板,考虑混凝土桥面板的刚度较大,轮载及其相互间的影响范围较小,并结合计算机性能及计算效率的要求,选取平面尺寸为

4m(横桥向)×6m(顺桥向)长方形桥面铺装结构体系进行计算分析,约束边界条件为上下表面自由,车辆前进方向边界完全固定,侧向自由。有限元模型(利用对称性,有限元模型为实际模型的一半)及模型示意如图6.5-2和图6.5-3所示。计算模型采用三维八结点六面体实体单元,单元尺寸2~20cm。

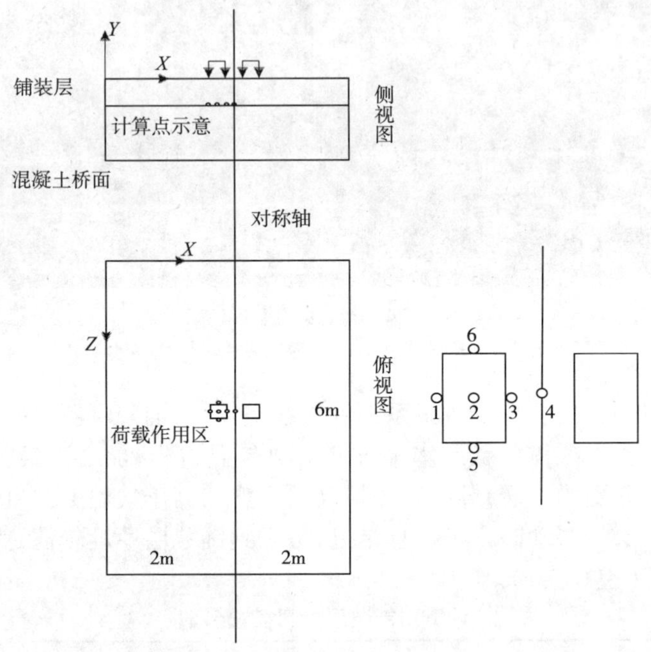

图6.5-2 计算模型尺寸及荷载布置示意图

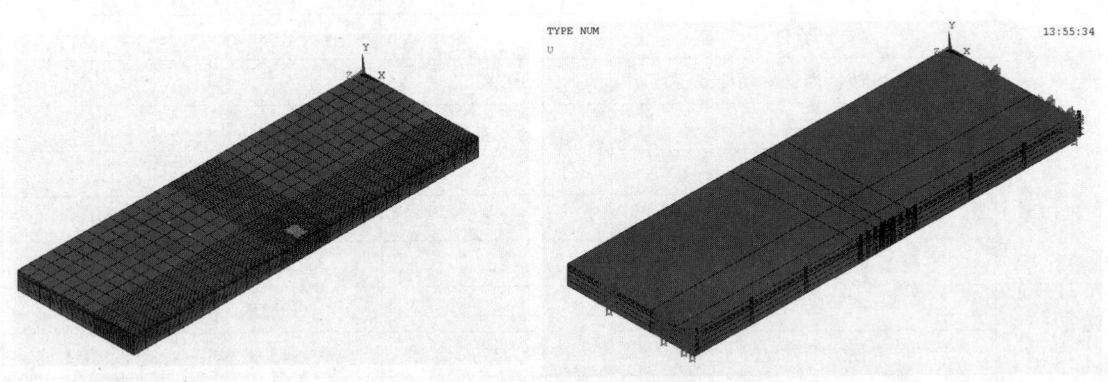

图6.5-3 有限元实体模型

选取6个典型荷载位置进行计算,分别为:

计算点1:铺装层底部单轮外边缘中间;计算点2:铺装层底部单轮中心;

计算点3:铺装层底部单轮内边缘中间;计算点4:铺装层底部两轮中心;

计算点5:铺装层底部单轮中心前端;计算点6:铺装层底部单轮中心后端。

④计算状态

层间状态分光滑、连续两种状况考虑,对结构2来说,防水层为热橡胶沥青,自身黏度大,且采用稀释沥青底涂层,与桥面板联结良好,因此认为橡胶沥青层不会发生破坏,由于防水层及防护板总厚度达0.86cm,需要单独作为一层进行分析,假设层间条件的变化发生在橡胶沥青与桥面板之间,即可能的破坏发生在沥青混凝土层。因此,取沥青混凝土层底(即保护层上表面)为计算位置;

分不考虑制动、制动力为轴重0.5倍时考虑;

最大位移值是指铺装层在荷载作用下的弹性变形,由图6.5-4可以看出,层间光滑及连续状态下,最大位移值大小依次为:结构2>结构3>结构1>结构4,弹性变形是铺装层混合料模量大小的反映,由于桥面板模量较大,给予沥青铺装层足够的支撑,因此最大竖向位移仅作为铺装层使用性能的一项参考指标,我们更关注的是对铺装层高温时荷载作用下的塑性累积变形,该指标可以通过上节复合结构的汉堡试验结构体现。

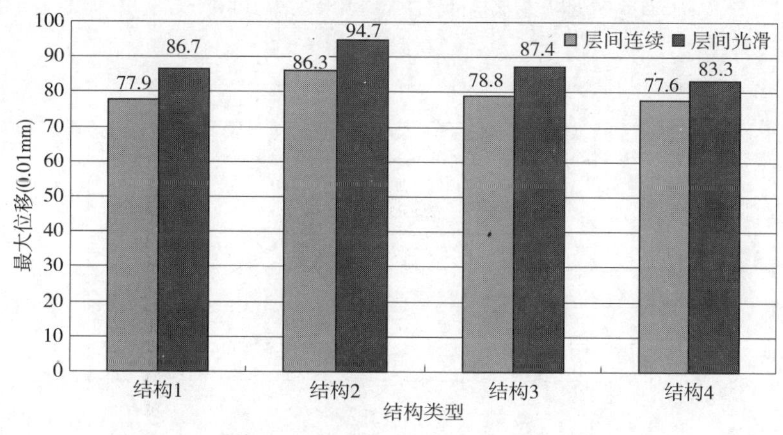

图6.5-4 铺装层结构在不同层间状态下计算最大位移值

层间光滑和层间连续状态时,结构2横桥向水平方向水平应力有较大的变异,轮下中心及两轮中心处应力最大,其余结构应力变化类似,应力大小依次为:结构3>结构1>结构4(图6.5-5和图6.5-6)。

层间连续及光滑两种状态下,顺桥向铺装层层底最大水平应力出现在单轮中心处,连续状态下结构2的水平应力最小,当结构2防水层与铺装层底联结失效时,水平应力增至原来的2倍(图6.5-7和图6.5-8)。

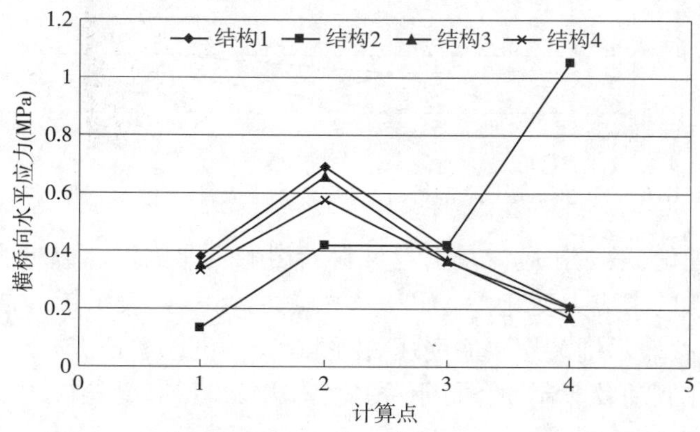

图6.5-5 铺装层层底横桥向各计算点水平应力(层间连续状态)

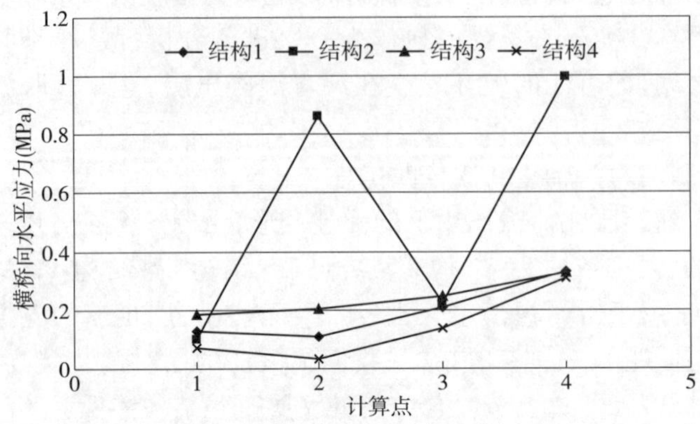

图 6. 5-6 铺装层层底横桥向各计算点水平应力(层间光滑状态)

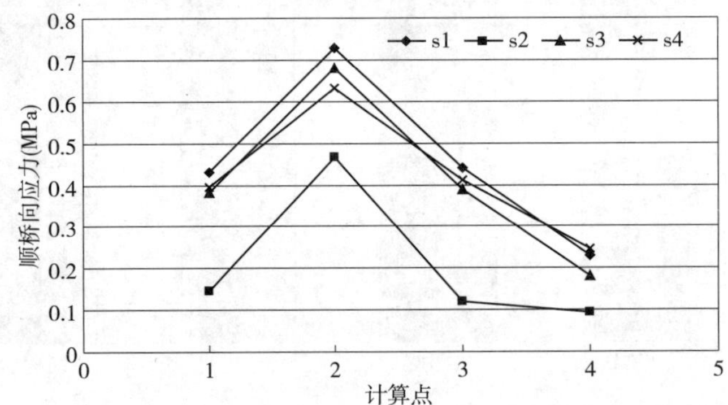

图 6. 5-7 铺装层层底顺桥向各计算点水平应力(层间连续状态)

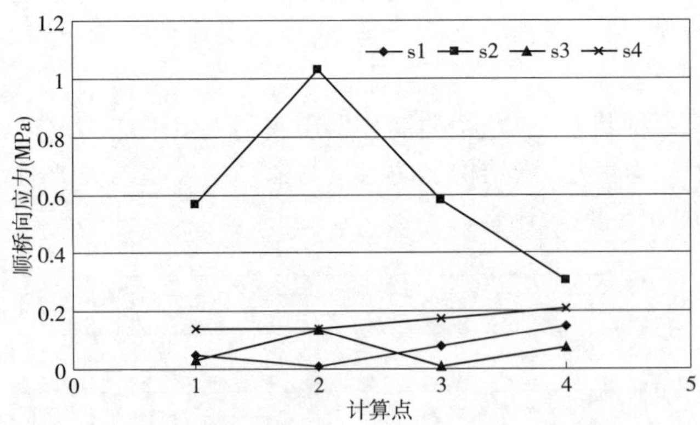

图 6. 5-8 铺装层层底顺桥向各计算点水平应力(层间光滑状态)

按照第一强度理论,最大拉应力是引起材料断裂的主要因素。以上为层间连续状态下,铺装层层底各计算点的主应力变化图,当第一主应力为正时,表示铺装层层底受拉力作用,当第一主应力为负时,表示铺装层层底受压,由图 6. 5-9 可以看出,该状态下除结构 2 外,其余结构铺装层层底在制动及非制动条件下受压力作用,当层底受拉应力反复作用时,混合料发生疲劳破坏的概率较大。

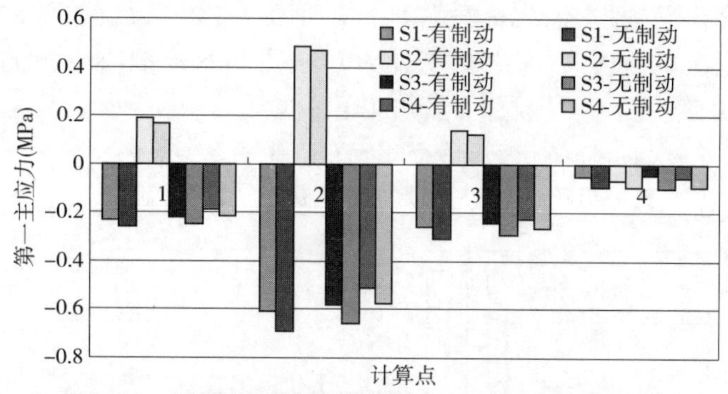

图 6.5-9　铺装层层底各计算点第一主应力(层间连续状态)

图 6.5-10 为层间光滑状态下铺装层层底的第一主应力变化，可以看出，当铺装层与下承层联结失效时，各铺装层层底多数部位处于受拉状态，说明任何铺装结构一旦层间联结失效，其应力状态发生本质改变，结构发生破坏的概率增大。

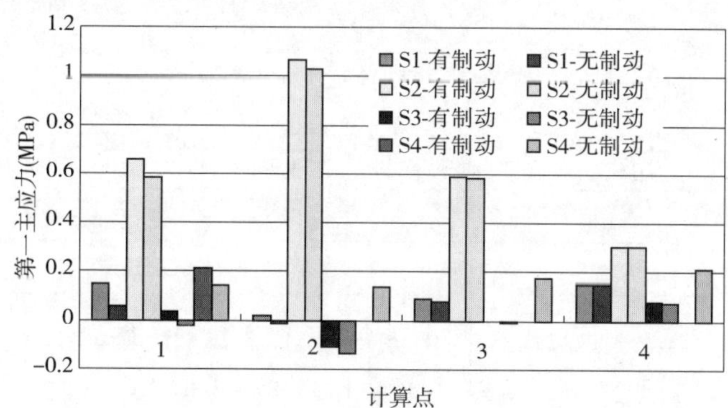

图 6.5-10　铺装层层底各计算点第一主应力(层间光滑状态)

图 6.5-11 和图 6.5-12 为各铺装层方案各计算点的最大剪应力分布，最大剪应力反映了对铺装层的抗剪切要求，与铺装层的抗车辙性能最为关联，由图可以看出，最大剪应力出现在单轮中心处，结构 1 与结构 2 的受力条件最为严峻，因此对铺装层的高温稳定性要求最高，当层间联结为光滑状态时，各铺装层间的最大剪应力均增大，应力分布状态与层间连续状态时类似。

由图 6.5-13 可以看出，铺装层层底的水平剪应力最大值均出现在计算点 2 处，剪应力大小依次为结构 4 > 结构 1 > 结构 3 > 结构 2，研究认为，剪应力的大小反映了对层间抗剪切能力的要求，铺装层结构与桥面板的模量越接近，整体性越强，传荷能力越强，因此，对层底黏结的处理要求应该越高。

图 6.5-14 和图 6.5-15 为铺装结构在层间光滑及连续状态下铺装层层底的水平应变分布图，研究认为，水平应变表征了铺装层在荷载作用下，发生水平蠕变的概率，可以看出，层间联结状态由连续向光滑过渡时，层底水平应变逐渐增大。层间连续时，横桥向水平最大应变发生在结构 2 第 4 计算点即两轮中心处，高达 370$\mu\varepsilon$，顺桥向水平最大应变发生在结构 2 第 2 计算点即轮中心处，高达 298$\mu\varepsilon$，其余 3 种结构连续状态下水平应变均小于 100$\mu\varepsilon$，主要原因在于铺装层的模量决定其沥青铺装层底部的水平变形，水泥混凝土板的弹性模量与沥青混凝土铺装层模量的比值(定义为模量比系数 n，无量纲)越小，桥面板与铺装层之间的黏

结越好，二者的复合作用越强，铺装体系各部件内部的荷载应力就越低，当防水层具有一定厚度时，需要将防水层单独作为一层考虑，防水层模量与水泥混凝土板的模量比值相差大，在同样水平剪应力的作用下，发生层间错动的概率越大。

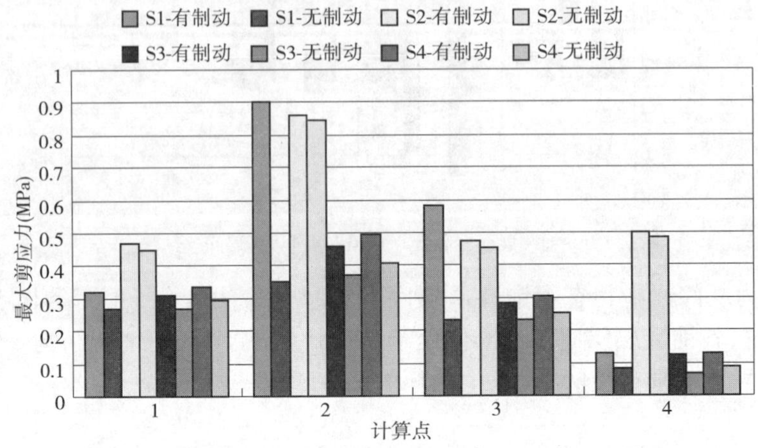

图 6.5-11　铺装层各计算点最大剪应力分布（层间连续状态）

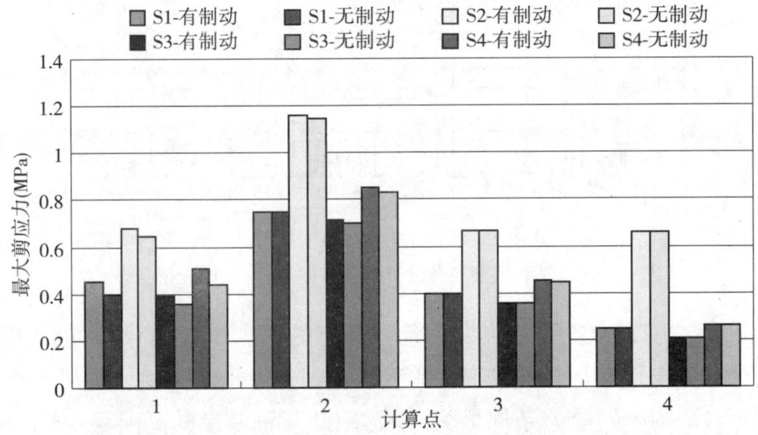

图 6.5-12　铺装层各计算点最大剪应力分布（层间光滑状态）

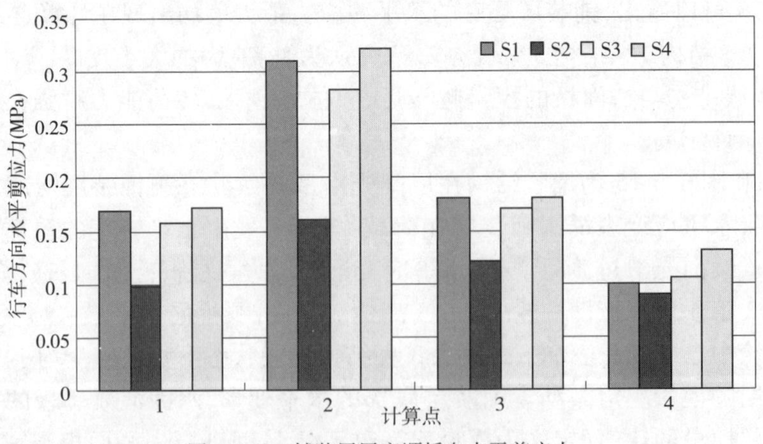

图 6.5-13　铺装层层底顺桥向水平剪应力

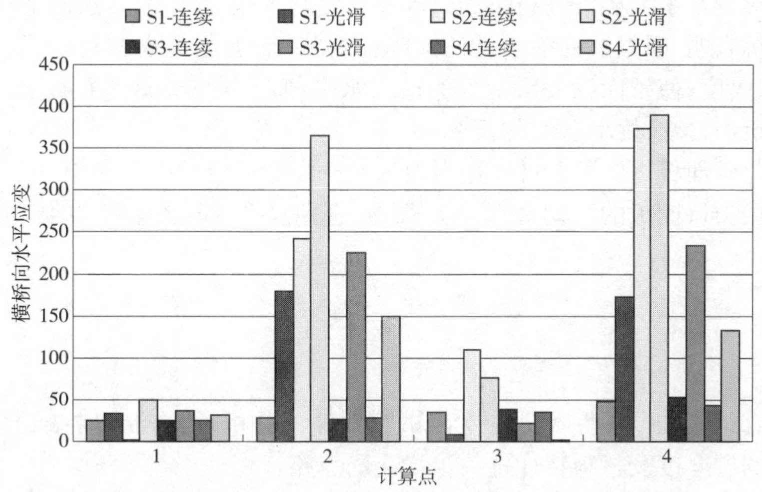

图 6.5-14 铺装层结构在层间连续及光滑状态下横桥向水平应变分布

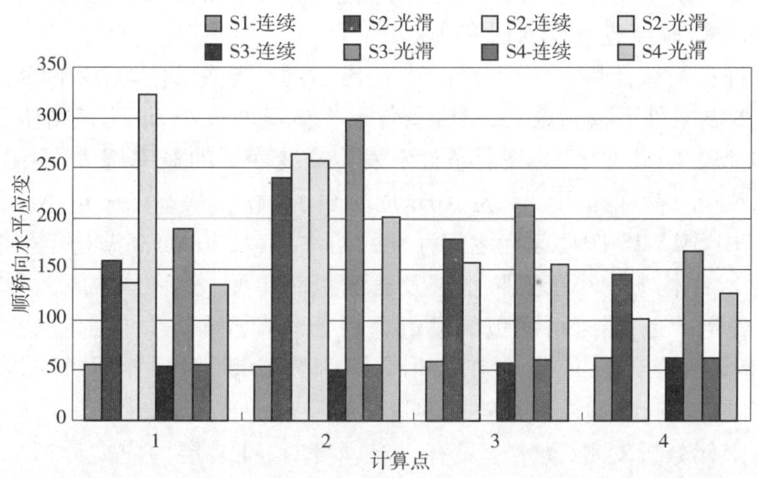

图 6.5-15 铺装层结构在层间连续及光滑状态下顺桥向水平应变分布

通过比较以上结构在标准荷载下层间应力分布状态,可以看出,铺装层层底的水平应变降为原来的一半,按照结构 2 方案在国外的使用经验,是符合使用要求的。

需要指出的是,以上结果是针对重载作用下的极限破坏状态分析,实际上,该结果仅定性表征了不同荷载条件下各结构层应力分布及大小的差异,受建模尺寸、约束条件、荷载条件(如重载车辆的实际轮胎荷载不可能大于 1.4MPa)及材料参数的影响,该结果并不能作为铺装层设计的依据,但是有以下结论可以确定:

①结合当前的交通荷载及温度调查结果来看,胶州湾大桥桥面铺装的使用环境较国外严酷得多,尤其是荷载条件,重载条件下,同样的桥面铺装结构内部应力分布状态有成倍的增长;

②选取当前高温稳定性最优良的 SMA-13 等混合料实测参数进行普遍高温 40℃时的力学计算,铺装层内及层间存在应力均不能满足国内外提出的经验控制指标;

③防水层具有一定厚度时,铺装层内应力分布异于常规铺装结构,防水层的劲度决定铺

装层内的应力应变水平大小，高温状态下，水平应变有大幅增加，发生层间滑移的概率大；

④力学分析表明，根据桥面铺装层的实际受力状况，适当提高材料模量、增加铺装层厚度、减小防水层厚度，使桥面铺装层所受的最大水平剪应力处于沥青混凝土面层内，可减轻防水层的应力负担，减少受剪破坏的概率；

⑤铺装层与桥面板之间的黏结作用对保证整个桥梁铺装体系的复合作用以及在交通荷载作用下铺装层与桥面板的协调变形至关重要，这种复合作用对整个铺装系统传荷及分散荷载是有利的。

6.6 小结

通过对复合结构的整体性能进行室内试验和理论分析，结合沥青混凝土铺装层的受力特点提出了结构层厚度及材料特性进一步优化的思路：

(1)复合结构汉堡实验结果证明，防水层的设计除考虑防水层自身的特性外，还应该考虑与整个铺装层施工的协同性，尤其是对上铺装层施工效果的影响，建议结合防水层的防水效果对结构 2 的设计厚度进行深入研究。

(2)复合试件在荷载作用频率变化时，表现出不同甚至是截然相反的变化规律，静载作用下，结构 3 的低温条件下模量最大，高温条件下模量反而最小，说明该结构受温度影响大，低温条件下产生脆纹的概率增大，高温条件下发生蠕变变形的概率增大，中温条件下该结构具有良好的综合性能；荷载作用频率为 10Hz 时，结构 4 高温状态下模量小于结构 1，推测原因可能与结构 4 中 SMA-13 跟桥面板之间存在的防水层(1.2mm)高温稳定性差有关，综合来看，结构 1、结构 2、结构 3 均小于无防水层及桥面板时单测模量，具体原因尚有待进一步研究，有一点可以确定的是，尽管桥面板的模量远高于沥青混合料试件，高温状态下复合试件测得的复合模量值不升反降，说明防水层的厚度、自身劲度、黏弹性质对铺装层整体的力学特性起到了一定的影响，影响机理及效果的量化有待进一步研究。

(3)通过有限元分析发现，防水层具有一定厚度时，铺装层内应力分布异于常规铺装结构，防水层的劲度决定铺装层内的应力应变水平大小，高温状态下，水平应变有大幅增加，发生层间滑移的概率大。

第7章

试验桥研究

7.1 概述

为考察不同桥面处理措施、不同防水黏结层设置对铺装结构整体性能的影响,积累施工机械配置、施工细节处理、质量控制等方面的经验,为下一步的胶州湾大桥施工提供技术基础。通过调研对比,认为胶州湾高速公路(青岛至黄岛方向)女姑口大桥与胶州湾大桥在环境、交通量及荷载等方面较接近,作为桥面铺装试验桥具有代表性,经指挥部与青岛市高管处协商,选择该桥进行实体试验研究。

试验桥宽度 11.25m,设计厚度 8cm。为保证施工过程中混合料的稳定性,试验桥全程共铣刨 600m,分四种结构来施工,其中结构 1、结构 3 试验段长度为 200m,结构 2 与结构 4 各 100m,具体结构厚度根据提供试验桥的原高程做适当调整,下卧层结构不变:

(1)结构 1 自下至上结构设置为:

透层 +5mm 橡胶沥青 +3mm 防护板 +7.2cmSMA-13

该方案主体内容为在清洗干净的混凝土做黏结层,沥青-橡胶膜浇注其上,而后沥青浇注形成防护层;最终摊铺热拌沥青混合料。此方案在美国及加拿大都有成功应用先例。

(2)结构 2 自下而上结构设置为:

3cm 浇注式沥青混凝土 +5cmSMA-13

浇注式沥青混凝土用做下卧层,密实不透水,整体性强,防水和抗冲击、动载能力强,具有优良的耐久性,是欧洲和日本等国主要桥面铺装材料。

(3)结构 3 自下而上结构设置为:

1.5mm 纤维增强型聚合物改性沥青涂料 +7.85cmSMA-13

本方案对传统的改性沥青涂料进行了改进,分四层喷涂,第二层喷涂时加入玻璃纤维,提高了防水层的抗刺破能力,目前在国内奥体工程、京津二通道等高速公路桥面铺装中有成功应用,具有良好的黏结强度和抗剪强度。

(4)结构 4 自下而上结构设置为:

热 SBS 改性沥青封层 &0.3% 沥青预拌碎石 +2cm 沥青砂 +6cmSMA-13

本方案采用 SBS 改性沥青砂做防水层和找平层,对桥面特性的适应性好,在省内高架桥的应用效果好,技术成熟。

7.1.1 现场铣刨顺序及结构段划分

试验段起止桩号为K18+490~K19+090，全长600m，分四个结构段分期铣刨，通用的铣刨工序如下：

(1)W2000大型铣刨机按设定厚度铣刨，将原铺装层铣刨掉并使用S300BOBCAT清扫处理(图7.1-1a和图7.1-1b)；

(2)W500小型铣刨机对桥面进行拉毛处理(图7.1-1c)，将局部沥青层残留铣刨掉，之后用S300BOBCAT对拉毛后的桥面进行清扫处理；

(3)人工采用风镐、斧锤等工具找平边角、清理桥面浮浆，之后用森林鼓风机进行清理，直至桥面彻底干燥、清洁。

经过三个过程的铣刨处理后，要求将水泥混凝土表面突出物打磨掉，保证水泥混凝土桥面平整、粗糙、不含碎片、凹陷等，表面无浮浆和其他污染物，无脱空现象。

a) b) c) d)

图7.1-1 现场铣刨工序

经过铣刨处理后，按照不同方案对桥面处理的具体要求进行细化处理，结构段划分如下：

(1)结构1，K18+490~K18+690，自下至上结构设置为：

透层 +5mm 橡胶沥青 +3mm 防护板 +7.2cmSMA-13

(2)结构 2,K18 +690 ~ K18 +890 自下而上结构设置为:

3cm 浇注式沥青混凝土 +5cmSMA-13

(3)结构 3,K18 +890 ~ K18 +990,自下而上结构设置为:

1.2mmAWP-2000F 纤维增强桥面黏结防水涂膜 +7.88cmSMA-13

(4)结构 4,K18 +990 ~ K19 +090,自下而上结构设置为:

热 SBS 改性沥青封层 &0.3% 沥青预拌碎石 +2cm 沥青砂 +6cmSMA-13。

7.1.2 铣刨后水泥混凝土桥面破坏形式及成因分析

铣刨后的水泥混凝土梁表面,从现场效果来看,整体的平整度较差,高差甚至有几厘米,构造深度较大,纵向成波纹状分布比较严重(图 7.1-2),个别处有坑槽及水泥浮浆。通过现场调查,发现原水泥混凝土梁表面存在各种形式的破坏,这些破坏一部分是车辆运营过程中由自外界因素影响造成,一部分由水泥混凝土梁初期设计、施工及养护等因素造成,这也对后期桥面铺装使用状况的恶化起到了不利影响。通过分析破坏的成因,可以对桥面铺装的破坏来源有更深刻的认识,对后续的桥面铺装方案设计、施工及养护具有重要的指导意义。

图 7.1-2 铣刨后的水泥混凝土梁表面

(1)铺装层厚度不均

从现场调查结果来看,原铺装层混凝土的厚度不均匀,个别部位钢筋保护层偏薄,导致施工过程中铣刨厚度控制难度比较大,局部有钢筋被铣刨断(图 7.1-3),这固然与铣刨机的控制精度有关(起止处铣刨过深,图 7.1-4),另一方面由于桥梁上部结构在施工中支架的沉降及空心板的预拱度无法十分准确的预测,主梁顶面标高如果调整不好,造成铺装层厚度不均,局部厚度偏小。

(2)原桥面局部有凹陷损坏

从现场调查来看,原水泥混凝土桥面整体情况良好,仅个别部位出现坑洞与局部开裂,局部表面有浮浆,主要原因与 20 世纪 90 年代国内工程在设计及施工方面对于细部控制认识不足,把控不严有关:①骨料质量控制不严,尤其泥块含量较高(运营过程中在进入铺面的水的冲刷下,桥面局部出现坑洞,图 7.1-5);②现场质量控制不严,过振导致混凝土骨料下沉,浆体上浮(图 7.1-6);③混凝土养护工艺控制不严,尤其是高温大风天气,开始养护时间过晚，导致水泥混凝土塑性收缩开裂，以及过分追求表面平整而采用的泼水、撒水泥、过力抹面等错误操作，直接导致裂缝沿纵深方向发展（图 7.1-7）。另外施工后未封闭交通工作不到位，这点可以从原桥面遗留的多处作业痕迹看出（脚印等，图 7.1-8），这些缺陷都是造成水泥混凝土表面与沥青铺装层联结不良的诱因。

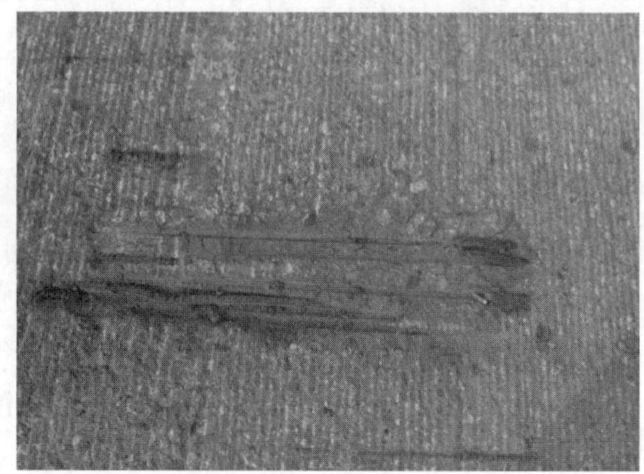

图 7.1-3　铣刨过程中钢筋被铣刨断

图 7.1-4　铣刨后的桥面（起止处铣刨过深）

图 7.1-5　原桥面出现坑洞

图 7.1-6　原桥面部分地区过多浮浆

图 7.1-7　原桥面部分局部塑性收缩开裂

图 7.1-8　原桥面遗留作业痕迹

(3)原桥面发生盐融腐蚀

水是桥面铺装损坏的主要诱因之一。完善的桥面铺装系统及防水、排水系统是确保桥面铺装层服务性能的关键措施。从现场来看,距离路边缘 1.0～1.5m 内,原桥面铣刨后在水泥混凝土表面有多处坑槽(图 7.1-9),局部浮浆过多,出现酥软分层现象,强度比较低,表面有白色沉淀(图 7.1-10),初步认定氯盐和硫酸盐含量偏高,取样进行测试,结果如表 7.1-1 所示。

氯盐及硫酸盐含量　　表 7.1-1

检 测 指 标	占混凝土重量比例(%)	占胶凝材料重量比例(%)
Cl^- 含量	0.03	0.12
SO_3 含量	0.96	3.84

图 7.1-9　梁顶面剥蚀严重

按照标准《港口水工建筑物检测与评估技术规范》钢筋混凝土内钢筋锈蚀的氯离子浓度临界值为 0.2%～0.6%;其他规范的要求是:钢筋混凝土结构该值为 0.1%,预应力混凝土结构为 0.06%。均超出了标准许多,这也跟现场发现的钢筋锈蚀(梁内钢筋及路边缘内钢板)现状比较吻合(图 7.1-11)。

图 7.1-10　梁顶面盐结晶及混凝土盐冻剥蚀

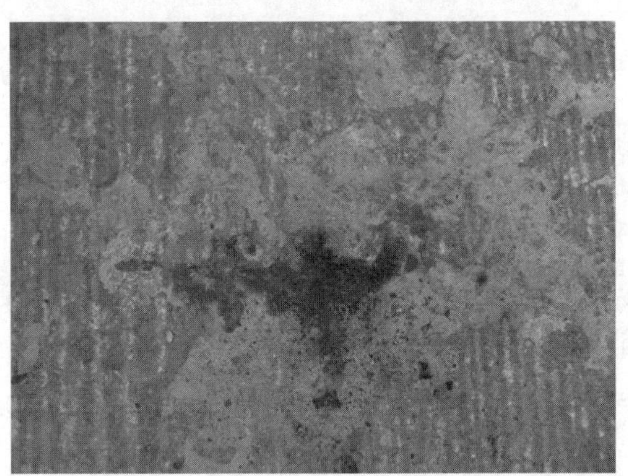

图 7.1-11　除冰盐随水分侵入箱梁混凝土内引起钢筋锈蚀

7.1.3　桥面处理工艺及结构段区划

7.1.3.1　桥面处理原则及技术要求

本项目的试验桥主要考察了防水层的设置，其所涉及四类底涂层（液体石油沥青、GS-Ⅰ溶剂型黏结剂、聚合物改性乳化沥青、热 SBS 改性乳化沥青）类别、四类密水层（橡胶沥青 & 防护板、浇注式沥青混凝土、AWP-2000F 纤维增强防水涂料、沥青砂）类型、四种施工工艺（热涂敷、热涂抹、冷喷洒、热洒布）类型，对桥面处理的具体要求依据各自的行业标准有所不同：

（1）总的原则要求：沥青混凝土桥面铺装施工前，要求梁顶或现浇梁板混凝土的层顶应平整、粗糙、干燥、整洁、不得有浮浆、尘土杂物、油污等，桥面横坡符合要求。

（2）结构 1 方案：混凝土层必须干燥，完全凝固，时间最少 14 天。敷设防水系统前桥面必须经过适当的处理，以暴露完好的、没有浮浆的混凝土，构造一个既不过于平滑也不过于粗糙的良好宏观构造。因此着重指出，现有的混凝土表面必须将喷砂清理作为一个不可或缺的关键步骤。考虑到橡胶膜对防刺破的要求，桥面表面的平整度和表面粗糙度应该提出具体指标，参照《城市桥梁桥面防水工程技术规程》规定，施工现场检测应该包括外观质量、含水率、粗糙度、平整度等指标,具体要求如表7.1-2所示。

桥梁表面质量检测要求　　表7.1-2

<table>
<tr><th>施工阶段</th><th colspan="3">质量要求</th><th>检测范围</th></tr>
<tr><td rowspan="4">桥面混凝土基层</td><td colspan="3">(1)表面应密实、平整;
(2)蜂窝、麻面面积不得超过总面积的0.5%,并应进行修补;
(3)裂缝宽度不大于设计规范的有关规定;
(4)表面应清洁、干燥、局部潮湿面积不得超过总面积的0.1%,并应进行烘干处理;</td><td rowspan="4">全桥</td></tr>
<tr><td colspan="3">质量要求</td></tr>
<tr><td>含水率(重量比)</td><td>粗糙度Rt(mm)</td><td>平整度(mm/3m)</td></tr>
<tr><td><4.0%</td><td>1.0~1.5</td><td>7.5</td></tr>
</table>

(3)结构2方案:为了保证混凝土层与沥青铺装层的联结,在沥青混凝土铺装层施工之前,水泥混凝土桥面板应当采用凿毛处理,使混凝土表面露出新鲜的集料和混凝土层。凿毛处理后要保证三分之二单位面积以上露出新鲜的混凝土层。沥青黏结层撒布之前应对桥面进行清洗,彻底干燥以后才能进行浇注式沥青混凝土层施工。

(4)结构3方案:本方案为聚合物改性沥青涂膜类的防水层,按照《城市桥梁桥面防水工程技术规程》规定,施工现场检测应该包括外观质量、含水率、粗糙度、平整度等指标,具体要求如表7.1-3所示。

桥梁表面质量检测要求　　表7.1-3

<table>
<tr><th>施工阶段</th><th colspan="3">质量要求</th><th>检测范围</th></tr>
<tr><td rowspan="4">桥面混凝土基层</td><td colspan="3">(1)表面应密实、平整;
(2)蜂窝、麻面面积不得超过总面积的0.5%,并应进行修补;
(3)裂缝宽度不大于设计规范的有关规定;
(4)表面应清洁、干燥、局部潮湿面积不得超过总面积的0.1%,并应进行烘干处理。</td><td rowspan="4">全桥</td></tr>
<tr><td colspan="3">质量要求</td></tr>
<tr><td>含水率(质量比)</td><td>粗糙度R_t(mm)</td><td>平整度(mm/3m)</td></tr>
<tr><td><10%</td><td>0.5~1.0mm</td><td>7.5</td></tr>
</table>

(5)结构4方案:本方案属于热涂膜类+密水层类的防水层,热沥青洒布施工,水泥混凝土桥面处理标准符合总则要求:平整、粗糙,必须具有足够的强度和稳定性。表面不得有浮浆和其他污染物,桥面混凝土层不允许出现脱空的现象,不得使用砂浆和薄层混凝土找平。通常采用三米直尺量测横向和纵向平整度,其最大偏差不应大于2cm。

为了保证混凝土层与沥青铺装层的连接,在沥青混凝土铺装层施工之前,水泥混凝土桥面板应当采用凿毛处理,使混凝土表面露出新鲜的集料和混凝土层。凿毛处理后要保证三分之一单位面积以上露出新鲜的混凝土层。沥青黏结层撒布之前应但对桥面进行清洗,彻底干燥以后才能进行沥青黏结层施工。

7.1.3.2 桥面处理工艺对比及实施区划

不同底涂层本身的特性和施工工艺的差异，对桥面的处理要求有所差别，通过以上标准的横比可以看出，对桥面处理的要求，结构1和结构3要比结构2和结构4更加苛刻。铣刨后的水泥混凝土梁表面，从现场效果来看，整体的平整度较差，高差甚至有几厘米，构造深度较大，纵向成波纹状分布比较严重，个别处有坑槽及水泥浮浆，仅仅靠铣刨无法满足规范规定的技术要求，为了比较不同处理方式对结构施工的差异，本试验段在考察比较国内外现有桥面处理工艺（凿毛、喷砂、抛丸等）的基础上，对部分路段采用抛丸工艺进行对比研究，具体的区划如下：

抛丸清理施工采用国际先进的自动行走式地面抛丸清理设备，并且辅助人工清扫的作业方式，施工工序如下：

（1）混凝土表面预处理

①抛丸施工前检查混凝土表面外观，应确保桥面无露筋、暴牙等现象，若与之不符，则先应通过机械打磨予以清除，有较大坑洼处（K18+525、K18+530）采用特制环氧砂浆先修补填平（图7.1-12），以确保基面的整体平整度，保证抛丸设备的行走畅通性。

②抛丸前混凝土表面沾污的油脂必须清除干净（推荐用清洗剂进行清洗）。

③抛丸过程中和施工后，混凝土表面必须避免油脂重新沾污。

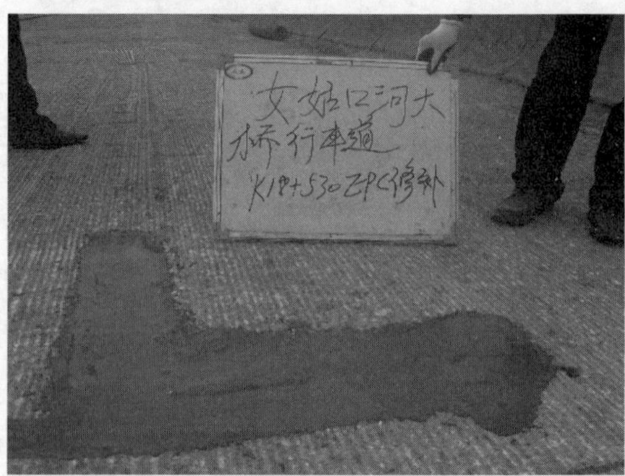

图7.1-12 露筋处及低洼处采用EPC局部修补

(2)抛丸清理施工

①环境条件:环境温度应高于大气露点3℃;相对湿度应小于或等于85%,遇下雨、结露等气候时,严禁进行桥面抛丸作业。

②磨料:抛丸所用磨料应采用符合国家标准要求的铸钢丸,粒度宜为1.0~1.5mm,磨料必须保持干燥、清洁,不得使用被油脂等污染了的磨料(图7.1-13)。

图7.1-13　抛丸用磨料

③抛丸机行走速度要调节适当,以保证在条件允许的工期内达到粗糙度和清洁度要求。

④启动抛丸设备,利用高速旋转的抛头将钢丸高速地抛向混凝土表面,借助于砂丸的冲击作用将其表面的浮浆打掉。调配行走速度和进砂量,使得抛丸机匀速前进,清理出连续均匀的喷砂面(图7.1-14)。

⑤清理完毕后,先进行人工清扫,再利用水车将桥面冲洗干净,并用吹风机吹走积水和积累的废料。

⑥抛丸处理后的表面应注意保护,避免二次污染。下一道工序施工前应对检验合格的混凝土表面进行吹灰。

(3)基面抛丸清理的施工技术要求

①基层必须干净。交验后基面应无油污、无灰尘、无暴牙、无杂物。

②基层必须平整。基面上不能有钢筋等尖锐突出物,以确保基面的整体平整度。

③基层表面要基本干燥,含水率不大于15%,不得有积水。

④基层必须牢固结实。

⑤防撞墙嵌缝槽,必须将缝中浮浆、尘土、杂物,彻底清理干净,用压缩空气吹清。

图7.1-15和图7.1-16为喷砂前后的桥面对比,通过采用铺砂法对抛丸前后的桥面进行比较,可以看出,经过喷砂处理后,对原桥面整体的平整度有所一定改善,粗糙度增加。总体来看,因为旧桥面的整体的平整度及粗糙度较差,纵向波纹和错台情况比较严重,因此喷砂处理后的整体状况还不能符合各方案的规范技术要求,从施工效果来看,新建桥面实施抛丸处理可以达到规范规定的技术要求。

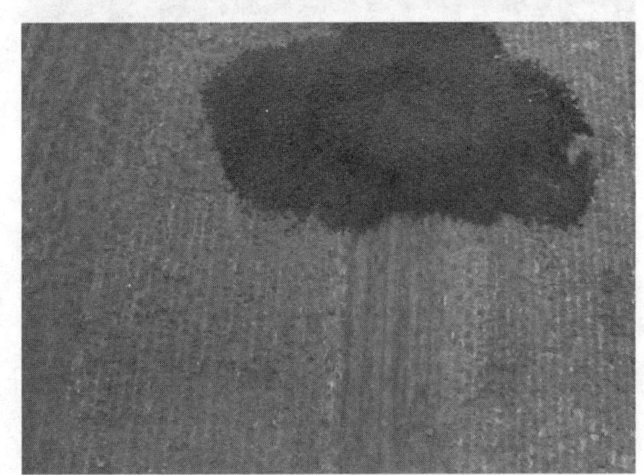

图 7.1-14　抛丸施工过程

图 7.1-15　喷砂前的桥面

图 7.1-16　喷砂后的桥面

7.1.4　生产配合比设计及验证

生产配合比设计阶段:沥青混合料的生产应采用间歇式拌和站。调整冷料仓进料速度以后,对拌和站热料仓取样筛分。调整热料仓比例,由于拌和站取样误差以及除尘设备回收细料滞后等方面的影响,通常需要分成调试集料级配和确定沥青含量两步骤进行,并需多次调整。拌和站热料仓比例以连续生产的沥青混合料抽提后级配结果确定为准。取目标配比最佳沥青含量、最佳沥青含量±0.3%等三个沥青含量进行试拌，进行抽提和马歇尔试验确定生产的最佳沥青含量确定。生产配合比设计验证阶段：对反复调整确定的拌和站热料仓比例和最佳沥青含量进行试拌、铺筑试验段，并对生产的沥青混合料取样抽提和马歇尔试验。试验段取样不少于三次，取样以从拌和站直接接取的样品为准。根据试验路确定的热料仓比例和最佳沥青含量为生产的标准配合比。满足各项要求的试验段抽提平均的各筛孔通过率为用于生产控制的标准级配曲线。

拌和机各层筛子的设置对集料的级配影响很大，需要根据沥青混合料的级配组成进行适当的调整。对于SMA，本着既能控制材料生产质量，又减少溢料的原则，对于四个料仓的拌和站，筛孔设置为：3×3、5×5、11×11（或12×12）、18×18（或20×20）。

7.2 现场施工控制及变异性分析

7.2.1 结构1现场施工

结构1自下至上结构设置为：

透层+5mm橡胶沥青+3mm防护板+7.2cmSMA-13

该方案主体内容为在清洗干净的混凝土上做黏结层，沥青-橡胶膜浇注其上，而后沥青浇注形成防护层；最终摊铺热拌沥青混合料。

该方案主要包括以下步骤：①桥面处理；②透层处理；③橡胶沥青涂敷；④橡胶板铺设；⑤黏层油洒布；⑥SMA-13面层施工：

7.2.1.1 透层处理

本项目最终采用液体石油沥青进行透层处理，洒布量为2.75L/m^2，其中液体石油沥青掺配比例为：沥青：汽油=55：45，现场进行掺配（图7.2-1）。

通过现场检测发现，存在液体石油沥青的撒布不均匀，作业进度较慢的问题，主要原因在于：现场采用小型压力泵进行作业，在喷洒过程中由于液体石油沥青拌制的均匀性问题，导致洒布不均匀（图7.2-2和图7.2-3），对实际喷洒量进行检测，结果如表7.2-1所示。

图7.2-1 液体石油沥青拌制

图7.2-2 撒布液体石油沥青后的桥面

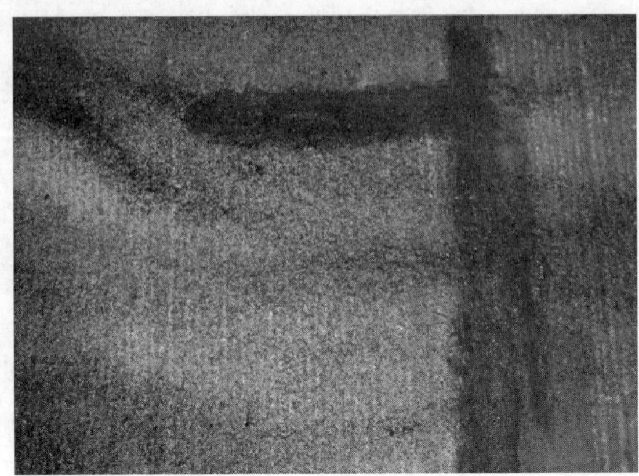

图 7.2-3　撒布液体石油沥青后的桥面

液体石油沥青实际洒布量检测结果　表 7.2-1

位置	实际喷洒量（kg/m²）	要求洒布量（kg/m²）
集中处	0.044	1.513

从检测结果可以看出，由于作业机械的原因，该洒布效果并不理想，在实际控制中应该对施工机械进行改进和加强作业人员操作熟练度的培训。

7.2.1.2　橡胶沥青的涂敷

橡胶沥青的涂敷是该结构防水体系构建的重要部分，要求沥青橡胶膜的铺敷厚度应当控制在 5～6mm 范围内，太薄容易被刺破，太厚则膜的性能不稳定。

从现场效果来看，存在的主要问题有：

图 7.2-4　熔融炉

本次施工未采用专用的熔融炉进行融化（图 7.2-4），在施工过程中，加热效率受到影响，本项目所用橡胶沥青融化温度为 220～230℃，所用熔融炉底部采用直管加热，容易导致加热不均，有时加热温度高达 260℃，这样得到的沥青其性能可能会受到影响（图 7.2-5 和图 7.2-6）。

由于桥面整体的平整度较差，构造深度较大，纵向成波纹状分布比较严重，个别处有坑槽及水泥浮浆，橡胶防水膜在摊铺的过程中无法保证稳定的摊铺厚度（5.0 ± 1.0mm 厚度的均匀膜），现场仅用硬币粗略检测（图 7.2-7），控制精度差，特别是现场摊铺过程中，施工衔接比较困难，由于熔融炉供应不及时，离涂敷地点较远，橡胶沥青运送过程中冷却较快，在浇洒过程中容易堵塞管口，每次供应量较少，调运困难，铺敷好的橡胶沥青如不及时铺设防护板，很快冷却，需要再次涂敷热沥青以便与防护板黏结，这样造成冷却处较厚，新涂敷部位较薄，防护板下整体厚度不均（图 7.2-8）。

图 7.2-5　橡胶沥青运输小车

图 7.2-6　橡胶沥青涂敷

图 7.2-7　硬币测涂敷厚度

图 7.2-8　局部沥青涂敷过厚

7.2.1.3　防护板铺设

根据《桥面铺装试验桥施工技术指南》铺设要求：①防护板铺设必须考虑的细节是防护板的重叠。最佳重叠为 12 ± 6mm。另有国外相关资料建议，两板的边缘重叠 2.5cm，上行方向的板要搭在下行方向板上，以防止由于车辆运动和摊铺过程造成的防护板移动；②按照车道宽度放置防护板，每行错开 15cm 进行放置(图 7.2-9)。

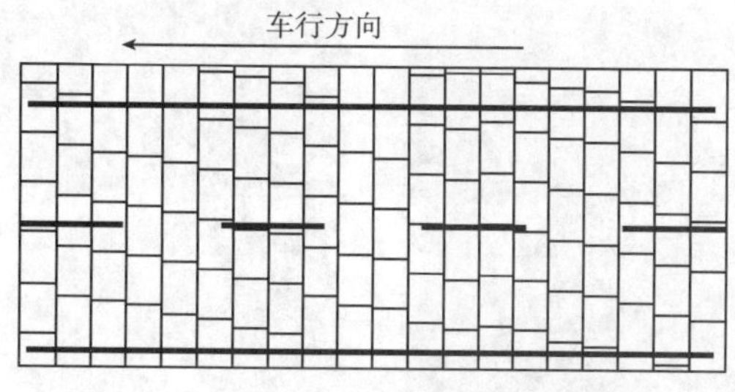

图 7.2-9　沿行车道方向，防护板的铺设要求

现场施工过程中，发现存在问题如下：从现场铺设来看，操作人员的铺设并不熟练，规范做法是：为始终达到重叠要求，工人在视觉上调整防护板，将其右脚放置在防护板的左下角，

并且缓慢地从角落下降至薄膜。现场虽采用两人协同作业(图7.2-10),防护板的铺设不但进度缓慢,而且容易将防护板斜放,不得不揭开重铺或对搭接处进行修补(图7.2-11)。

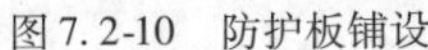

图7.2-10 防护板铺设

图7.2-11 搭接处进行修补

防护板的搭接未按照技术指南的相关要求进行操作:指南要求重叠部分不小于1.2cm,每行错开15cm进行铺设,现场为了铺设方便,采用如图7.2-12所示方式进行铺设。

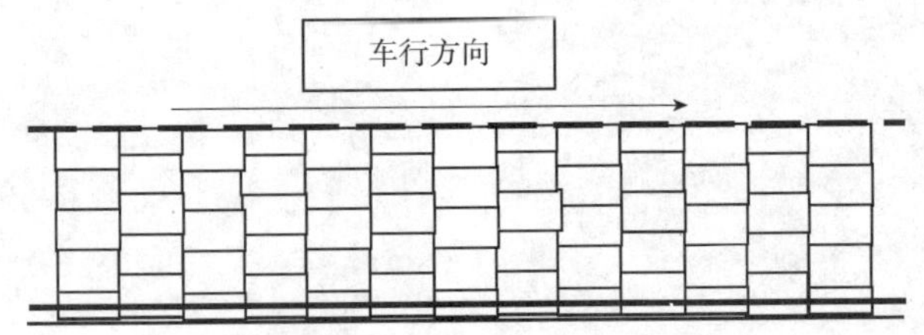

图7.2-12 现场防护板铺设示意图

这样的铺设方式,防护板实际的搭接厚度在2.0~10cm之间,个别处搭接长度超过15cm,搭接厚度三层左右,沥青总厚度超过1.5cm,无法保证防护板层间保持良好的黏结性能,少数地方的接缝未搭接上,有沥青从侧缘渗出(图7.2-13),造成局部沥青层较厚。

防护板对桥面平整度的要求高,由于桥面整体平整度比较差,局部有较大凹陷,造成橡胶沥青涂敷过程中,凹处比较厚,凸处比较薄,防护板铺设后,局部有脱空处(图7.2-14)。

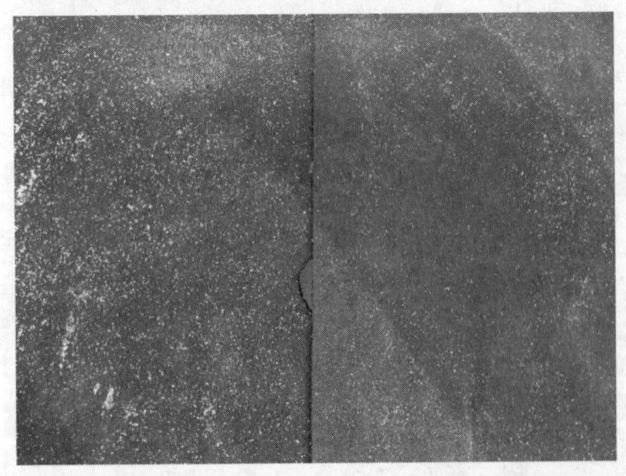

图7.2-13 沥青从防护板边缘渗出

图7.2-14 防护板局部有空隙

7.2.1.4 乳化沥青黏层

防护板铺设后，喷洒黏层油增强层间联结，采用普通快裂型乳化沥青，洒布要求参见《公路沥青路面施工技术规范》(JTG F40—2004)，现场测试实际喷洒量为0.02kg/m²(图7.2-15)。

图7.2-15 喷洒乳化沥青后的防护板表面

7.2.1.5 SMA-13施工

防护板洒布完黏层油，待乳化沥青破乳后，进行面层SMA-13混合料的摊铺，施工工艺参照《桥面铺装试验桥施工技术指南》，施工过程中，压实度的高低直接影响到沥青路面的使用寿命和早期损害的可能性。该施工过程中主要存在以下问题：

防护板在施工过程中的碾压问题，在料车及摊铺车辆碾压过的地方可以看到，防护板起到了一定的防碾破作用，但是轮迹处局部有过多沥青堆积(图7.2-16)，这样可能导致摊铺后面层底部沥青分布不匀，局部沥青较厚，可能会在高温下成为容易滑动的“薄弱区”，于铺装层的整体受力不利。

光轮压实时发现面层难以压实，碾过后恢复变形较明显，如路基土压实时出现的“橡皮土”、“弹簧效应”，施工过程中只得待面层混合料温度降低一段时间后才进行压实，从后续的检测结果中可以看出，该措施影响了路面的后期平整度，初步判断是橡胶沥青及防护板较厚，面层摊铺上后，受热溶化，加之路面平整度差，多纵向凹槽，沥青在碾压下发生推移，影响了压实效果，具体情况有待在后续检测中进行验证。

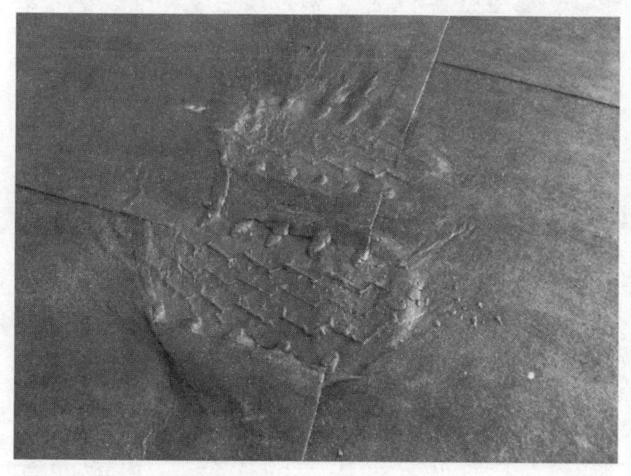
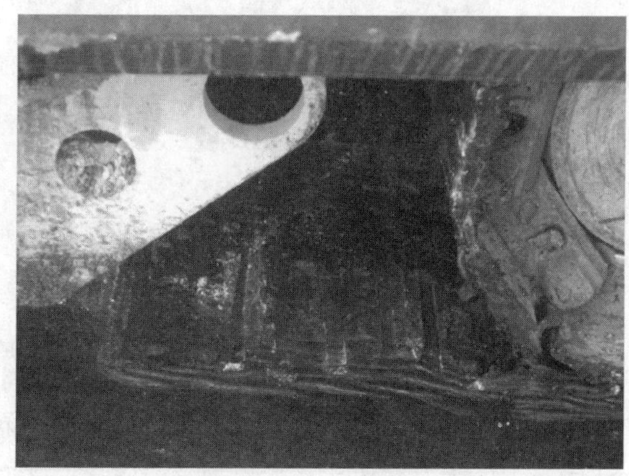

图7.2-16 防护板在后续施工中的碾压情况

7.2.2 结构2现场施工

结构2采用浇注式沥青混凝土做下承层兼做防水层，自下而上设置为：

3cm浇注式沥青混凝土+5cmSMA-13

本试验段的主体内容为：①在桥面洒布 GS-Ⅰ型溶剂型黏结剂；②浇注式沥青混凝土摊铺；③浇注式沥青混凝土表面撒布 5～10mm 预拌碎石；④SMA-13 面层施工。

7.2.2.1　溶剂型黏结剂洒布

考虑到溶剂型黏结剂的造价较高，为了对比在后续工程中采用时对性能的改善效果，本结构段确定于 K18+690～K18+790 段洒布黏结剂，K18+790～K18+890 段未洒布黏结剂作为对比段，黏结层喷洒以前，对桥面要进行彻底清扫。先用软扫帚或森林灭火器清除桥面尘埃、杂物，如有油污，须用相应的油污清洗剂清洗确保桥面干燥并不得再受污染。

桥面处理干净后，由人工涂刷 GS-Ⅰ型溶剂型黏结剂，首先采用毛辊子进行涂刷（图 7.2-17），之后由工人采用毛刷对未涂刷到的局部低凹处进行修补（图 7.2-18），黏结剂的洒布用量以覆盖住水泥混凝土桥面为准，用量约为 0.4～0.6kg/m^2，通过测试发现，桥面平整度较好时约为 0.45kg/m^2，施工过程中，为了保证桥面的清洁，要求现场施工人员一律着鞋套进入作业区。

该过程存在的问题是，由于采用人工涂刷的方式，同样无法对涂刷量进行量化，仅能做原则性规定，由作业人员根据经验确定。

图 7.2-17　采用毛辊初步涂刷黏结剂

图 7.2-18　局部低凹处涂刷黏结剂

7.2.2.2　浇注式沥青混凝土的摊铺

浇注式沥青混凝土的施工技术要求参见《桥面铺装试验桥施工技术指南》，该混合料施工的要点主要有以下几点：①拌和站的调试及生产流程的控制；②混合料运输时间的控制；③人工接缝及轮迹带的处理。其中①的细节已经在第 7 节中有叙述，关于掺配的生产控制，主要是控制拌和温度、拌和时间和成品的均匀性，传统做法是先将基质沥青及 TLA 分别预热到 150℃，然后泵送入搅拌罐并将拌和罐温度提高到 170℃，约搅拌 40min 后，取样测定 TLA 混合沥青的有关指标，并检查其均匀程度；由于本项目非专业 guss 生产的拌合站，可能沥青罐并没有专门的搅拌器，如果在外地专门生产，可能会在运输及储存的过程中产生离析，因此，采用现场投放的方式进行，计算好湖沥青的用量后，将湖沥青按一定质量称量好装入塑料袋中，根据拌和的总吨数在拌和过程中分批投放，这样，就必须在投入湖沥青前进行破碎。通过拌和站生产调试发现，湖沥青破碎尺寸到 10cm 以上时，如果拌和时间过短，将会出现拌和后混合料中湖沥青成团现象，所以，推荐破碎尺寸在 5cm 以下，有条件的可以破碎到 2cm

左右,同时,拌和时间也应该较普通沥青混凝土的稍长20s以上。

存在的主要问题有:对拌和站的要求较高,同时拌和站采用如下步骤控制生产:集料干拌加热至(300℃以上)—分批定量投放湖沥青(拌和时间延长保证湖沥青充分熔化混合均匀)—加入矿粉—喷入SBS改性沥青,因为集料的加热温度过高,因此要调整矿粉与SBS改性沥青投放顺序,主要目的是为了暂时降低集料的表面温度,避免SBS改性沥青喷入后拌和锅发生喷火伤害到湖沥青投放人员,造成生产事故;

本次试验采用了日本产Guss Cooker运输车及专用摊铺设备(图7.2-19和图7.2-20),装入混合料后,Cooker应保持不停的搅拌,同时,加热到230~250℃,现场控制到240℃左右,指南中规定浇注式沥青混凝土在Cooker车中的停留时间如表7.2-2所示。

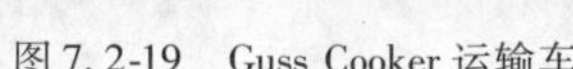

图7.2-19　Guss Cooker运输车

图7.2-20　Guss专用摊铺机

浇注式沥青混合料在Cooker车中停留时间　　表7.2-2

控温范围	230~250℃	超过250℃
停留试件	不超过1.5h	不超过1h

存在主要问题有:本项目由于拌和站离施工段较远,加之所经路线交通量较大,施加运输时间基本在1.5~2h左右。

浇注式沥青混合料的生产技术要求要求参见《桥面铺装试验桥施工技术指南》,主要流程如图7.2-21~图7.2-26所示。

图7.2-21　热料测温

图7.2-22　浇注式沥青混合料出料

图 7.2-23 倒料

图 7.2-24 安放模板及预铺轮迹带

图 7.2-25 浇注式沥青混凝土摊铺

图 7.2-26 人工找平

为验证浇注式沥青混凝土的实际性能，本项目进行了现场取样，待做低温极限弯曲、疲劳及抽提筛分等内容。

图 7.2-27 撒布预拌碎石

7.2.2.3 撒布预拌碎石

浇注式沥青混凝土温度下降到 135℃左右时，用撒布机将 5～10mm 的 0.5% 沥青碎石撒布在 Guss asphalt 表面，依靠石料本身自重嵌入 Guss asphalt 中(图 7.2-27)。

存在主要问题：施工技术指南中规定，撒布预拌碎石，施工前必须保证石料干燥，否则不允许撒布。该预拌碎石在生产过程中，为防止结团，曾洒水降温，在后续施工中，撒布预拌碎石时，部分碎石会嵌入混合料内，导致浇注式沥青混合料表面气泡增多，影响混合料的后期性能。

7.2.2.4 SMA-13 面层施工

面层SMA-13混合料的摊铺,施工工艺满足《桥面铺装试验桥施工技术指南》所提技术要求。

7.2.3 结构3现场施工

结构3自下而上结构设置为:

1.5mm纤维增强型聚合物改性沥青涂料+7.85cmSMA-13

本项目采用AWP-2000纤维增强聚合物改性沥青防水涂料,如图7.2-28所示。聚合物改性沥青防水涂料应为棕褐色或黑褐色液体,经搅拌后无凝胶、结块,呈均匀状态。

图7.2-28 AWP-2000聚合物改性沥青防水涂料

7.2.3.1 防水涂料施工

该防水涂料分五次喷涂,在第二次喷涂和第四次时同步喷涂无碱玻璃纤维,以期增强涂层的抗刺破作用。

主要步骤如下:

(1)桥面防水涂料施工采用国内先进型专业防水涂料喷涂车辆,该设备雾化程度高,喷涂面均匀。

(2)防水层应做五遍喷涂,其中第二、四层为纤维增强层喷涂,其余三层为普通涂层喷涂,这样能够很好地保证防水涂膜均匀、平整、无夹层现象。

(3)底涂(第一遍)。桥面清理干净后喷涂第一遍涂料,以保证涂料能渗入混凝土基面毛细孔,使其具有足够大强度的黏结力(图7.2-29)。

(4)喷涂第二遍涂料,要待底涂实干(约4小时)后,才能喷涂第二遍涂料,以防止起鼓。喷涂必须均匀,在桥面不能有涂料堆积现象,也不能漏喷。机械喷涂时要配合人工滚涂人员共同进行。喷涂时用特制喷涂设备同时把纤维均匀的喷射在喷枪的出料口,使得纤维和涂料均匀混合在一起,用量大约为150g/m^2(图7.2-30)。

图7.2-29 第一遍喷涂后的桥面

图7.2-30 同步喷涂增强纤维

(5)喷涂第三遍涂料,待第二涂实干(约4小时)后,开始喷涂第三遍涂料,以覆盖住前面喷洒的纤维增强涂料。

(6)第三涂实干(4小时)后进行面涂(第四遍),方法同(4)。

(7)最后一次喷涂时,仔细检查有无参差或漏喷处并同时进行修补。最后确保整个基面无漏喷、起鼓处,且厚度达到要求。涂料的整体用量约为2.0~2.5kg/m^2。

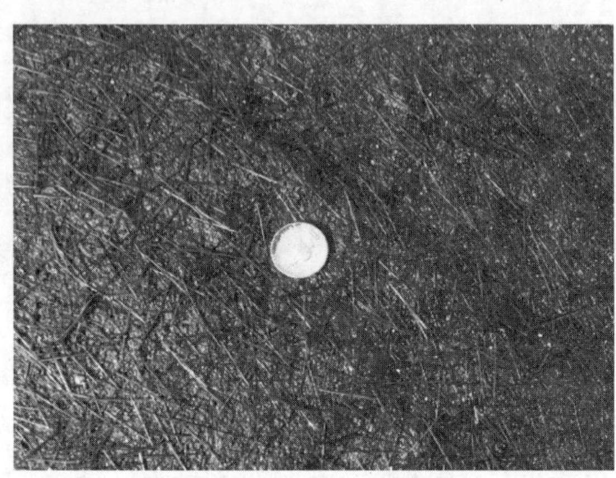

图7.2-31　施工后的增强纤维防水涂层表面

图7.2-32　雨后的防水涂料表面

(8)喷涂施工时要注意防止污染,防撞栏处要有挡板遮挡。同时检查桥面防水涂膜,发现个别不均匀或被破坏地方,及时修补。

(9)喷涂时要安排技术熟练的工人,注意每遍涂刷的用量以确保总的防水层厚度在1.0~1.5mm左右。

存在的主要问题有:图7.2-32为改性乳化沥青遇雨后的表观现象,可以看出改性沥青破乳前,胶乳容易溶于水,导致乳化沥青被破坏,具体破坏情况有待后续验证。

7.2.3.2　SMA-13面层施工

防水涂料施工完毕后,进行SMA-13面层施工,施工工艺满足《桥面铺装试验桥施工技术指南》要求。

7.2.4　结构现场施工

本方案采用SBS改性沥青砂做防水层和找平层,结构自下至上为:

热SBS改性沥青封层&0.3%沥青预拌碎石+2cm沥青砂+6cmSMA-13

7.2.4.1　热SBS改性沥青封层

实施SBS改性沥青表处防水层,热改性沥青与混凝土桥面通常具有良好的黏结力。技术指南规定将SBS改性沥青加热至170~180℃后,采用专用的改性沥青撒布机,在经过凿毛、清洗、干燥以后的混凝土面上满布一层1kg/m²(厚度为0.8～1.2mm)的SBS改性沥青作为黏结剂;然后在其上撒布一层粒径5～10mm单一尺寸经过3～5‰沥青预拌沥青碎石。碎石撒布以后,使用胶轮压路机将碎石碾压稳定(图7.2-33)。

存在的主要问题有:热SBS改性沥青封层是该方案防水体系中的重要部分,从现场观测结果来看,实际撒布的SBS改性沥青含量小于规定值。

图7.2-33 SBS改性沥青+预拌碎石

7.2.4.2 沥青砂摊铺

防水黏结层施工完毕以后,立即进行沥青胶砂层的施工。施工工艺满足技术指南要求。

7.2.4.3 乳化沥青黏层

参照7.1.4,存在主要问题为乳化沥青洒布量不足(图7.2-34)。

图7.2-34 喷洒乳化沥青后的沥青砂表面

7.2.5 防水体系共性问题的比较说明

除上述问题外,四种结构方案在一些共性问题上的特点值得分析并引起足够注意:

通过第4节的分析可以得出结论,防水体系实质包括“防”、“排”两方面的内容,除了注重防水层本身的防水效果外,应当特别注意边角部位的压实效果。

(1)排水体系的设置问题。从施工角度来看,整个施工方案未重视排水体系的设置和施工,从检测结果来看,个别路段设置并不理想;其中,结构2在边缘排水方面做得最差,由于进度原因,对靠近排水孔一侧的轮迹带未做特殊处理,成为运营时水容易渗入的薄弱区,结构1采用橡胶沥青对隔离带进行涂敷,与面层混合料的联结相对较好。

(2)施工中的压实问题。为了更好地保证施工质量,保证混合料的压实效果,在压实度的控制上需要更加严格要求,从现场效果来看,结构1压实效果最差,最难控制。

(3)施工期间的防水问题,在防水层施工期间曾经有降雨天气,从雨后各防水层的防水效果来看，浇注式沥青混凝土基本不透水，其次是沥青砂，防水涂料的最后一层由于未完全破乳，部分胶乳溶于水中，为保证防水质量，施工单位在排水干燥后进行了局部修复，防护板由于桥面不平整，板与板之间的搭接处无黏结，因此降雨后在板间及板与桥面的脱空处有水残留，不容易清除干燥，因此在后续研究中会对防护板的吸水性能等指标进行测定(图7.2-35～图7.2-38)。

图7.2-35　降雨后的防护板表面

图7.2-36　降雨后的浇注式沥青混凝土表面

图7.2-37　降雨后的防水涂料表面

图7.2-38　降雨后的沥青砂表面

(4)作业周期问题，从现场来看，沥青砂方案的施工周期最快，撒布热SBS改性沥青后即可摊铺沥青胶砂，其次是浇注式沥青混凝土，该方案仅受施工时环境温度的限制，结构3防水涂料的喷洒效率高，但主要受到乳化沥青破乳时间的影响，施工周期与结构2接近，结构1因为靠人工作业，受环境温度因素的影响，作业周期最长。

(5)检测指标问题，由于采用的防水体系涉及到热熔涂膜类、板材类、冷涂膜类及密水层四种，需要建立统一的指标进行测试，在防水层完工后对4个试验段进行了现场拉拔试验测试，由于进度关系，拉拔头与防水层黏结的不牢靠，结构1与结构3试验情况如图7.2-39和图7.2-40所示。

由图可以看出，结构1进行拉拔主要衡量的是橡胶沥青之间的黏结力，结构3衡量的是防水涂层与水泥混凝土之间的黏结力，考虑到面层成型后防水层在层间的状态不同，因此不能简单地按照《城市道路防水涂层》及《道桥用改性沥青防水卷材行业标准》规范进行拉拔试验,需要在现场面层成型后或室内进行复合成型后进行拉拔试验。

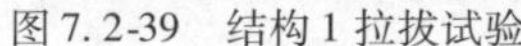

图 7.2-39 结构 1 拉拔试验

图 7.2-40 结构 3 拉拔试验

7.3 试验段质量检测

为了更好对试验段的各施工方案优劣进行比较,从课题研究的角度出发,除在施工过程中进行监测外,在结构 1、结构 3、结构 4 安装了应力传感器,在试验段通车后于 2008 年 10 月 5 日 ~10 月 7 日对女姑口大桥进行了桥面铺装的全面的常规检测,同时检测了应力传感器的有效工作情况,对不同防水层类型的面层层底的受力情况进行初步分析。

7.3.1 常规检查项目

桥面铺装检查应符合表 7.3-1 的规定。

桥面铺装检查项目　　表 7.3-1

<table>
<tr><th>项次</th><th colspan="3">检 查 项 目</th><th colspan="2">规定值或允许偏差</th><th>检查方法(每幅车道)</th></tr>
<tr><td rowspan="6">1</td><td rowspan="6">平整度</td><td rowspan="3">高速、一级公路</td><td></td><td>沥青混凝土</td><td>水泥混凝土</td><td rowspan="5">用平整度仪,全桥每车道连续检测。每 100m 计算 IRI 或 σ</td></tr>
<tr><td>IRI(m/km)</td><td>2.5</td><td>3.0</td></tr>
<tr><td>σ(mm)</td><td>1.5</td><td>1.8</td></tr>
<tr><td rowspan="3">其他公路</td><td>IRI(m/km)</td><td colspan="2">4.2</td></tr>
<tr><td>σ(mm)</td><td colspan="2">2.5</td></tr>
<tr><td>h(mm)</td><td colspan="2">5</td><td>3m 直尺,每 100m^3 处×3 尺</td></tr>
<tr><td>2</td><td colspan="3">抗滑构造深度</td><td colspan="2">符合规范</td><td>铺砂法每 200m 检查 3 处</td></tr>
<tr><td>3</td><td colspan="3">渗水试验</td><td colspan="2">符合规范</td><td>—</td></tr>
<tr><td>4</td><td colspan="3">车辙深度检测</td><td colspan="2">符合规范</td><td>—</td></tr>
<tr><td>5</td><td colspan="3">排水体系检查</td><td colspan="2">泄水孔进水口应略低于桥面铺装面层,泄水时不得冲刷墩、台和下穿道路。</td><td>—</td></tr>
</table>

注:①桥长不满 100m 者,按 100m 办理。

②复合桥面时,必须对混凝土桥面及沥青面层都作检查,但混凝土桥面不做抗滑构造。

7.3.1.1 平整度

路面平整度的检测指标为国际平整度指数(IRI),本次检测采用澳大利亚交通研究局研制的 ARRB3R2T 型国际平整度指数测定仪,标准测定速度为 30 ~ 95km/h,测定结果以m/km表示,并可直接输出国际平整度指数 IRI 值。

表 7.3-2 是各结构段的检测结果。

平整度 IRI 测量统计结果　　表 7.3-2

结构段	最大值(m/km)	最小值(m/km)	平均值(m/km)	σ(mm)
1	7.92	0.66	2.7	1.4
2	11.6	0.28	2.3	1.4
3	12.16	0.81	2.8	1.7
4	5.19	0.48	2.5	1.1

由表可以看出,结构 2 平整度最好,结构 4 次之,结构 3 最差,结构 1 的整体平整度也不理想。

7.3.1.2 构造深度检查

依照《公路工程沥青及沥青混合料试验规程》(JTJ 052—2000)T731—2000 方法对 SMA-13 面层进行构造深度检查,测得面层平均构造深度为 0.88mm,满足规范要求。

7.3.1.3 车辙深度检测

依照《公路路基路面现场测试规程》(JTG E60—2008)对各结构段进行车辙深度检测,测得结果如表 7.3-3 所示。

试验段车辙深度随机检测结果　　表 7.3-3

结构段	桩号	辙槽深度(mm)
结构 1	K18 +560	无
	K18 +600	无
	K18 +620	7
	K18 +640	10
	K18 +660	5
结构 2	K18 +695	无
	K18 +720	无
	K18 +760	无
	K18 +800	无
	K18 +840	4
结构 3	K18 +900	8
	K18 +920	8
	K18 +840	4
结构 4	K18 +980	4
	K19 +020	无
	K19 +060	无

由表可以看出，车辙深度方面，S4 与 S3 相对较好，S1 次之，S3 结构最差。

7.3.1.4 拉拔试验

为了测量试验段桥面铺装层间尤其是防水层与桥面铺装层之间的联结状况，在现场进行拉拔试验，由于现场温度较低，黏结拉拔头和面层的 AB 胶发脆无法固化，拉拔过程中从拉拔块与芯样之间断开，无法定量测得黏结强度，从现场取芯来看，面层及防水层与水泥混凝土表面黏结良好，桥面的水泥混凝土被黏附到芯样上如图 7.3-1所示，可以看出，S3 增强纤维与桥面的联结最好，其次是 S2 浇注式沥青混凝土，S1 橡胶沥青及 S4 与桥面的黏结稍差，具体数据有待试验室进一步验证及现场的进一步检测。

图 7.3-1 各结构段所取芯样底部

7.3.1.5 渗水试验

依照《公路工程沥青及沥青混合料试验规程》(JTJ 052—2000)T730—2000 方法对 SMA-13 面层进行渗水试验，测得结果反映面层密实不透水，满足规范要求。

7.3.1.6 排水体系检查

排水体系的检查，主要是检测道路的横坡，泄水孔进水口应略低于桥面铺装面层，通过现场检测发现，结构 2 排水体系不满足要求，多数泄水孔高于桥面铺装面层，铺装层与隔离带之间形成一积水凹槽，雨天容易积水，而且该区域为摊铺机轮迹带处，未进行预铺设，仅用热沥青涂敷，直接铺设 SMA-13，成为水渗入的隐患。

7.3.2 环境参数检测

(1)试验目的

课题组于 2009 年 4 月 8 日在女姑口大桥试验段安装了 EPS-Ⅰ型环境检测设备，用以检测各桥面铺装结构层温度的变化，为铺装层混合料的设计提供依据。

(2)检测系统

该 EPS-Ⅰ型环境参数监测系统为自主开发，该系统采用高灵敏度温度传感装置(精确到 0.1℃)，长期自动采集存储设备。可以定时采集存储温度数据，采集周期可以根据需要调整(采集周期 15min)(图 7.3-2)。

本次埋设的检测系统共包括 6 个温度传感器，其埋设的具体分布如图 7.3-3 和表 7.3-4 所示。

(3)检测数据分析

本次检测周期为 2009 年 4 月 8 日 ~2009 年 5 月 6 日。文中所用气温为气象台观测数据(图 7.3-4)。

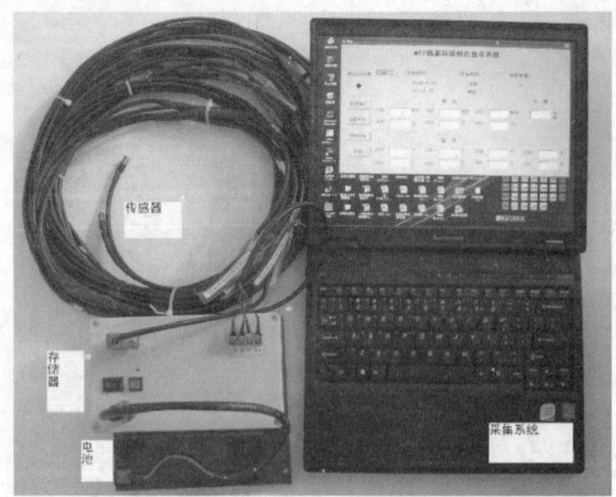

图 7.3-2 EPS-Ⅰ型环境参数监测系统

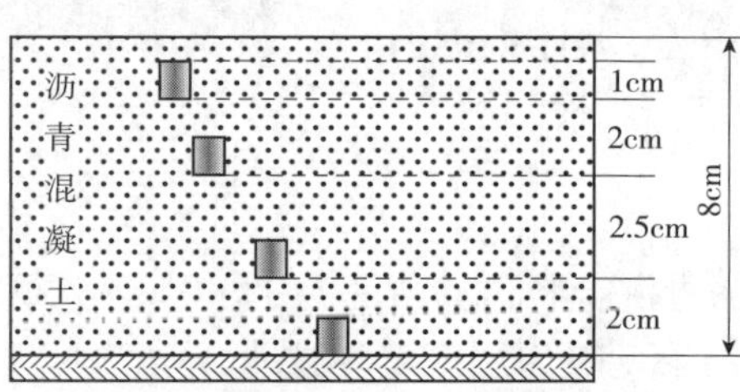

图 7.3-3 传感器埋设示意图

传感器埋设深度一览表 表 7.3-4

传感器编号	距沥青混凝土铺装层表面埋深(mm)	备 注
CH1	—	Air
CH2	10	
CH3	30	
CH4	55	
CH5	75	
CH6	—	Inner Box

注:传感器长度为 10mm,表中所提埋深指传感器中心距铺装层顶面距离。

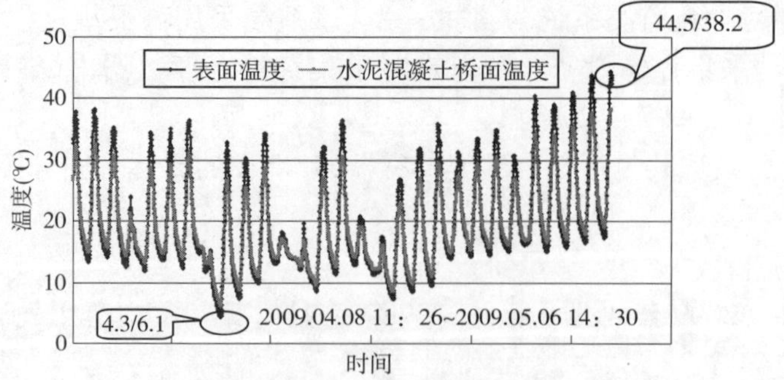

图 7.3-4 铺装层表面温度与水泥混凝土板温度变化关系

从检测结果可以看出：

铺装层内温度随着气温的变化呈周期性变化，铺装层顶面下10mm处测得温度代表了铺装层的最高温度，随着深度的增加，温度有小幅度下降，75mm处传感器测得水泥混凝土板的温度，可以看出，与路面温度场不同，由于整个桥梁系都暴露在空气中，铺装层不仅受到自上至下的热辐射和传导过程，而且水泥梁体也受到水平方向的热传导过程，加之箱梁梁体内空气流通慢，因此，温度变化较路面更为迟缓，由图7.3-5和图7.3-6可以看出，铺装层的最高温度普遍高于气温10～20℃，而且气温越高，差距越大，通过对最高气温与铺装层最高温度进行简单的线性回归，可以看出，按照青岛气象观测数据中，最高气温为36℃计算，桥面铺装层的极端高温可能会到65℃以上，因此可以认为，按照全国的沥青路面气候分区方法对我省的桥面铺装层混合料进行设计的思路显然比较粗糙，需要结合观测的温度数据对铺装层混合料的高温设计标准重新修订。

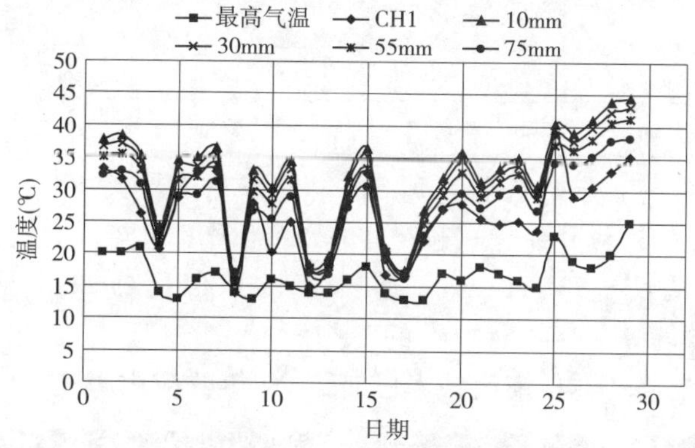

图7.3-5　检测周期内最高气温与传感器极端温度日变化关系图

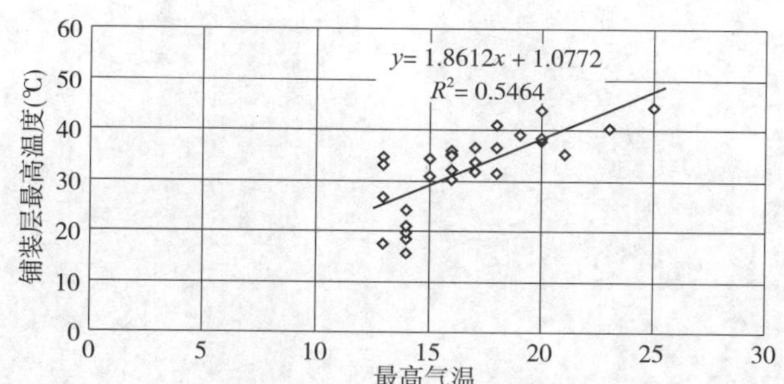

图7.3-6　监测期内气象台气温数据与铺装层极端高温关系图

7.3.3　防水卷材试验段检测研究

7.3.3.1　实体工程概况

为验证防水卷材在特大桥桥面铺装中的应用，于2010年9月在胶州湾大桥进行试验段铺筑。

本次施工试验段从K16+850(右幅)开始，至K16+970(右幅)结束共计长度120m，总计施工面积为1920m²。卷材施工由最外侧即有排水口一侧开始。第一幅采用1m宽小卷卷材人工铺设，第二幅开始采用200m长大卷卷材机械铺设，最后一幅卷材采用人工铺设1m宽小卷卷材。

试验段结构自下至上结构设置为：

底涂层 +3.5mm 防水卷材 +8.4cmSMA-13 +4cmSMA-10

该方案主体内容为在清洗干净的混凝土做基层处理剂底涂层，采用 macaden-10 型铺设装备连续铺设防水卷材(可连续铺设 200m)，而后在其上铺筑热拌 SMA-13 沥青混合料；

此防水方案为法国引进技术，2005 年的宜昌公路桥、2006 年的内蒙古胶莱河大桥、2007 年的北京展西路高架桥、2008 年的北京阜石路高架桥、阜石路高架桥二期及沈阳的多个桥梁维修工程等均采用了该防水方案。

试验段使用法国 Soprema 生产的 Antirock 防水卷材，该卷材主材为 SBS 改性沥青，其规格及型号如表 7.3-5 所示。

卷材规格型号简表 表 7.3-5

规格型号	厚　度	每卷尺寸		覆面材料	
		宽度	长度	上表面	下表面
H3.5	3.5mm	1m	8～200m	矿物粒料	细砂
HF3.5	3.5mm	1m	8～200m	矿物粒料	可热熔的 PE 膜

与传统防水卷材的施工方式相比，Antirock 防水卷材的最大特点是采用 Macaden 全自动铺设机进行长达 200m 的连续化施工(图 7.3-7)，最大限度地降低人为因素对施工质量的影响。在天气条件允许的情况下，MACADEN-20 每天可以完成 8000～10000m^2 的工作面，MACADEN-10 每天可以完成 5000m^2 左右的工作面。

采用 MACADEN 全自动卷材铺设技术已有近 20 年的应用历史。

图 7.3-7　Macaden 全自动铺设机

7.3.3.2　试验及检测依据(表 7.3-6)

试验及检测依据 表 7.3-6

胶州湾大桥桥面防水工程项目文件		胶州湾大桥桥面防水工程项目文件	
道桥用改性沥青防水卷材	JC/T 974—2005	桥面防水工程技术规程	DB11/T 380—2006
弹性体改性沥青防水卷材	GB 18242—2008	城市桥梁桥面防水工程技术规程	CJJ 139—2010
沥青基防水卷材用基层处理剂	JC/T 1069—2008	加拿大 CGSB 标准	

7.3.3.3 防水卷材性能检测指标

目前对防水卷材性能的检测主要依据《道桥用改性沥青防水卷材》(JC/T 974—2005)和弹性体改性沥青防水卷材(GB 18242—2008)。防水卷材检测技术要求见表7.3-7。

防水卷材技术要求　　表7.3-7

检测项目		单位	技术要求	试验方法
厚度		mm	+0.5 ~ -0.2	JC/T 974—2005
面积		%	-1%	JC/T 974—2005
下表面沥青涂盖厚度		mm	≥1.5	JC/T 974—2005
可溶物含量		g/m^2	≥2400	JC/T 974—2005
耐热性		℃	≥115	JC/T 974—2005
低温柔性		℃	-25 无裂纹	JC/T 974—2005
拉力		N/50mm	≥800	JC/T 974—2005
最大拉力时的延伸率		%	≥40	JC/T 974—2005
盐处理	拉力保持率	%	≥90	JC/T 974—2005
	低温柔性	℃	-25 无裂纹	JC/T 974—2005
	质量增加	%	≤1.0	JC/T 974—2005
热老化	拉力保持率	%	≥90	JC/T 974—2005
	延伸率保持率	%	≥90	JC/T 974—2005
	低温柔性	℃	-20 无裂纹	JC/T 974—2005
	尺寸变化率	%	≤0.5	JC/T 974—2005
	质量损失	%	≤1.0	JC/T 974—2005
渗油性		张	≤1.0	JC/T 974—2005
50℃剪切强度		MPa	≥0.12	JC/T 974—2005
50℃黏结强度		MPa	≥0.050	JC/T 974—2005

依据以上规范,课题组对胶州湾大桥桥面铺装用法国产索普瑞玛道桥用改性沥青防水卷材(ANTIROCK HF 3.5mm)进行全面技术性能检测(图7.3-8~图7.3-22)。

图7.3-8　卷材厚度检测

图7.3-9　下表面沥青涂盖厚度检测

图 7.3-10　标准条件养生

图 7.3-11　热老化处理

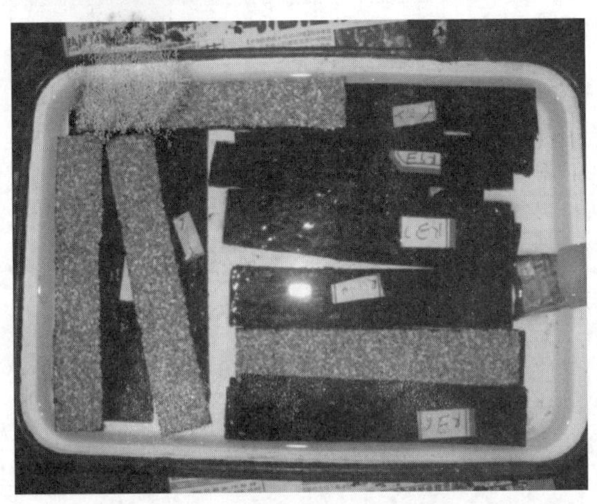
图 7.3-12　盐处理

图 7.3-13　低温柔性处理

图 7.3-14　黏砂法

图 7.3-15　黏砂处理

图 7.3-16　底涂油

图 7.3-17　防水卷材铺设

图 7.3-18　表面处理

图 7.3-19　混合料成型

图 7.3-20　黏结力试验

图 7.3-21　拉力及拉伸率试验

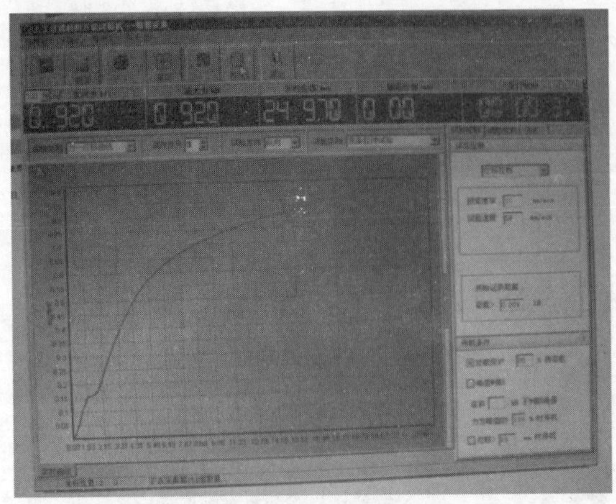
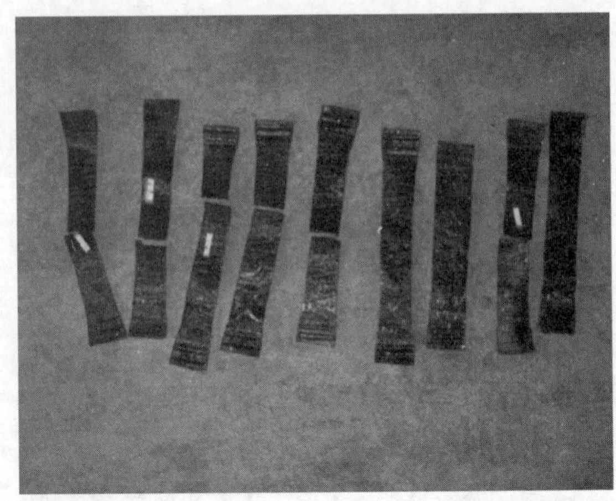

图 7.3-22　拉力及拉伸率结果

经检测,防水卷材综合检测结果如表 7.3-8 所示。

防水卷材检测试验结果　　　表 7.3-8

试验项目			单位	检测结果	技术要求
厚度			mm	/	(+0.5~0.2)
面积			%	/	-1%
下表面沥青涂盖厚度			mm	1.51	≥1.5
可溶物含量			g/m²	2632	≥2400
耐热性			℃	无滑动、流淌、滴落	≥115
低温柔性			℃	(-25 无裂纹)	(-25 无裂纹)
拉力	纵向		N/50mm	1066	≥800
	横向		N/50mm	973	≥800
最大拉伸率	纵向		%	57	≥40
	横向		%	63	≥40
盐处理	拉力保持率	纵向	%	100	≥90
		横向		97	≥90
	低温柔性		℃	(-25 无裂纹)	(-25 无裂纹)
	质量增加		%	0.28	≤1.0
热老化	拉力保持率	纵向	%	96	≥90
		横向	%	94	≥90
	延伸率保持率	纵向	%	96	≥90
		横向	%	92	≥90
	低温柔性		℃	(-20 无裂纹)	(-20 无裂纹)
	尺寸变化率		%	0.15	≤0.5
	质量损失		%	0.11	≤1.0
渗油性			张数	0	≤1
50℃黏结强度			MPa	0.25	≥0.05
50℃剪切强度			MPa	/	≥0.12

经检测，胶州湾大桥钢面铺装用法国产索普瑞玛道桥用改性沥青防水卷材（ANTIROCK HF 3.5mm）所检各项技术性能指标符合《道桥用改性沥青防水卷材》（JC/T 974—2005）要求。

7.4 防水卷材施工

7.4.1 桥面处理

桥面保持良好的粗糙度是保证界面摩阻力和黏结力的基础，卷材铺设前采用手扶自行走抛丸设备对试验段水泥混凝土桥面进行抛丸处理，去除表面浮浆，抛丸后采用森林鼓风机进行清理，采用铺砂法测量表面构造深度（图7.4-1～图7.4-3）。

图7.4-1 原桥面状况

《城市桥梁桥面防水工程技术规程》（CJJ 139—2010）规定：当采用防水卷材时，基层混凝土表面的粗糙度应为1.5～2.0mm，混凝土的基层平整度应小于或等于1.67mm/m。

根据JC/974—2005卷材应用性能试验要求，混凝土表面粗糙度为1.5±0.3mm。法国Soprema采用标准比色板对照法，根据《国际混凝土维护保养协会》混凝土粗糙度标准样块，其中SP3～SP8可以满足Macaden机械施工要求（图7.4-4）。

胶州湾大桥采用C50水泥，强度高，通过对基层抛丸、清扫处理后，表面平整、匀实，如图7.4-3所示。表面粗糙度经检测在0.5～0.6mm之间，平整度≤10mm（三米直尺法），本试验段施工前按照法国标准比色板对照法对桥面进行验收，桥面除重要缺陷需弥补外，对平整度不作要求（图7.4-5）。

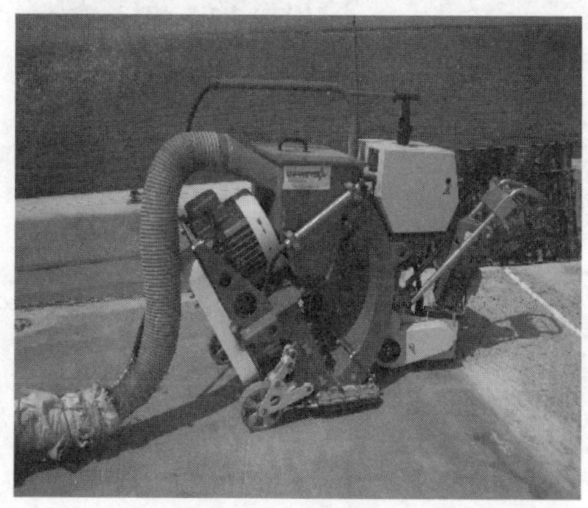

图7.4-2 抛丸设备

图7.4-3 通过抛丸处理后的基层桥面

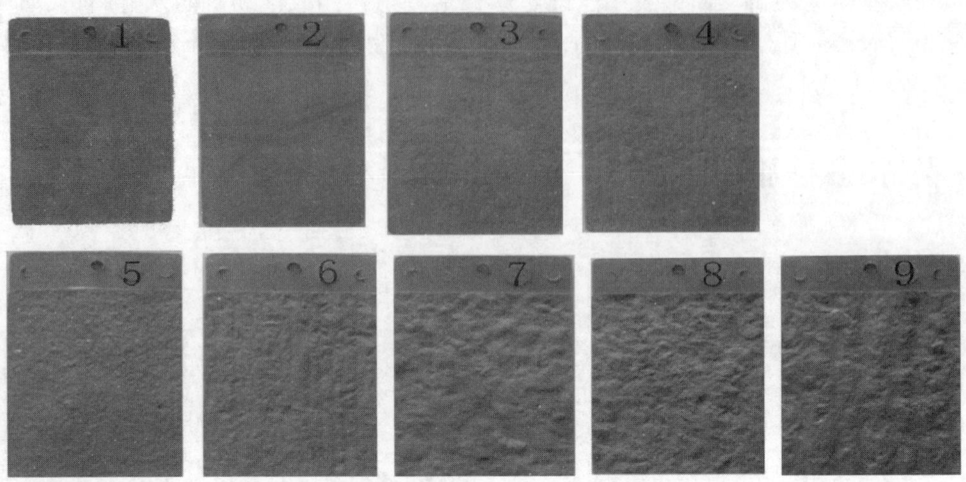

图 7.4-4　抛丸处理标准比色板

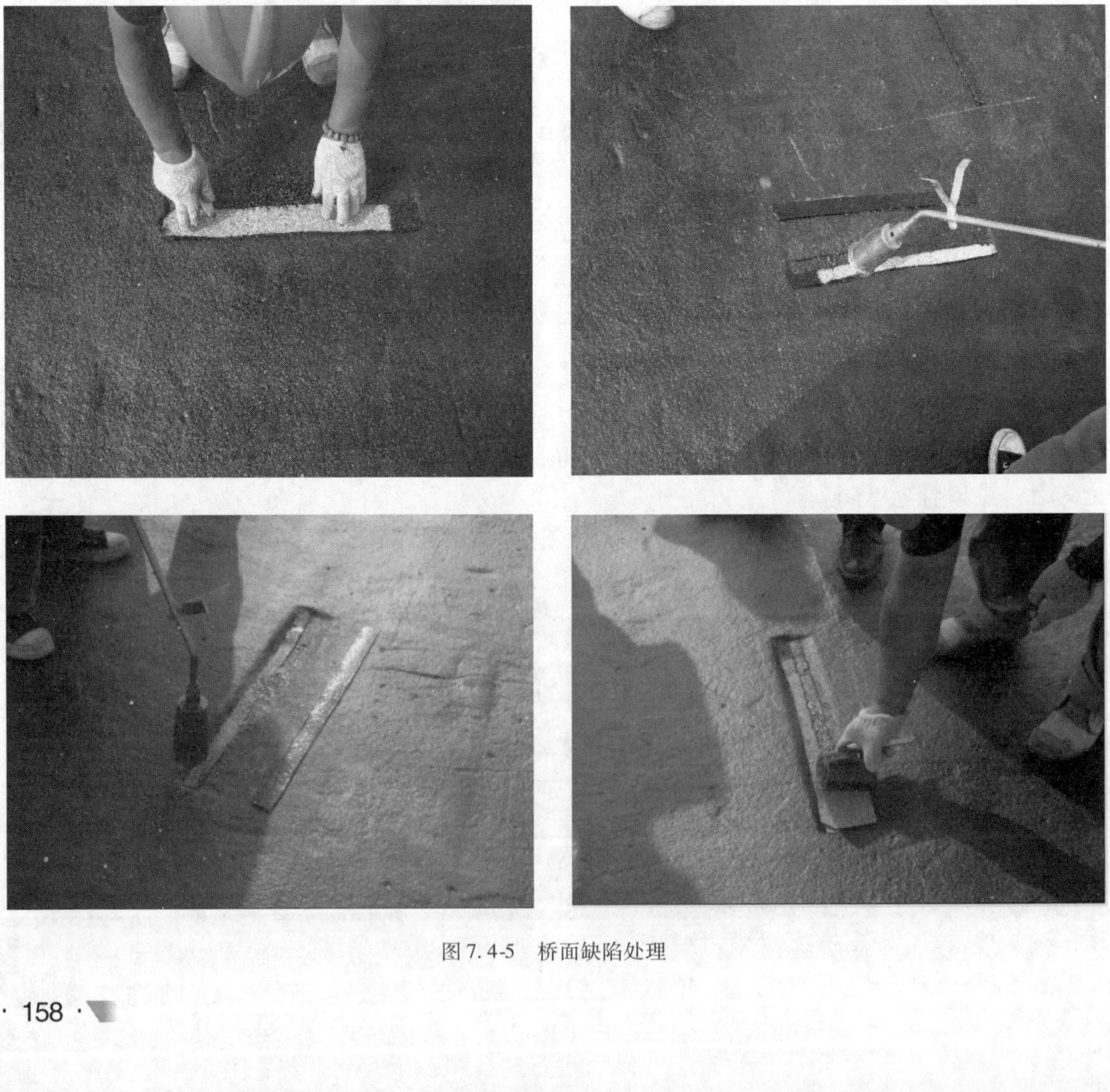

图 7.4-5　桥面缺陷处理

7.4.2 底涂层

底涂层采用基层处理剂，通过人工板刷与滚刷配合涂刷的方式进行施工，基层处理剂与水的掺配比例为1:1，由人工掺配搅拌均匀后施工由最外侧开始（图7.4-6和图7.4-7）。

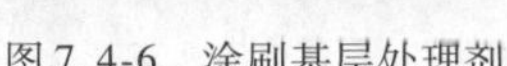

图7.4-6　涂刷基层处理剂

图7.4-7　基层处理剂涂刷完毕

主体采用Macaden全自动铺设机进行铺设，第一幅和最后一幅防水卷材由人工加热进行铺设（图7.4-8～图7.4-12）。

图7.4-8　机械化铺设

图7.4-9　人工铺设防水卷材

图7.4-10　卷材接缝处施工

图 7.4-11 边缘采用手动压实

图 7.4-12 施工完毕后的试验段

7.4.3 细部构造处理

为保证桥面铺装边缘的防水效果,防水卷材与护栏之间采用 SBS 改性沥青灌胶处理(图 7.4-13)。

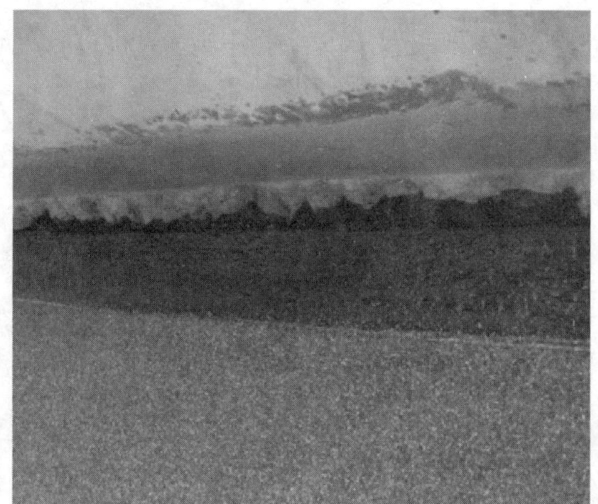

图 7.4-13 边缘处的灌缝处理

7.4.4 防水层现场检测

目前国内通用公路沥青混合料设计、施工及质量规范中对防水卷材在特大桥面铺装中的检测技术指标涉及相对较少,《公路沥青路面设计规范》(JTG D50—2006)规定,特大桥、重要大桥等桥面铺装因工程的重要性,一般有较高的使用要求,技术有一定难度,应进行专项设计,该规范建议桥面铺装在 25℃ 温度下,防水层与沥青层之间或防水层与混凝土板之间抗剪强度应大于 0.4MPa,对防水卷材,抗剪强度应大于 2.5MPa,抗拔强度也应大于 0.4MPa。

有关防水层的现场检测,本试验段主要依据《公路工程质量检验评定标准》(JTG F80/1—2004)中规定的防水层实测项目的检测指标(表 7.4-1)进行考核(图 7.4-14 ~ 图 7.4-17)。

防水层实测项目 表7.4-1

项次	检查项目	规定值或允许偏差	检测方法和频率	权值
1	防水涂膜厚度(mm)	符合设计规定,设计未规定时,±0.1	测厚仪:每$200m^2$测4点或按材料用量推算	1
2	黏结强度(MPa)	不小于设计要求,且≥0.3(常温),≥0.2(气温≥35℃)	拉拔仪:每$200m^2$测4点(拉拔速度10mm/min)	1
3	抗剪强度(MPa)	不小于设计要求,且≥0.4(常温),≥0.3(气温≥35℃)	剪切仪:1组3个(拉拔速度10mm/min)	1
4	剥离强度(N/mm)	不小于设计要求,且≥0.3(常温),≥0.2(气温≥35℃)	90°剥离仪:1组3个(剥离速度:100mm/min)	1

注:剥离强度仪适用于卷材类或加胎体涂膜类防水层。

图7.4-14 黏结力试验仪

图7.4-15 黏结力试验破裂面

图7.4-16 剪切力试验仪

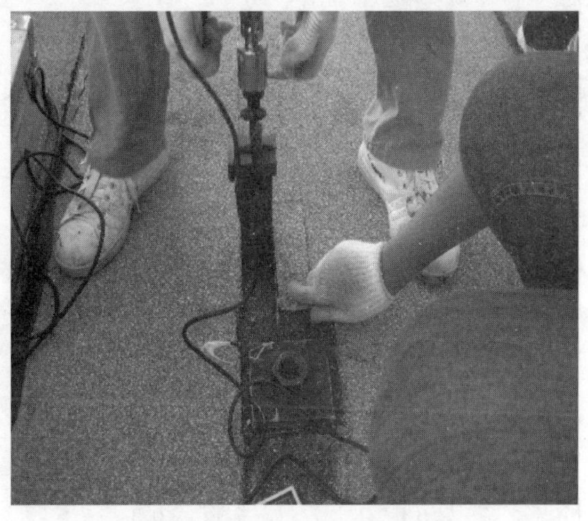

图7.4-17 90°剥离试验仪

检测试件全部采用AB胶黏结，由于防水卷材上表面矿物颗粒与沥青层之间的黏结强度小于防水卷材与桥面基层的黏结力，所以开裂破坏处全部位于防水卷材上表面矿物颗粒与沥青层之间，如表7. 4-2～表7. 4-4和图7. 4-18所示。

黏结力检测强度 表7. 4-2

试验名称：黏结力试验　检测温度：37℃			
检测桩号	检测数值(MPa)	技术要求(MPa)	单值判定
K16 +855	0. 35	≮0. 3	合格
K16 +855	0. 32	≮0. 3	合格
K16 +855	0. 33	≮0. 3	合格
K16 +855	0. 38	≮0. 3	合格
K16 +855	0. 37	≮0. 3	合格
平均值	0. 35	结论判定：合格	
检测桩号	检测数值(MPa)	技术要求(MPa)	单值判定
K16 +880	0. 33	≮0. 3	合格
K16 +880	0. 36	≮0. 3	合格
K16 +880	0. 38	≮0. 3	合格
K16 +880	0. 34	≮0. 3	合格
K16 +880	0. 36	≮0. 3	合格
平均值	0. 35	结论判定：合格	
检测桩号	检测数值(MPa)	技术要求(MPa)	单值判定
K16 +905	0. 35	≮0. 3	合格
K16 +905①	0. 29	≮0. 3	设备故障，无效数据
K16 +905	0. 36	≮0. 3	合格
K16 +905	0. 34	≮0. 3	合格
K16 +905	0. 38	≮0. 3	合格
平均值	0. 36	结论判定：合格	
检测桩号	检测数值(MPa)	技术要求(MPa)	单值判定
K16 +930	0. 42	≮0. 3	合格
K16 +930	0. 34	≮0. 3	合格
K16 +930	0. 32	≮0. 3	合格
K16 +930	0. 40	≮0. 3	合格
K16 +930	0. 40	≮0. 3	合格
平均值	0. 38	结论判定：合格	

剪切力检测强度 表 7.4-3

试验名称:剪切力试验 检测温度:34.5℃			
检测桩号	检测数值(MPa)	技术要求(MPa)	单值判定
K16 +903	0.52	≮0.4	合格
K16 +903	0.43	≮0.4	合格
K16 +903	0.44	≮0.4	合格
平均值	0.46	结论判定:合格	

注:因剪切设备检测过程中,产生较大的反推移力出现整体向后移动现象,故检测的数值有偏小的可能性。

剥离试验检测表 表 7.4-4

试验名称:90°剥离试验 检测温度:33℃			
检测桩号	检测数值(N/mm)	技术要求(N/mm)	单值判定
K16 +903	30	≮3	合格
K16 +903	31	≮3	合格
K16 +903	29	≮3	合格
平均值	30	结论判定:合格	

如图 7.4-19 所示,90°剥离试验防水卷材全部从胎基处被剥离开,检测值高于技术要求,防水卷材与基层黏结良好(图 7.4-20)。

图 7.4-18 试模周围全部划开

图 7.4-19 全部从胎基处剥离

7.4.5 热沥青混凝土施工

防水层检测完毕后,在防水卷材层上铺筑 8cm 厚的 SMA-13 沥青混凝土,分为两层铺筑每层 4cm 厚。压实工艺如下(图 7.4-21 ~ 图 7.4-24):

采用三台 11t 以上双驱双振压路机振动碾压,压路机紧跟摊铺机呈阶梯形开振碾压至少2 ~ 3 遍,速度控制在 5km/h 以内,采用高频低幅的压实方法;终压采用 CC21 钢轮压路机碾压 1 遍,最终消除轮迹。

图 7.4-20 采用卷材进行修补处理

施工过程中未出现推移现象。

图 7.4-21 施工衔接段处理

图 7.4-22 摊铺机行走在防水卷材上

图 7.4-23 SMA-13 现场施工

图 7.4-24 施工完毕

7.4.6 热沥青混凝土检测

SMA-13 铺筑完毕,对面层进行渗水和压实度检测,检测结果如表 7.4-5 所示。

现场检测结果 表 7.4-5

桩号	干重	水中重	表干重	密度	现场空隙率(%)
K16 +890	642.8	389.9	643.7	2.533	4.5
K16 +900	594.4	361.4	594.6	2.545	4.0
渗水系数	≤50ml/min				

由试验结果来看,施工后现场空隙率满足要求。

现场拉拔试验,检测沥青混凝土、防水卷材、桥面基层等各功能层之间的黏结强度(图 7.4-25和图 7.4-26)。

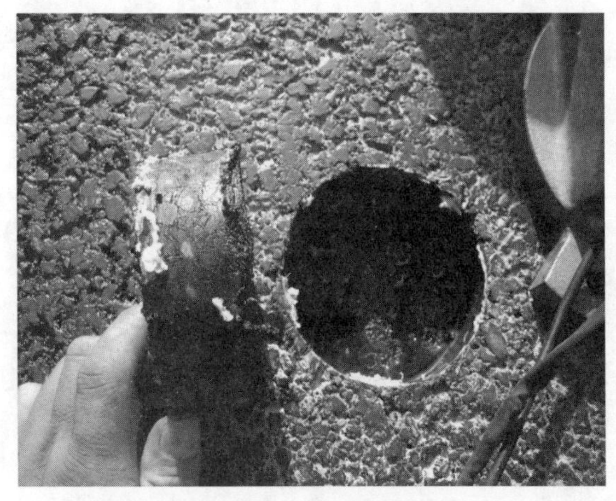

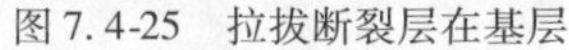

图 7.4-25　拉拔断裂层在基层

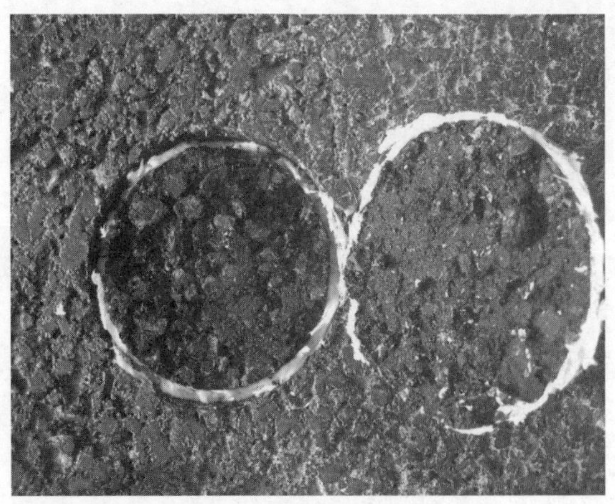

图 7.4-26　拉拔断裂处在黏胶处

具体检测数据如表 7.4-6 所示。

现场检测结果　　表 7.4-6

试验名称:结构层拉拔试验　检测温度:36.5℃				
检测桩号	检测数值(MPa)	技术要求(MPa)	拉拔断裂处	单值判定
K16 +950	0.399	≮0.3	桥面基层	合格
K16 +885	0.404	≮0.3	黏胶处	合格
K16 +875	0.423	≮0.3	黏胶处	合格
K16 +865	0.446	≮0.3	黏胶处	合格

7.5　卷材连续作业段施工后性能检测

根据前期胶州湾大桥桥面防水卷材试验段顺利铺筑的经验,后于 2010 年 10 月在胶州湾大桥左幅 K19 +130 ~ K17 +210 约 1.9km 长路段进行桥面防水卷材连续作业段施工。为合理验证桥面防水卷材连续现场作业施工质量的稳定性以及各项技术性能指标合格的可靠性,根据相关技术性能检测规范要求,相关单位对卷材连续作业段工后性能指标进行检测,结果如下:

7.5.1　卷材黏结力检测

防水卷材连续作业段施工工后现场桥面黏结力检测结果如表 7.5-1 所示。

黏结力检测结果　　表 7.5-1

试验名称:防水层黏结试验　检测桩号:K19 +130 ~ K17 +210(左幅)			
检测温度	检测数值(MPa)	技术要求(MPa)	单值判定
24.4℃	0.357	≮0.3	合格
	0.329	≮0.3	合格
	0.263	≮0.3	不合格
	0.424	≮0.3	合格
	0.339	≮0.3	合格

续上表

检测温度	检测数值(MPa)	技术要求(MPa)	单值判定
24.0℃	0.549	≮0.3	合格
	0.641	≮0.3	合格
	0.495	≮0.3	合格
	0.435	≮0.3	合格
	0.642	≮0.3	合格
26.2℃	0.426	≮0.3	合格
	0.465	≮0.3	合格
	0.463	≮0.3	合格
	0.496	≮0.3	合格
	0.456	≮0.3	合格
26.2℃	0.323	≮0.3	合格
	0.473	≮0.3	合格
	0.663	≮0.3	合格
	0.618	≮0.3	合格
	0.595	≮0.3	合格
27.0℃	0.484	≮0.3	合格
	0.509	≮0.3	合格
	0.394	≮0.3	合格
	0.493	≮0.3	合格
	0.473	≮0.3	合格
28.2℃	0.371	≮0.3	合格
	0.416	≮0.3	合格
	0.459	≮0.3	合格
	0.319	≮0.3	合格
	0.354	≮0.3	合格
27.1℃	0.581	≮0.3	合格
	0.385	≮0.3	合格
	0.632	≮0.3	合格
	0.486	≮0.3	合格
	0.589	≮0.3	合格
平均值	0.46	结论	合格

7.5.2 卷材剪切力检测

防水卷材连续作业段施工工后现场桥面剪切力检测结果如表 7.5-2 所示。

剪切力检测结果 表 7.5-2

试验名称:防水层剪切试验　检测桩号:K19 +130 ~ K17 +210(左幅)			
检测温度	检测数值(MPa)	技术要求(MPa)	单值判定
	0.453	≮0.4	合格
	0.447	≮0.4	合格
25.1℃	0.338	≮0.4	不合格
	0.476	≮0.4	合格
	0.498	≮0.4	合格
	0.430	≮0.4	合格
	0.540	≮0.4	合格
24.9℃	0.496	≮0.4	合格
	0.421	≮0.4	合格
	0.431	≮0.4	合格
	0.417	≮0.4	合格
	0.473	≮0.4	合格
27.2℃	0.452	≮0.4	合格
	0.428	≮0.4	合格
	0.472	≮0.4	合格
	0.437	≮0.4	合格
	0.405	≮0.4	合格
27.0℃	0.409	≮0.4	合格
	0.440	≮0.4	合格
	0.456	≮0.4	合格
平均值	0.44	结论	合格

7.5.3 卷材剥离力检测

防水卷材连续作业段施工工后现场桥面剥离力检测结果如表 7.5-3 所示。

剪切力检测结果 表 7.5-3

试验名称:防水层剥离试验　检测桩号:K19 +130 ~ K17 +210(左幅)			
检测温度	检测数值(MPa)	技术要求(MPa)	单值判定
	4.660	≮0.3	合格
	6.520	≮0.3	合格
25.5℃	2.460	≮0.3	合格
	4.060	≮0.3	合格
	4.060	≮0.3	合格

续上表

检测温度	检测数值(MPa)	技术要求(MPa)	单值判定
24.7℃	3.740	≮0.3	合格
	3.960	≮0.3	合格
	4.820	≮0.3	合格
	3.360	≮0.3	合格
	4.060	≮0.3	合格
27.5℃	4.080	≮0.3	合格
	3.640	≮0.3	合格
	4.460	≮0.3	合格
	3.560	≮0.3	合格
	3.180	≮0.3	合格
平均值	3.97	结论	合格

7.5.4 铺筑沥青混凝土芯样拉拔强度检测

桥面防水卷材连续作业路段铺筑沥青混凝土后,为验证桥面、卷材以及沥青混凝土之间的黏结效果,特现场随机选取有代表性点位进行钻芯取样测试拉拔强度,其检测结果如表7.5-4所示。

现场拉拔检测结果　　表7.5-4

试验名称:结构层拉拔试验　检测温度:23.5℃						
检测桩号	检测数值(MPa)	技术要求(MPa)	拉拔断裂处	芯样压实度(%)	渗水系数(ml/min)	单值判定
K18+898	0.309	≮0.3	黏胶处	99.7	≤50	合格
K18+850	0.397	≮0.3	黏胶处	100.2	≤50	合格
K18+788	0.368	≮0.3	黏胶处	99.4	≤50	合格
K18+726	0.408	≮0.3	黏胶处	99.4	≤50	合格

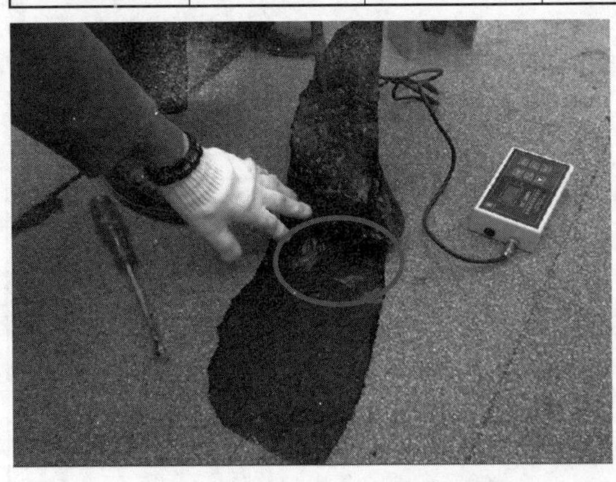

图7.5-1　卷材黏结薄弱部位

7.5.5 现场检测薄弱环节分析建议

连续施工过程中经检测发现,个别位置局部存在黏结不良或过度烘烤的问题,该类问题可能会成为导致使用期间铺装层产生病害的源头。

(1)局部位置卷材与桥面脱空或黏结力过低(图7.5-1)

原因分析:

①桥面个别位置局部平整度较差,导致卷材施工作业面不平整,由于桥面局部出现

凹陷，致使卷材与桥面脱空或黏结不良；

②卷材机械铺设时，卷材底部加热温度不足导致卷材底部沥青层未完全与桥面联接；

(2)卷材铺设局部温度加热过高，导致卷材底部沥青层完全融化降低卷材厚度(图7.5-2)。

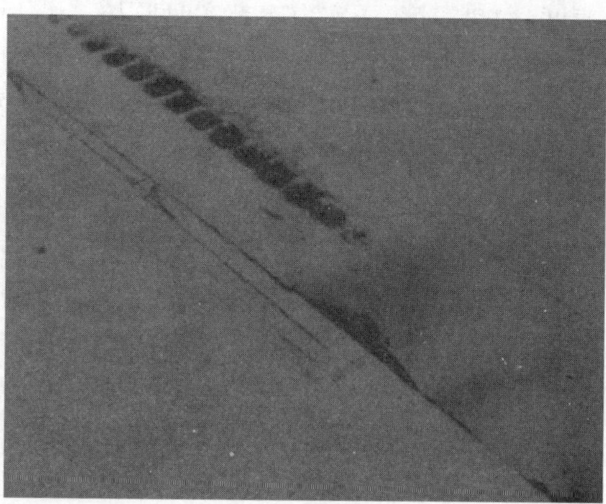

图7.5-2 卷材加热温度过高薄弱部位

7.5.6 卷材连续作业工后性能检测统计分析

卷材连续作业施工工后各项性能指标现场检测结果统计如表7.5-5所示。胶州湾大桥桥面防水卷材连续规模施工及铺筑沥青混凝土后，各项技术性能指标基本满足规范要求，其现场检测合格率较高。

各项性能检测结果统计 表7.5-5

检测项目	技术要求(MPa)	均值(MPa)	最大值(MPa)	最小值(MPa)	标准差	检测点数	不合格数	合格率(%)
黏结力	0.3	0.468	0.663	0.263	0.105	35	1	97.1
剪切力	0.4	0.446	0.540	0.338	0.042	20	1	95.0
剥离力	0.3	4.041	6.520	2.460	0.907	15	0	100.0

7.6 结论

(1)该试验段检测指标符合现行行业标准的技术要求，防水卷材材料符合国家发改委发布的JC/T 974—2005《道桥用改性沥青防水卷材》标准要求，试验段现场检验项目符合交通部JTG F80/1—2004《公路工程质量检验评定标准(第一册土建工程)》标准要求。

(2)与传统防水卷材相比，试验段用防水卷材主要具有如下特点：

①材料方面，采用优质SBS改性沥青和高强胎基布生产，提高了产品的抗穿刺能力、抗老化能力，同时增加了表面页岩来提高防水卷材表面抗穿刺和防止施工车辆破坏的功能。

②施工机械化：采用机械化施工安全快捷，每天每台设备可完成8000m^2防水卷材的

铺装。

③施工安全性：采用全自动密封设备施工，无环境污染不产生废气废液等污染物、加温部件全部密封避免高温外漏对操作人员造成安全隐患。

④施工质量保证性：机械化施工保证了质量的均衡性，自动控制系统对防水卷材的行走速度、加热温度、压实力度都实时监控。

(3)通过工程造价对比，可以得出，与典型结构1及典型结构2相比，三者工程造价分别为：典型结构1(沥青砂防水层)<典型结构2(橡胶沥青+防护板防水层)<试验段(防水卷材防水层)，依次为272.11元/m^2，326.08元/m^2，330.89元/m^2，总体来说，由于试验段用防水卷材采用连续机械化施工，在胶州湾大桥施工环境下(风大，环境温度低，对施工效率和效果要求高)可投入更少的劳动力，保证施工质量更高、更稳定，施工速度更快、工期更短，考虑到施工不确定因素对施工质量及工程造价的影响，试验段结构较典型结构2(橡胶沥青+防护板)综合性价比更高。

(4)以往工程实践表明，合理的界面粗糙度、平整度及干燥度要求是保证防水卷材铺装工程界面联结良好，减少层间滑移概率出现的重要条件，本试验段检测内容多参考城市道路防水规程提供的要求进行，现场实际桥面处理程度则低于该规程要求标准，为保证桥面铺装的使用质量，防水卷材在北方寒冷冰冻海域、特大桥桥面铺装使用时，应在当前桥面处理的基础上对粗糙度、平整度及含水率提出更高标准的要求。

(5)大规模连续施工过程中，应加强桥面缺陷、卷材铺设均匀性等薄弱部位和环节的检测及监测力度，保证连续施工期间的整体质量和高可靠度。

第 8 章

铺装层设计与工程实施纲要

8.1 主要设计参数

8.1.1 原材料技术要求

(1)70 号 A 级道路石油沥青技术要求参见《公路沥青路面施工技术规范》(JTG F40—2004)表 4.2.1-2 规定。

(2)用于生产 SBS 改性沥青的基质沥青应采用符合《公路沥青路面施工技术规范》(JTG F40—2004)中“A 级”要求的 70#道路石油沥青。其技术指标应符合表 8.1-1 的要求,要求 SBS 改性剂掺量≮5.0%。其试验方法应符合《公路工程沥青及沥青混合料试验规程》(JTJ 052—2000)的规定。

SBS 改性沥青技术要求 表 8.1-1

指标	单位	技术要求	试验方法
针入度(25℃,100g,5s)	0.1mm	40~60	T0604—2000
针入度指数 PI		≮0	T0604—2000
延度(5℃,5cm/min)	cm	≮20	T0605—1993
软化点 $T_{R\&B}$	℃	≮70	T0606—2000
闪点	℃	≮230	T0611—1993
运动黏度(135℃)	Pa·s	≯3	T0625—2000
溶解度	%	≮99	T0607—1993
弹性恢复(25℃)	%	≮80	T0662—2000
离析(48h 软化点差)	℃	≯2.5	T0661—2000
密度(15℃)	g/cm³	实测	T0603—1993
TFOT(或 RTFOT)后残留物			
质量变化	%	≯±1.0	T0609/0610—1993

续上表

指　标	单　位	技术要求	试验方法
针入度比	%	≮65	T0604—2000
延度(5℃)	cm	≮15	T0605—1993

注:①表中135℃运动黏度可采用《公路工程沥青及沥青混合料试验规程》(JTJ 052—2000)中的"沥青布氏旋转黏度试验方法(布洛克菲尔德黏度计法)"进行测定。若在不改变改性沥青物理力学性质并符合安全条件的温度下易于泵送和拌和,或经证明适当提高泵送和拌和温度时能保证改性沥青的质量,容易施工,可不要求测定。

②贮存稳定性指标适用于工厂生产的成品改性沥青。现场制作的改性沥青对贮存稳定性指标可不作要求,但必须在制作后,保持不间断的搅拌或泵送循环,保证使用前没有明显的离析。

沥青软化点测试严格按照T0606方法进行,软化点大于80℃时,采用甘油浴。

(3)黏层用改性乳化沥青技术要求符合《公路沥青路面施工技术规范》(JTG F40—2004)表4.7.1-2相关规定。

(4)为提高AFC-13沥青混合料的热稳定性能,采用复合改性硬质沥青作为其结合料,所用复合改性沥青技术指标应符合表8.1-2规定的要求。

复合改性硬质沥青技术指标　　表8.1-2

试验项目	单位	要求值	试验方法
针入度(25℃)	0.1mm	25~35	T0604—2000
软化点	℃	≮70	T0606—2000
延度(10℃,5cm/min),不小于	cm	20	T0605—1993
175℃黏度	Pa·s	≤1.0	T0625—2000
闪点(℃)	℃	≮230	T0611—1993
弹性恢复25℃,不小于	%	≮90	T0662—2000
贮存稳定性离析,48h软化点差,不大于	℃	4.5	T0661—2000
薄膜烘箱老化后			
质量变化,不大于	%	实测	T0609/0610—1993
针入度比25℃	%	≮70	T0604—2000
延度10℃	cm	≮10	T0605—1993
PG-分级	PG82-22		

注:①贮存稳定性指标适用于工厂生产的成品复合改性沥青。现场制作的改性沥青对贮存稳定性指标可不作要求,须在制作后及时使用。

②沥青软化点测试按照T0606方法进行,软化点大于80℃时,采用甘油浴。

复合改性硬质沥青宜在24h内使用完毕。当由于不可抗力,需临时存储时,应将复合改性沥青的温度降到145~155℃范围内存储,存储时间一般不超过3d。当存储较长时间时,在使用前应检测复合改性硬质沥青相应指标,保证未发生明显离析。

③典型结构2所用稀释沥青、橡胶沥青、防护板相关技术指标符合《胶州湾大桥招标技术文件》规定;

④矿粉应干燥、洁净,能自由地从矿粉仓流出,粒度<0.075mm的含量不小于80%,其他指标应符合《公路沥青路面施工技术规范》(JTG F40—2004)表4.10.1要求。生产过程中,监理工程师对矿粉细度进行定期抽检,试验结果不满足规定时,应加大频率检测,同时对不合格矿粉及时采取相应处理措施。

为了提高沥青混合料的抗水损害能力,矿粉在生产过程中加入混合料总量为1.3±0.3%的生石灰粉。不得使用沥青混合料拌和站的回收粉或粉煤灰做填料。

8.1.2 原材料技术要求

桥面铺装用沥青混合料按照级配组成有密水型硬质沥青砂、SMA-13及SMA-10、WH-MAC0/10沥青混合料三种类型,分别适用于铺装体系的不同层位。

桥面铺装用沥青混合料均采用马歇尔试验进行沥青混合料的配合比设计,级配需满足表8.1-3中的规定范围。设计的混合料性能应能满足表8.1-4和表8.1-5中技术要求。

沥青砂级配范围 表8.1-3

筛孔尺寸	范围要求		筛孔尺寸	范围要求	
	上限	下限		上限	下限
9.5	100	100	0.6	22	54
4.75	85	100	0.3	14	32
2.36	60	85	0.15	10	22
1.18	38	68	0.075	7	12

注:①级配范围仅作为目标配比选择级配曲线的依据,不作为评定施工级配是否合格的依据。施工控制级配范围根据生产配比调试后成功试验段的标准级配作为施工控制的依据。级配的选择根据原材料的相关性质确定。允许偏差范围以批准配合比设计为标准。

②级配范围根据工程实际所采用的矿料可能进行进一步的调整。

SMA 级配范围 表8.1-4

筛孔尺寸	范围要求			
	SMA-13 上限	SMA-13 下限	SMA-10 上限	SMA-10 下限
16	100	100	100	100
13.2	90	100	100	100
9.5	50	75	90	100
4.75	20	34	28	60
2.36	15	26	20	32
1.18	14	24	14	26
0.6	12	20	12	22
0.3	10	16	10	18
0.5	9	15	9	16
0.075	8	12	8	13

注:①级配范围仅作为目标配比选择级配曲线的依据,不作为评定施工级配是否合格的依据。施工控制级配范围根据生产配比调试后成功试验段的标准级配作为施工控制的依据。级配的选择根据原材料的相关性质确定。允许偏差范围以批准配合比设计为标准。

②级配范围根据工程实际所采用的矿料可能进行进一步的调整。

WHMAC0/10 级配范围　　表 8.1-5

筛孔尺寸	范围要求		筛孔尺寸	范围要求	
	上限	下限		上限	下限
13.2	100	100	0.6	16	29
9.5	85	100	0.3	10	22
4.75	50	76	0.15	5	16
2.36	35	54	0.075	3	12
1.18	26	40			

注:①级配范围仅作为目标配比选择级配曲线的依据,不作为评定施工级配是否合格的依据。施工控制级配范围根据生产配比调试后成功试验段的标准级配作为施工控制的依据。级配的选择根据原材料的相关性质确定。允许偏差范围以批准配合比设计为标准。

②级配范围根据工程实际所采用的矿料可能进行进一步的调整。

三类沥青混合料应进行高温稳定性、低温开开裂性、水稳定性等路用性能指标的检验,其设计指标及技术要求应符合表 8.1-6 ~ 表 8.1-8 的规定。

密水型硬质沥青砂混合料技术要求　　表 8.1-6

试验项目	密水型硬质沥青砂	参考规范
胶结料类型	复合改性硬质沥青	
击实次数(次)	75×2	T0702—2000
空隙率(%)	≤2.0	T0708—2000
矿料间隙率(%)	13~20	T0708—2000
饱和度(%)	75~95	T0708—2000
稳定度(kN)	>13	T0709—2000
冻融劈裂强度比(%)	>85	T0729—2000
车辙动稳定度(60℃,次/mm)	>4000	T0719—2000
-10℃极限弯曲应变(με)	>2800	T0715—1993

注:①最大理论密度计算以为计算法准,集料密度取值为毛体积密度,应根据原材料的性质试验确定。

②矿料间隙率计算应以集料的毛体积密度计算得出。

③混合料试件密度测定采用采用饱和面干法(SSD)测定的毛体积密度。

④生产过程中沥青砂目标空隙率超过规定空隙率时,需加大频率检测,同时采用旋转压实成型进行验证,采用旋转压实成型时,要求 50 次压实空隙率 <2.0%。

SMA 沥青混合料技术要求　　表 8.1-7

试验项目	SMA-10	SMA-13
击实次数(次)	75×2	75×2
空隙率(%)	3.0~4.5	3.0~4.5
矿料间隙率(%)	≥17	≥17
饱和度(%)	75~85	75~85
稳定度(kN)	≥6	≥6

续上表

试验项目	SMA-10	SMA-13
粗集料骨架间隙率 VCA_{mix}	$\not> VCA_{DRC}$	$\not> VCA_{DRC}$
冻融劈裂强度比(%)	>80	>80
动稳定度(次/mm)	>3000	>3000
低温弯曲破坏应变(με)	>2800	>2800
谢伦堡析漏(%)	<0.1	<0.1
肯塔堡飞散(%)	<10	<15

注:①最大理论密度计算以计算法为准,集料密度取值为有效密度,应根据原材料的性质试验确定。

②矿料间隙率计算应以集料的毛体积密度计算得出。

③混合料试件密度测定采用采用饱和面干法(SSD)测定的毛体积密度。

WHMAC0/10 技术要求 表 8.1-8

试验项目		参考规范
胶结料类型	复合改性硬质沥青	
击实次数(次)	75×2	T0702—2000
空隙率(%)	≤3.5	T0708—2000
矿料间隙率(%)	≥14.5	T0708—2000
饱和度(%)	80~95	T0708—2000
冻融劈裂强度比(%)	>85	T0729—2000
-10℃极限弯曲应变(με)	>2500	T0715—1993
疲劳寿命(20℃,800με,10Hz)(两个平行试件)	$\geq 20\times10^4$ 次	AASHTO T321

注:①最大理论密度计算以为计算法准,集料密度取值为毛体积密度,应根据原材料的性质试验确定。

②矿料间隙率计算应以集料的毛体积密度计算得出。

③混合料试件密度测定采用采用饱和面干法(SSD)测定的毛体积密度。

④疲劳寿命试件空隙率考虑98%的压实度。

8.2 施工注意事项

8.2.1 一般规定

水泥混凝土桥桥面铺装施工必须有详细的施工组织设计。施工前应完成各工序施工人员的培训,并建立质量控制体系,确保施工过程中对施工质量的有效控制。

水泥混凝土桥桥面铺装施工前,应对全桥实行封闭。施工时,除铺装施工必需的机具外,任何下层工作面都不允许其他车辆和机具通行,确保下层工作面的洁净、干燥,切实防止施工过程中对下层表面的污染,同时保证施工过程中桥面铺装的整洁性。

正式施工前应完成一定数量的试验段施工。试验段可放在引桥上进行,以检验各工序控制的正确性以及主要施工设备的正常有效运转等。

每道工序完工后应进行全面质量检查,合格后才能进入下道工序施工。若经检查不合格,须返工,直到检验合格为止。

桥面铺装施工应确保施工安全。沥青拌和厂应具备防火设施,使用具有挥发物的材料时应严禁烟火;施工人员应得到良好的劳动保护,有高空坠落危险的地段应拉防护网,桥面铺装施工期间当其上部桥塔施工会有坠落物危险时,应在该部位设置警戒标志,必要时应停止施工。

桥面铺装施工工期安排应尽可能避开雨季施工。各铺装层均不得在雨天施工,施工中遇雨必须立即停工,并在消除雨水所带来的影响后,才能重新施工。桥面铺装施工的环境温度应符合规范要求。

8.2.2 桥面处理

为了保证混凝土层与沥青铺装层的连接,在沥青混凝土铺装层施工之前,水泥混凝土桥面板应当采用抛丸处理,施工前水泥混凝土表面沾污的油脂必须清除干净(推荐用清洗剂进行清洗)。在桥面处理的整个过程中,水泥混凝土表面必须避免油脂重新沾污。

处理后的桥面要求均匀,不破坏原桥面结构和平整度。采用铺砂法测定桥面处理后粗糙度,规定粗糙度合格范围为 0.4 ~ 0.8mm,检测频率及检测要求如表 8.2-1 和表 8.2-2 所示。

粗糙度检测频率 表 8.2-1

施工路段长度 L	测量频率	施工路段长度 L	测量频率
$L \leqslant 30$m	每 5m	450m < $L \leqslant 1500$m	每 30m
30m < $L \leqslant 450$m	每 15m	$L > 1500$m	每 60m

注:每个断面检测两处。

各工序质量检验要求 表 8.2-2

序号	工序	检测项目	检测手段	合格标准	检测范围
1	表面清理	脱模剂、杂物等	目测	无可见杂物	全面
		油污	目测或洒水检测或粉笔测试法	彻底去除油污	全面
2	抛丸作业	浮浆及杂质	目测	无附着不牢的浮浆、杂质等	全面
		去除深度	目测	2 ~ 3mm	全面
		露骨率	目测	≥20%(视具体情况定)	全面
		粗糙度	铺砂法	0.4 ~ 0.8mm,表面均匀	全面

桥面处理应使混凝土表面露出新鲜的集料和混凝土层。处理后要保证任意指定的桥面处理区域至少都有三分之二以上的面积为新鲜茬面,因此要求抛丸处理后的表面有一定的露骨率,一般大于 20%。由于表面浮浆层厚度不均匀,实际施工过程中,如深度达 3mm 后,表面露骨率仍达不到 20% 的,为保证处理后的表面平整度,不可继续深入以免影响基体的整体质量。

桥面处理过程中严禁非施工车辆和机具通行,处理段前后 100m 要保证无其他交叉施工,因交叉作业造成处理后桥面二次污染的,需要重新对桥面进行处理。

抛丸之前根据处理表面不同区域的不同状况及浮浆层厚度,确定抛丸处理深度,按施工需要可根据抛丸速度、抛丸粒径、进行二次或多次处理等方式实现粗糙度要求,局部凹陷过大或浮浆过厚难以处理的部位,采用凿毛机或风镐等人工处理。抛丸处理后的表面应注意保护,避免二次污染。下一道工序施工前应对检验合格的混凝土表面进行吹灰。

遇下雨、结露等天气时,严禁进行桥面处理作业。

处理的桥面应干净、无油污、无灰尘、无暴牙、无杂物,不能有钢筋等尖锐突出物,以确保表面的整体平整度。处理后表面要基本干燥,含水率不大于15%,不得有积水。

防水卷材及橡胶沥青+防护板方案施工前,应对桥面含水率进行检测,检测频率及技术要求按各方案施工技术要求规定进行。

8.2.3 热沥青防水黏结层的施工

热沥青洒铺应在桥面处理后3~5天内进行,以免处理后的表面被再次污染。洒布前应对下承层进行认真的处理,保持干净、干燥。在施工期间,如遇下雨,应在下承层表面充分干燥的条件下洒铺。

热SBS改性沥青防水黏结层施工时,先将SBS改性沥青加热至185℃以上,采用专用的改性沥青洒布车,在经过处理、清洗、干燥以后的混凝土面上洒布一层不小于1.2L/m^2的SBS改性沥青作为黏结剂,然后在其上撒布一层粒径5~10mm单一尺寸经过3‰~5‰沥青预拌沥青碎石。撒布碎石为经过清洗干燥后的5~10mm基性硬质岩碎石。碎石撒布以后,使用胶轮压路机将碎石碾压稳定。

热沥青防水黏结层洒布应采用专用的,可有效控制洒布剂量的,具有加温、保温和搅拌功能的洒布设备。洒布设备在施工前应进行认真清理,将储油罐中的残油清除干净。在正式洒布前应进行试洒。严格清理有关的施工机械,特别是沥青洒布车和碎石撒布车的车轮,严禁将污染物带上施工断面。在洒铺过程中,洒布车应保持匀速行驶,稳定的转速,以保证洒铺的均匀。

预拌碎石撒布量一般为5~7m^3/km^2,具体撒布量经过试撒确定。撒布时需严格控制用量,单粒径碎石撒布要求均匀、无堆积,对撒布量偏高,局部碎石重叠的部分,由人工用旧扫帚进行散开处理。

SBS改性沥青防水黏结层施工过程中应按4.3.3节规定严格控制撒布量及撒布均匀性。

局部露白处应由人工刷涂方式用热沥青进行重洒并撒布碎石,之后用喷灯烘烤稳定。

大面积漏洒时应停止作业检查对洒布设备机械参数进行检测,正常后方可重新施工。

在沥青洒铺过程中应注重接头的施工处理,具体分为横向接头和纵向接头。在横向接头的位置,再次施工时既要与前次施工紧密的衔接,同时也要避免与前次施工断面重叠。因此,每次洒铺前应用油毛毡或铁皮等物将已洒铺的路段遮挡覆盖,避免再次洒铺时造成沥青的重叠。

防水黏结层施工时,应采用油毛毡等物对护栏等边缘构造物进行必要遮盖,防止洒布时造成污染。

8.2.4 沥青混合料拌、运输与摊铺设备

8.2.4.1 沥青拌和场

拌合场应在其设计、协调配合及操作方面，都能使生产的沥青混合料符合工地配合比设计要求。拌合场必须配备足够试验设备的试验室，能及时提供试验资料，并应将试验人员的资质及试验设备报请监理工程师批准。

拌和设备应是能按用量（以质量计）分批配料的间歇式拌和机，其产量应能满足工程施工需要，并装有温度检测系统及二次除尘设施。拌和设备的产量应和生产进度相匹配，在安装完成后应按批准的配合比进行试拌调试，直到符合要求，其偏差值应符合《公路沥青路面施工技术规范》（JTG F40—2004）表 11.4.4 的规定。

定期对纤维投放等设备的计量精度进行检测，连续生产过程中出现偏差时应停止生产，重新对其进行标定。

8.2.4.2 运输机械

运料设备应采用干净有金属底板的自卸车运送混合料，车槽内未装料前应保持洁净，不得沾有杂物。运输车辆应备有覆盖设备，车槽四角应密封坚固。

运料车每次使用前后必须清扫干净，在车厢板上涂一薄层防止沥青黏结的隔离剂或防黏剂，但不得有余液积聚在车厢底部，同时须备有严格保温措施。

8.2.4.3 摊铺机械

沥青混合料摊铺设备应为自动式的，安装有可调的活动熨平板或整平组件。熨平板在需要时可以加热，能按照规定的典型横断面和图纸所示的厚度在车道宽度内摊铺，摊铺机应由振动夯板或可调整振幅的振动熨平板的组合装置，夯板与振动熨平板的频率，应能各自独立调整。

摊铺沥青混合料时，摊铺机的摊铺速度应根据拌和机掺量、施工机械配套情况及摊铺层厚度、宽度确定。

摊铺机应配备熨平板自控装置，传感器可通过基准线自动发出信号来操纵熨平板，使摊铺机能铺筑出理想的纵横坡度和平整度。

8.2.4.4 压实机械

现场配备 11t 以上水平振荡压路机 2 台、高频振动压路机 1 台，7 ~ 11t 钢轮压路机 1 台，20t 胶轮压路机 1 台。如具备条件，26t 以上胶轮压路机建议配备 1 ~ 2 台。具备监理工程师认可的小型振动压（夯）实机具 1 台，以针对压路机不便压实的地方进行压实。

8.2.5 沥青混合料拌和及铺装层施工

8.2.5.1 沥青混合料拌和

沥青混合料拌和前，应对拌合站进行彻底检修与维护，以避免生产过程中发生事故，同时对所有计量设备进行检查。

严格控制沥青和集料的加热温度和沥青混合料的出厂温度。沥青混合料拌和温度及压

实温度宜在参考沥青供应厂家意见的基础上通过室内试验及试验段铺筑结果确定,最终确定混合料温度控制参数不得随意更改,如需修改,应遵循沥青供应商及设计方的意见,并经监理单位同意。

沥青混合料的拌和试件及加料次序按《公路沥青路面施工技术规范》(JTG F40—2004)和试验段施工确定,所有集料颗粒必须全部裹覆沥青结合料,并以沥青混合料拌和均匀为度。

混合料拌和要严格控制油石比及矿料级配,避免油石比不当而产生泛油和松散现象,以及矿质混合料中小于0.075mm颗粒偏低现象,如检测级配筛分抽提结果异常,应及时对原材料、热料仓筛分、计量进行全面检测,确定处理措施。

拌和机开拌后,定时取混合料试样做马歇尔试验和抽提筛分试验,检测沥青含量、矿料级配及沥青混合料的物理力学性质。

每天结束后,用拌合站打印的各档料数量,进行总量控制,以各仓用量及各仓筛分结果,在线检查矿料级配;计算平均施工级配和油石比,与设计结果进行校核;以每天摊量计算平均厚度,与路面设计厚度进行校核。

考虑到胶州湾大桥海上风大、环境温度低、混度散失快等因素,SMA-13及SMA-10沥青混合料出厂温度不应低于180℃,天气状况较差时,应按185±5℃温度控制,硬质沥青砂出厂温度按185±5℃温度控制。

8.2.5.2 沥青混合料运输

沥青混合料应采用载重10t以上的自卸车运输,运输车的数量及运量应较拌和能力和摊铺速度有所富余。不得因车辆和运量不足而耽误摊铺作业。运输车辆底盘及车轮应干净。

运输车应在混合料运输和卸料过程中用篷布覆盖,以资保温、防雨及避免环境污染,未及卸料前不得提前揭开等待。

已经离析、结成团块或在卸料时未完全卸完而滞留于车上的混合料,以及低于规定摊铺温度的混合料均应废弃在指定地点。

运至铺筑现场的混合料,应在当天或当班完成压实作业。

8.2.5.3 沥青混合料摊铺

防水黏结层经监理工程师检验合格方可摊铺沥青混合料。

采用两台摊铺机联合作业实施摊铺,前后两台摊铺机保持最近距离。前摊铺机过后,摊铺层纵向接缝上应呈斜坡,后面摊铺机应跨缝30~60cm摊铺。

沥青混合料底层宜采用挂线控制厚度(或用拖棒控制),表面层宜采用非接触式平衡梁装置控制摊铺厚度,摊铺前应根据摊铺混合料类型及厚度对两摊铺机熨平板、螺旋布料器参数进行统一标定,提前1h预热熨平板不低于100℃。

摊铺机应以缓慢、均匀的速度行驶,不间断地摊铺。其摊铺速度根据拌和能力、施工机械配套情况及摊铺厚度等确定,如无特殊情况,一般宜控制在1.5~3.0m/min范围内。

摊铺时,熨平板应采用中强夯等级,使铺面的初始压实度不小于85%。摊铺机熨平板必须拼接紧密,不得存有缝隙,防止缝隙内卡入粒料将铺面拉出条痕,摊铺过程中出现“拖料”现象应通过调整摊铺速度、熨平板参数、人工修理等措施进行处理,严禁采用柴油润滑剂。

混合料摊铺未压实前,施工人员不得进入踩踏。

沥青路面施工的最低气温应符合《公路沥青路面施工技术规范》(JTG F40—2004)相关规定,大风降温,不能保证迅速压实时不宜进行摊铺。摊铺遇雨时,应立即停止作业,并清除未压实成型的混合料,遭受雨淋的混合料应予废弃。

摊铺机行驶中尽可能避免在防水黏结层上转弯,禁止在所有铺装层上急转弯和调头。

8.2.5.4 沥青混合料压实

为保证改性沥青混合料的压实度,宜采用振动压路机碾压沥青混合料。由于施工环境温度较低等特殊原因,铺装下层须采用轮胎压路机碾压。

普通聚合物改性沥青混合料的施工参照现行《公路沥青路面施工技术规范》(JTG F40—2004)进行。当使用复合改性硬质沥青时,可根据现场环境温度适当提高施工温度,必要时可适量掺加降低改性沥青高温黏度的改性剂(如温拌剂)。

碾压遵循"紧跟、慢压、高频、低幅、少洒、高温"原则,初压用 3 台 11t 以上振动压路机紧跟摊铺机呈阶梯形开振碾压至少 2 ~ 3 遍,速度控制在 5km/h 以内,采用高频低幅的压实方法压路机频率应选定为 42Hz,振幅选在 2 ~ 3 档;复压采用胶轮压路机碾压至少 2 ~ 3 遍;终压采用 CC21 钢轮压路机碾压 1 遍,最终消除轮迹。

碾压过程中采用植物油水混合物对胶轮等进行润滑,严禁采用柴油润滑剂。

8.2.5.5 改性乳化沥青黏层施工

改性乳化沥青黏层洒布应由具备实践经验的施工队伍采用智能沥青洒布车进行施工。

改性乳化沥青黏层应在上铺装层混合料摊铺前一天施工,并保证洒布均匀,其技术要求、洒布量满足相关规范要求。

8.2.6 施工接缝处理

当纵向施工缝采用两台摊铺机成梯队联合摊铺时,纵向接缝应在前部已摊混合料部分留下 100 ~ 200mm 宽暂不碾压作为后高程基准面,并有 50 ~ 100mm 左右的摊铺重叠,以热接缝形式在最后做跨接缝碾压以消除缝迹。上中层纵缝应错开 150mm 以上。

横向施工缝全部采用平接缝,在摊铺段端部定出接缝位置后,用锯缝机切割。继续摊铺时应将接缝锯切时留下的灰浆清洗干净,干燥后涂上少量黏层沥青,然后摊铺机从接缝后起步摊铺。碾压时用钢筒式压路机进行横向压实,从先铺路面上跨缝逐渐移向新铺面层。

横向施工缝应远离桥梁伸缩缝 20m 以外,不得设在伸缩缝处,以确保伸缩缝两边路面表面的平顺。

8.3 桥面排水

8.3.1 横、纵坡排水

桥面铺装应根据混凝土箱梁顶板的横坡、纵坡和箱梁顶板厚度变化,进行连续地摊铺,以达到桥面排水的设计要求。

8.3.2 边缘防排水处理

铺装层与路缘结构结合部位应采用沥青类封缝料进行防水处理,防止雨水渗入铺装层内部。

8.3.3 泄水孔边缘、排水

泄水孔与盖子必须密合,且不得有裂缝、砂眼和其他影响强度及使用的缺陷。铺装前,泄水孔进水槽边缘设置沥青类封缝料。铺装施工(尤其是上层铺装施工)时,应采用平板夯实仪或其他设备对泄水孔周边的铺装层进行人工夯实处理。铺装后,泄水孔进水口应略低于桥铺装层,以保证桥面排水畅通。

8.3.4 伸缩缝前防、排水

伸缩缝的安装采用后装式,要求回填的沥青混凝土与原桥面沥青混凝土铺装衔接平顺,不影响主桥横、纵坡排水。

8.4 试验段施工

在桥面铺装各个工序施工前应实施试验段,包括桥面处理、防水黏结层洒布、沥青铺装层铺装等不同工序试验段。试验段铺装前,承包人应将试验段施工的施工方案报送监理工程师审批。

试验段的面积应根据试验目的而定,宜在直线段上,桥面处理试验段宜大于10m,防水层施工宜大于50m,沥青铺装层试验段宜大于200m。

桥面处理试验段包括下列内容:①确定桥面处理的机械数量和组合方式;②确定桥面处理的质量检测标准及标准样板的制备;③确定处理机械的作业效率。

防水黏结层试验段应包括以下内容:热沥青洒布温度及洒布量、预拌碎石的撒布工艺及撒布量等。

沥青混凝土铺装试验分为试拌和试铺阶段,应包括以下试验内容:

根据沥青路面各种施工机具匹配的原则,确定合理的施工机械及组合方式。

(1)对于碾压沥青混合料:通过试拌确定拌和机的上料速度、生产配比、拌和时间、拌和温度等工艺参数;通过试铺确定摊铺机的摊铺温度、摊铺速度、摊铺宽度、自动找平方式等操作工艺,压路机的压实顺序、碾压温度、碾压速度及遍数等压实工艺以及松铺系数、接缝方式等。

(2)按照沥青路面施工规范验证沥青混合料的配合比设计结果,提出生产用的矿料配合比和沥青用量。

(3)建立用钻孔法测定空隙率与碾压组合及碾压遍数的对应关系,确定生产用碾压组合及碾压遍数。

(4)确定沥青混合料产量、运距、作业段长度,制定施工进度计划。

(5)全面检查材料及施工质量。

(6)确定施工组织及管理体系。

(7)试验段质量检验

8.5 施工质量管理与检查验收

8.5.1 一般规定

桥面铺装施工应根据全面质量管理的要求,建立健全有效的质量保证及过程质量控制体系,对施工各阶段的质量进行检查、控制,达到所规定的质量标准,确保施工质量的稳定性。

桥面铺装施工除施工单位进行自检外,工程监理单位应按有关规定进行质量检查与控制,并由业主和质量监督部门认可的桥铺装设计研究单位配合质量检测机构对桥铺装质量进行监督检查和验收。

本补充技术要求未涉及部分按照《胶州湾大桥桥面铺装招标技术文件》及《公路沥青路面施工技术规范》(JTG F40—2004)的有关要求进行。

所有与桥铺装施工有关的原始记录,如试验检测、计算数据、声像资料等,均应如实保存。

8.5.2 施工前原材料的取样、检测、存放及设备的检查

施工前原材料质量检验的项目和检验频度及试验方法见表8.5-1。

施工前原材料质量检测的项目和频度　　表8.5-1

材　料	检测项目	检测频度	试验方法
粗集料	外观(石料品种、含泥量等)	每批	—
	针片状颗粒含量	每批	T0310—2005
	颗粒组成(筛分)	每批	T0302—205
	含水量	选料阶段	T0305—1994
	石料的破碎面积	每批	T0346—2000
	软石含量	每批	T0320—2000
	压碎值	选料阶段	T0316—2005
	磨光值	选料阶段	T0321—2005
	洛杉矶磨耗值	选料阶段	T0317—2005
	抗压强度	选料阶段	—
	吸水率	选料阶段	T0307—2005
	表观相对密度	选料阶段	T0304—2005
	坚固性	选料阶段	T0314—2000
	粗集料与沥青的黏附性	选料阶段	T0616

续上表

材　料	检 测 项 目	检 测 频 度	试 验 方 法
细集料	颗粒组成(筛分)	每批	T0327—2005
	砂当量	每批	T0334—2005
	含泥量	每批	T0335—1994
	含水量	选料阶段	T0332—2005
	吸水率	选料阶段	T0336—2005
	亚甲蓝值	选料阶段	T0349—2005
	表观相对密度	选料阶段	T0336—2005
	坚固性	选料阶段	T0340—2005
矿粉	粒料范围	每批	T0351—2000
	外观	每批	—
	≤0.075mm 含量	每批	T0351—2000
	含水量	每批	—
	表观相对密度	选料阶段	T0352—2000
	亲水系数	选料阶段	T0352—2000
	塑性指数	选料阶段	T0354—2000
石油沥青	针入度	每批	JTJ052—2000
	软化点	每批	
	延度	每批	
	含蜡量	选料阶段	
改性乳化沥青	蒸发残留物含量	每批	
	蒸发残留物针入度	每批	
	蒸发残留物软化点	每批	
	蒸发残留物延度	每批	
	贮存稳定性(CH5)	选料阶段	
	黏度 C_{525}(秒)	选料阶段	
	1.18mm 筛上剩余量(%)	选料阶段	
桥面防水专用橡胶沥青	锥形针入度	每批	
	60℃流动性	每批	
	软化点	每批	
	黏韧性	每批	
防护板	穿刺试验	每批	
	吸水率	每批	
	几何尺寸	每批	

各种材料都必须在施工前以“每批”为单位进行检查；“每批”指各种材料以统一料源、同一次购入并运至生产现场的相同规格材料；沥青材料“每批”指同一来源、同一次购入且储入同一沥青罐的同一规格的沥青，“选料阶段”指在进行设计配合比设计前，选择何种厂家提供的原材料阶段。

所有铺装用材料，在施工前应取样由具有甲级资质的试验检测机构进行检测，提出试验检查报告，证明被检材料与工程合同要求的符合性，试验结果应送交监理工程师审批，未经批准的材料不得使用，试验所需费用由施工单位承担。

生产过程中如需改变料源，应重新进行目标配合比设计并报监理工程师审批。在沥青混合料配合比报告未被批准之前，不得进行下一步工序。未经监理工程师认可，批准的沥青混合料配合比和原材料品种不得更改。

8.5.3 施工过程中的质量管理与检查

施工过程中应由专门的质量检查机构负责施工质量的检查与试验。

桥面铺筑过程，应随时对施工质量进行检验，其检查项目、检查方法、检查频率和质量要求应符合表8.5-2规定。其余指标根据需要按《公路沥青路面施工技术规范》(JTG F40—2004)表11.4.4、11.4.4.5规定进行抽样试验，其质量应符合规范相关技术要求。当发现有异常时，应追加检查。

桥面铺装用沥青混合料施工阶段质量检验要求 表8.5-2

检查项目		检查频度	质量要求或允许偏差	检验方法
外观		随时	无油斑、离析、轮迹	目测
接缝		随时	紧密、平整、顺直、无跳车	目测、三米直尺
施工温度		1次/车	符合本规范及试验路确认的要求	数显式温度计
矿料级配，与生产设计标准级配的差(%)	0.075mm	逐盘在线检测	±2	计算机采集数据计算
	≤2.36mm		±4	
	≥4.75mm		±5	
	0.075mm	逐机检查，每天汇总1次，取平均值评定	±1	按规定总量检验
	≤2.36mm		±2	
	≥4.75mm		±2	
	0.075mm	每台拌和机每天上，下午各1次	±2	拌和厂取样，用抽取后的矿粉筛分
	≤2.36mm		±3	
	≥4.75mm		±3	
沥青含量(油石比)，与生产设计的差(%)		逐盘在线检测	±0.3	计算机采集数据计算
		逐机检查，每天汇总1次，取平均值评定	±0.1	按规定总量检验
		每日每机上、下午各1次	-0.1，+0.2	拌和厂取样，离心法抽提

续上表

检 查 项 目		检 查 频 度	质量要求或允许偏差	检 验 方 法
马歇尔试验：稳定度、流值、密度、空隙率		每天拌和机2次/日	符合设计要求	拌和厂取样成型试验
车辙试验		必要时	不小于设计要求	拌和厂或现场取样成型送试验室试验
渗水试验		随时	不渗水	向路面倒水观察
		单幅10断面/km 每断面3点取平均值	宜不大于50ml/min(SMA) 不渗水(沥青砂)	渗水仪
压实度		单幅5点/km	马氏密度大于98(单点) 最大理论密度94~96.5	钻芯法
铺装层空隙率(%)			3.5~6(SMA) ≤4.0,极值不得大于4.5%(密水型沥青砂)	
平整度	σ(mm)	对每日铺筑的路段全线每车道连续测定，每100m计算IRI和σ	1.5	整车式颠簸累积仪或3m连续式平整度仪
	IRI(mm)		2.5	
表面层构造深度		1处/200m	TD≥0.6mm	铺砂法
厚度(mm)		每100测5处	+10,-5	对比检查桥面铺装前后标高
横坡(%)		每100m检查3个断面	±0.15	水准仪
排水体系检查		每个排水孔	排水孔数量，泄水孔进水口应略低于桥面铺装面层，泄水时不得冲刷墩、台和下穿道路	目测

注：①制作方式可采用拌和厂取样，装在保温桶快速送达试验室，立即制作，若温度稍有降低，试样可在烘箱中适当加热，但不得用电炉或明火加热；

②若试件不规准或与下层有黏连时，应对钻孔样的两端切割，然后用表干法测定；

③本表所列系施工阶段的质量检验标准，检测频率为单幅双车道，交工验收按国家相关标准执行；

④压实度要求除以上规定外，其要求余符合招标技术文件及《公路沥青路面施工技术规范》11.4.7规定。

施工过程中应对热SBS改性防水黏结层洒布量和洒布均匀性、预拌碎石的撒布量和撒布均匀性进行监测，检测采取双控方式同时进行，如表8.5-3所示。

施工前原材料质量检测的项目和频度 表8.5-3

检 测 项 目	检 测 频 度	试 验 方 法
现场洒布量抽样检测	断面/500m	
工作段平均洒布量	每工作段	$m_A = \sum m / \sum S$

注:①现场洒布量抽样检测指在现场洒布过程中,对洒布量和均匀性进行取样检测,检测时每断面取2处,工作段不足500m按500m计;

②m_A为工作段平均洒布量,$\sum m$为工作段洒布总量,$\sum S$为工作段洒布总面积。

施工压实度的检查以钻孔法为准,钻孔检测频率单幅双车道5个/km,采用随机取样的方法选定,取样位置尽可能选在标线处。芯样由监理、施工单位、业主单位共用,监理和施工单位分别进行相关试验。当所有钻孔试件检测的压实度持续稳定并符合要求时,钻孔频度可减少至每公里不少于2个孔。检测过程中,必须配合使用无核密度检测作为施工控制标准,当采用无核密度仪进行无损检查时,应预先通过以钻孔密度的标定关系进行换算,标定关系须经监理工程师批准,破损检测频率单幅双车道5个/km;

渗水系数检测每点3处取平均值,渗水系数合格率宜不小于95%,当合格率小于95%时,应加倍频率检测,如果检测结果仍小于95%,需对该段铺装层进行处理。

防水卷材试铺段铺设阶段应按其施工技术要求检测拉拔、剪切、抗剥离强度,检测频率符合相关施工技术要求,期间加强对搭接处等薄弱部位检测,连续生产检测持续稳定且满足要求时,经业主及监理单位同意批准,可以降低检测频率控制。

应检查铺装边缘排水体系的设置效果及安装的顺直状况,应检查盲沟设置的畅通程度、灌缝的均匀性及饱和程度。

施工单位的质量检查结果应及时反馈并整理成表。当发现异常时,应停止施工,分析原因并找出影响因素,采取具体措施加以解决,经监理单位同意后方可复工。

桥面铺装方式的每一道工序和重要部位应拍摄照片和进行录像,并作为实态记录保存。

第 9 章

桥面铺装施工质量检测与过程控制

9.1 胶州湾大桥现场施工

2010 年 10 月 ~2011 年 6 月，胶州湾大桥进行实体施工，施工期间按照施工技术要求对其中的关键工序进行了控制。

9.1.1 抛丸处理

见图 9.1-1 和图 9.1-2。

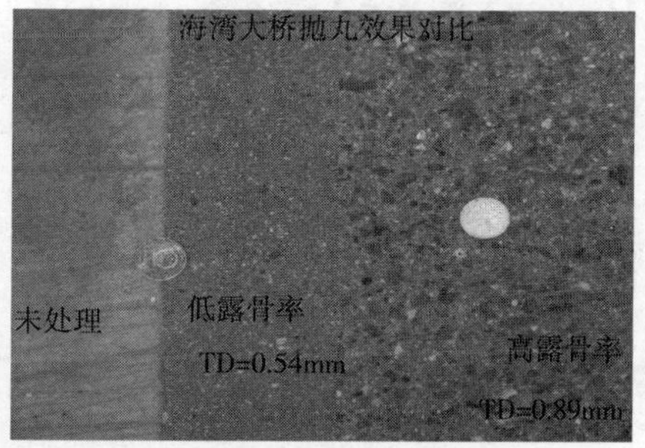

图 9.1-1 现场桥面抛丸处理及效果对比

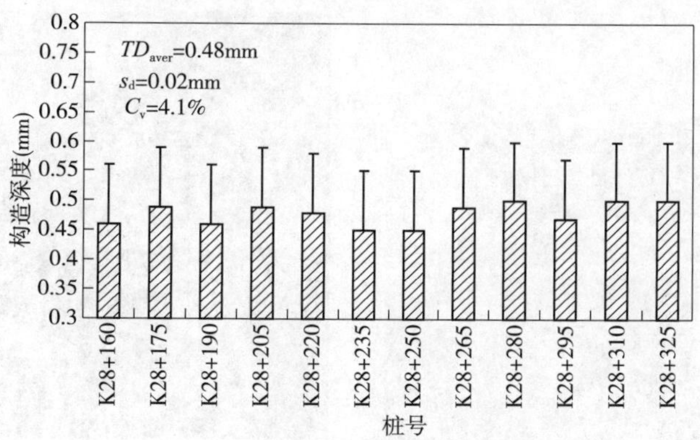

图 9.1-2 现场抛丸构造深度处理效果

9.1.2 热沥青同步碎石封层洒布

见图9.1-3。

图9.1-3 热沥青碎石封层施工

9.1.3 现场施工控制

见图9.1-4~图9.1-8。

图9.1-4 运输车辆上桥前清洗轮胎

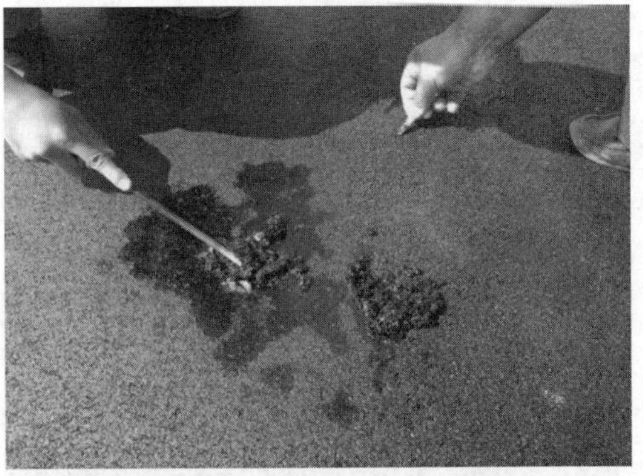

图9.1-5 违规使用柴油润滑剂造成沥青混合料溶解

图9.1-6 密水型硬质沥青砂沥青混合料连续摊铺

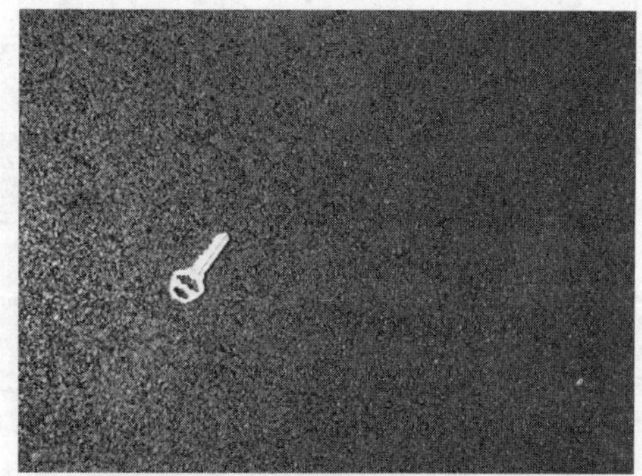

图9.1-7　密水型硬质沥青砂压实

图9.1-8　SMA沥青混合料施工

9.1.4　现场铺筑效果

见图9.1-9～图9.1-11。

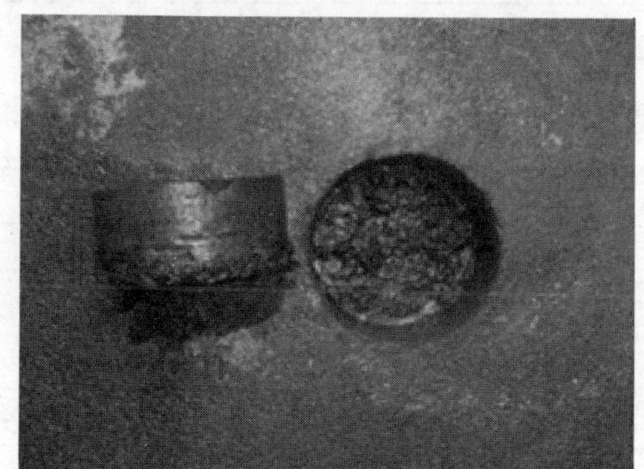

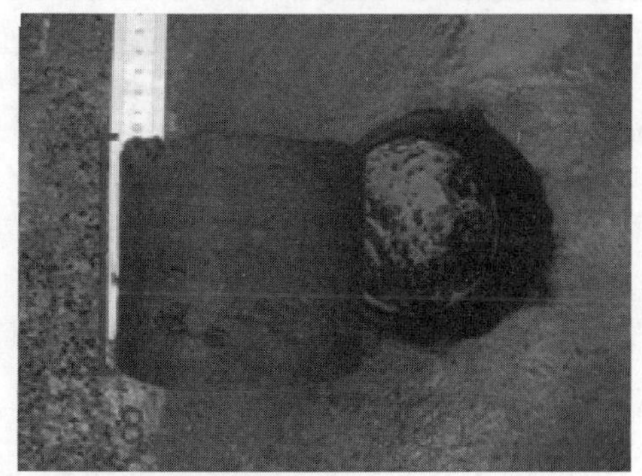

图9.1-9　施工后的密水型硬质沥青砂表面及取芯结果

图 9.1-10　雨后胶州湾大桥密水型硬质沥青砂多功能层表面

图 9.1-11　排水盲沟设置

9.2　胶州湾大桥桥面铺装施工质量控制及总量检验

胶州湾大桥桥面沥青混凝土铺装现场施工质量控制主要包括如下工作:(1)施工过程质量控制:沥青混合料生产沥青用量验证、生产级配验证和室内测试马氏密度等相关技术指标控制;(2)工后路面常规技术指标检测:路面渗水系数测定、路面平整度测定以及现场钻芯空隙率及压实度的验证等性能指标验证。

9.2.1　沥青混合料过程质量控制及总量检验

胶州湾大桥桥面沥青混合料铺装过程施工质量控制主要包括硬质沥青砂混合料、SMA-13 沥青混合料以及 SMA-10 沥青混合料的生产和施工的过程质量控制即动态质量管理(表 9.2-1)。

拌合站试拌混合料允许偏差　　表 9.2-1

混合料组成性质	允许偏差极限		
	逐盘监测	抽提筛分	总量检验
沥青胶结料用量(P_b)	±0.30%	±0.30%	±0.15%
≥4.75mm	±7%(5%)	±6%(4%)	±3%
≤2.36mm	±6%(4%)	±5%(3%)	±2%
0.075mm	±2.5%(2%)	±2%(2%)	±1%
空隙率(V_a)	满足规范		
矿料间隙率(VMA)	满足规范		

注:括号中数字为 SMA 要求。

为了描述整个生产过程全周期内的生产波动情况，还采取了总量检验的方式对各试验参数及结果进行统计分析，计算全过程各指标的平均值$\overline{X}$、标准差S、变异系数C_V、其计算公式如下：

$$\overline{X}=\frac{X_1+X_2+\cdots+X_N}{N}$$

$$S=\sqrt{\frac{(X_1-\overline{X})^2+(X_2-\overline{X})^2+\cdots+(X_N-\overline{X})^2}{N-1}}$$

$$C_V=\frac{S}{\overline{X}}$$

式中：$\overline{X}$——全过程生产周期的平均值；

S——全过程生产周期内测定值的标准差；

C_V——全过程生产周期内测定值的变异系数；

$X_1,X_2,\cdots,X_N$——全过程生产周期内的测定值；

N——全过程生产周期内总的测量数，其自由度为$N-1$。

9.2.2 密水型硬质沥青砂混合料施工

9.2.2.1 级配动态分析—关键筛孔通过率

沥青混合料级配对沥青混合料的路用性能的影响甚为重要，级配的好坏决定了混合料骨架性能的好坏，级配自身的变异会造成矿料骨架结构的变化，而这种变化会造成混合料结构和强度的变化。混合料级配变异会影响路面的强度、耐久性等，级配分析是以关键筛孔的通过率的变化情况为主，分析各级筛孔在生产过程中的波动程度。

由图9.2-1可以看出，0.075mm通过率变化在规范容许范围内，3天均值变化满足指控上下限要求，对全过程生产周期内0.075mm通过率进行总量检验，其中：$\overline{X}=9.5\%$；$S=0.77\%$；$C_V=0.08$。

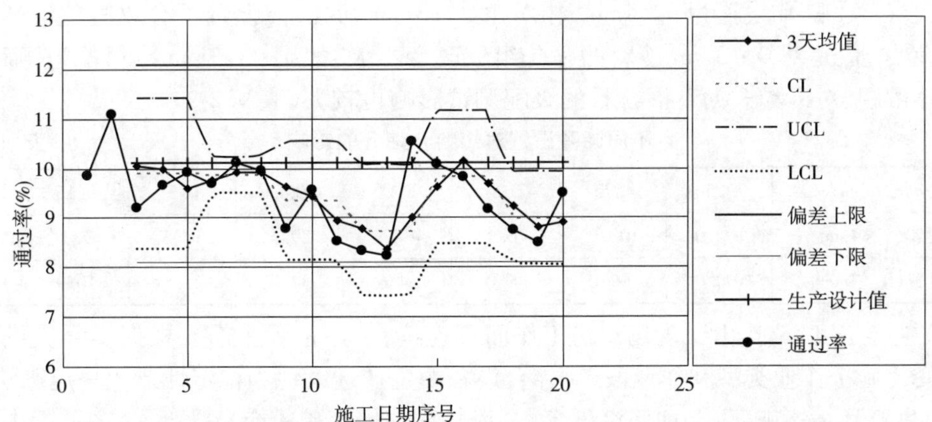

图9.2-1　硬质沥青砂混合料施工0.075mm筛孔通过率动态质量管理图

由图9.2-2可以看出，除9月14日试验结果低于规范容许下限外，2.36mm通过率变化在规范容许范围内，3天均值变化满足指控上下限要求，对全过程生产周期内0.075mm通过率进行总量检验，其中：$\overline{X}=70.0\%$；$S=1.88\%$；$C_V=0.03$；

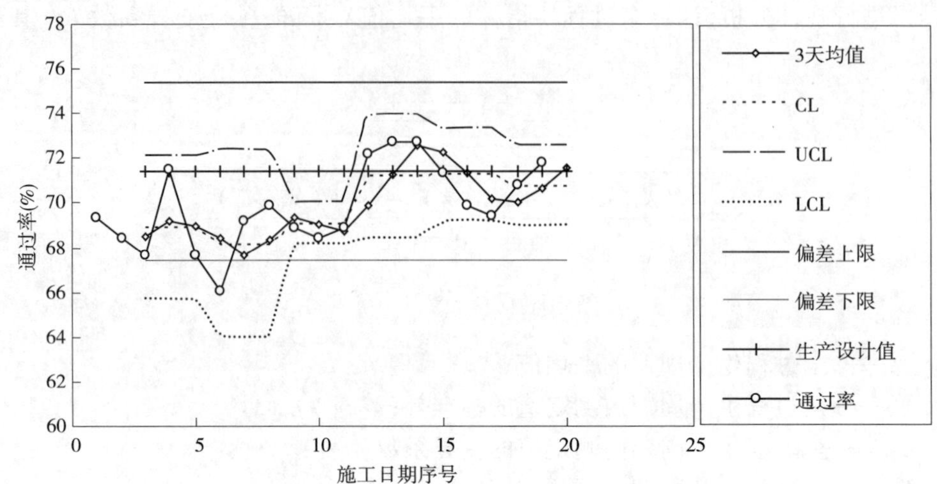

图9.2-2　硬质沥青砂混合料施工2.36mm筛孔通过率动态质量管理图

由关键筛孔通过率波动分析可以看出，在规范容许的范围之内，关键筛孔的通过率仍存在一定波动性，由变异系数来看，0.075mm通过率波动稍大，2.36mm通过率个别点存在低于规范容许下限的情况(当日作业段长度720m)，分析原因如下：

(1)料源原因：矿粉在沥青混合料中起填充的作用，它能促进混合料之间的机体结合，减少混合料空隙，增加混合料的密实度，由于生产工艺、生产成本的差异，不同厂家生产的矿粉细度不同，该指标将直接影响沥青胶浆的性质，进而影响沥青混合料的强度和使用性能，考虑到材料供应和施工成本等因素，施工单位存在多家供料的现象，施工单位为了降低生产成本，矿粉进场过程中不排除钻原材料检测空子，实行“以粗充细”的现象。

(2)生产参数设置：现场采用DG-4000型拌和站，该拌和站为新建设备，安装调试不久即进行了沥青砂的生产，在运转磨合的最初阶段对计量的精确性和稳定性有一定影响，拌和站最细一层筛子筛孔设置为3×4mm，相对于3×3mm筛孔，该设置可有效避免生产过程中“堵筛”问题，但是对0~3mm冷料的筛分组成改变不大，如果0~3mm冷料偏粗，筛分处的热料整体偏粗，对砂粒式沥青混合料的级配调试影响也较大(表9.2-2)。

不同筛孔设置对热料仓筛分的影响　　表9.2-2

筛孔尺寸(mm)	9.5	4.75	2.36	1.18	0.6	0.3	0.15	0.075
筛孔设置(3×4mm)	100.0	100.0	76.1	49.4	29.1	14.5	7.1	3.4
筛孔设置(3×3mm)	100.0	100.0	85.8	54.6	34.2	21.6	10.9	2.1

(3)生产进度安排：由于现场交付工作面不连续，生产过程中需要根据实际提供的工作面频繁变化施工作业类型和作业段，对拌合设备的生产连续性和稳定性造成一定影响。

(4)生产环境影响：青岛地区潮湿多雨，粉料罐中储存矿粉容易受潮，生产过程中容易出现较长时间“等料”现象，极易影响最终计量的稳定性。

(5)试验过程中取样及试验误差原因，此因素导致误差在施工过程中不可避免，但可以通过对试验人员进行技术培训提高试验精确度，降低误判率。

9.2.2.2 沥青含量动态分析

沥青含量对混合料的路用性能有着重要影响，最佳的沥青含量状态是在矿料中足以形成薄膜并充分黏结在矿料表面，具有最优的黏结能力。沥青含量只要偏离最佳状态都会降低混合料的性能。沥青含量对混合料的强度、耐久性以及水稳定性等有着重要的影响。沥青用量不足，使得沥青膜变薄，黏结力降低，老化速度加快，将会降低混合料的疲劳性能、耐久性和水稳定性，容易出现早期损坏。

沥青含量过多，游离沥青过多，对矿料起到了润滑的作用，矿料的内摩擦角会降低，从而降低了沥青混合料的强度。并且在夏季高温天气下易引起泛油等病害。因此，在混合料生产拌和过程中要对沥青含量进行严格计量，保证沥青含量处于最佳状态。

由图9.2-3可以看出，除9月1日及9月2日(作业段长度分别为410m、340m)试验结果低于规范容许下限外，其余抽提所得沥青含量指标波动在规范容许范围内，3天均值变化满足指控上下限要求，对全过程生产周期内沥青含量进行总量检验，其中：$\overline{X}=7.4\%$；$S=0.12\%$；$C_V=0.02$。

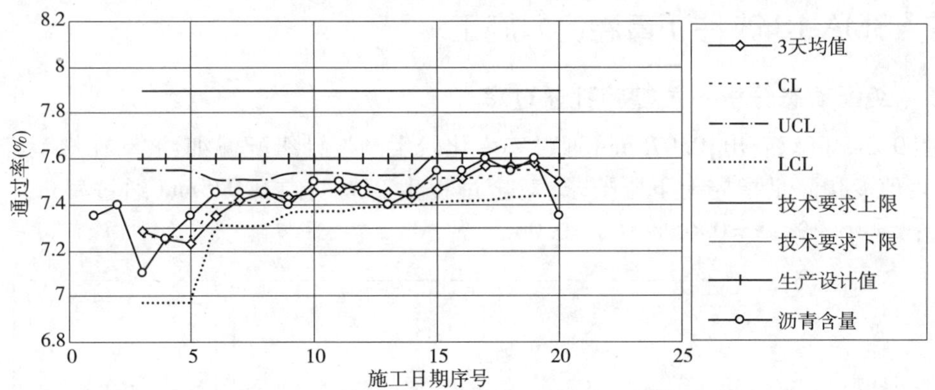

图9.2-3　硬质沥青砂混合料施工沥青用量动态质量管理图

为了综合衡量沥青含量变化的同时，玛蹄脂变化对沥青混合料性能的影响，引入了粉油比$=DP/P_b$概念进行统计分析，其中P_b为沥青含量，由图9.2-4可以看出，受0.075mm通过率波动的影响，粉油比呈现出类似的变化，对全过程生产周期内粉油比进行总量检验，其中：$\overline{X}=1.3$；$S=0.11$；$C_V=0.08$。

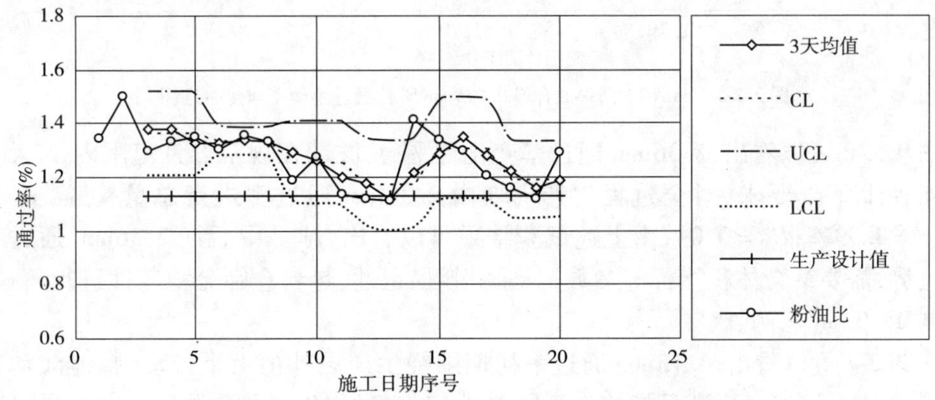

图9.2-4　硬质沥青砂混合料施工粉油比动态质量管理图

沥青用量波动原因分析：

(1)拌和站运转初期各机械参数匹配性欠缺，影响复合改性硬质沥青的计量稳定性，该拌和站为新建4000型拌和设备，因施工工期及进度安排原因，安装后不久即投入使用，从施工人员至各计量参数的协调运作存在磨合期。

(2)硬质沥青砂采用复合改性硬质沥青，同等温度条件下黏度较SBS改性沥青增大，对计量精确性有影响。

(3)硬质沥青砂沥青含量偏高，细集料用量大，采用回流式抽提试验时，三氯乙烯冲刷黏度大，极易因抽提不足造成部分沥青黏附于细集料表面，造成沥青含量偏低，从现场抽提结果来看，该因素是造成沥青含量波动的主要因素。

(4)沥青用量的初期的波动主要与施工初期试验段的调试有关，试验段调试阶段为保证高胶结料沥青混合料在低气温条件下的施工可操作性，分别采用了7.4%、7.5%沥青，也是导致初期部分沥青含量偏低的一个因素，由粉油比波动情况来看，0.075mm的通过率变异仍是导致粉油比变化较大的主导因素，现场仍需加强对矿粉料源的控制。

9.2.3 SMA-13改性沥青混合料施工

9.2.3.1 级配动态分析—关键筛孔通过率

由图9.2-5可以看出，0.075mm通过率变化较生产设计级配偏细，波动在规范容许范围内，3天均值变化满足指控上下限要求，对全过程生产周期内0.075mm通过率进行总量检验，其中：$\overline{X}=10.2\%$；$S=0.65\%$；$C_V=0.06$。

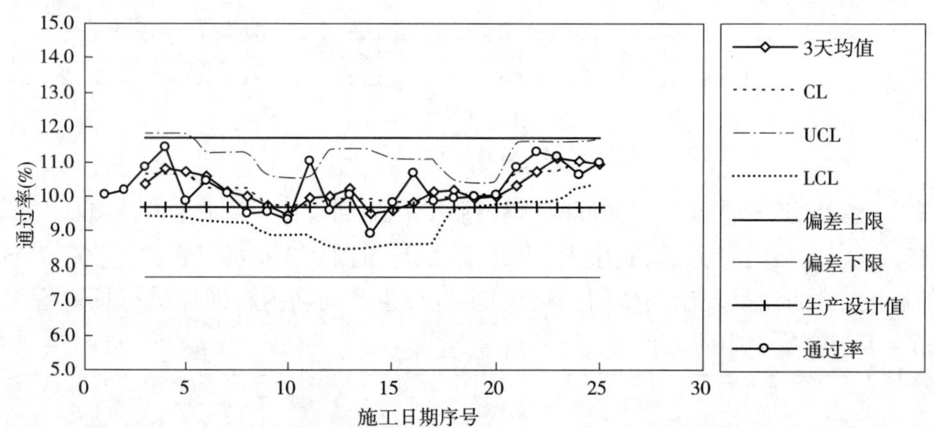

图9.2-5 SMA-13沥青混合料0.075mm筛孔通过率动态质量管理图

由图9.2-6可以看出，2.36mm通过率变化较平稳，波动在规范容许范围内，3天均值变化满足指控上下限要求，对全过程生产周期内2.36mm通过率进行总量检验，其中：$\overline{X}=23.0\%$；$S=0.99\%$；$C_V=0.04$，由上述试验结果可以看出，施工中后期2.36mm通过率有逐渐增大趋势，需要结合体积指标等参数，对原材料稳定性、热料仓筛分稳定性进行复核调校，适当控制0～3mm比例。

由图9.2-7可以看出，4.75mm通过率初期围绕生产设计值上下波动，整体波动在规范容许范围内，3天均值变化满足指控上下限要求，对全过程生产周期内4.75mm通过率进行总量检验，其中：$\overline{X}=26.9\%$；$S=1.57\%$；$C_V=0.06$，由上述试验结果可以看出，施工中后期4.75mm通过率有逐渐增大趋势，变异系数稍高于2.36mm通过率，需要结合体积指标等参数，对原材料稳定性、热料仓筛分稳定性进行复核调校，需要在后期生产中控制5~10mm规格。

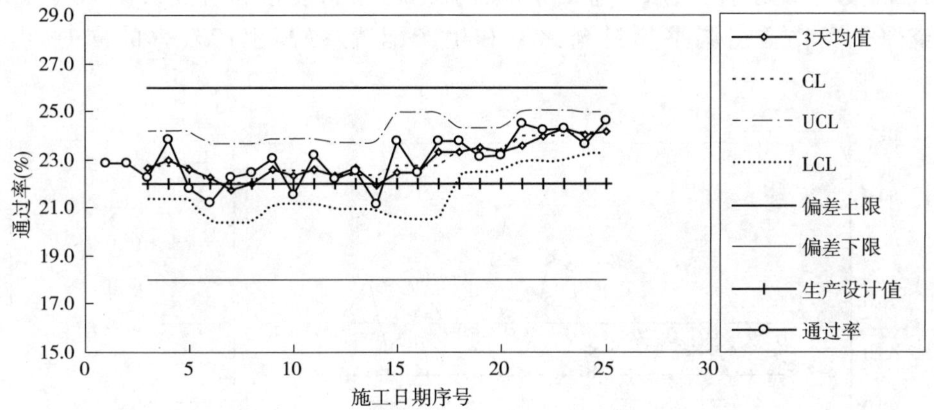

图9.2-6　SMA-13沥青混合料2.36mm筛孔通过率动态质量管理图

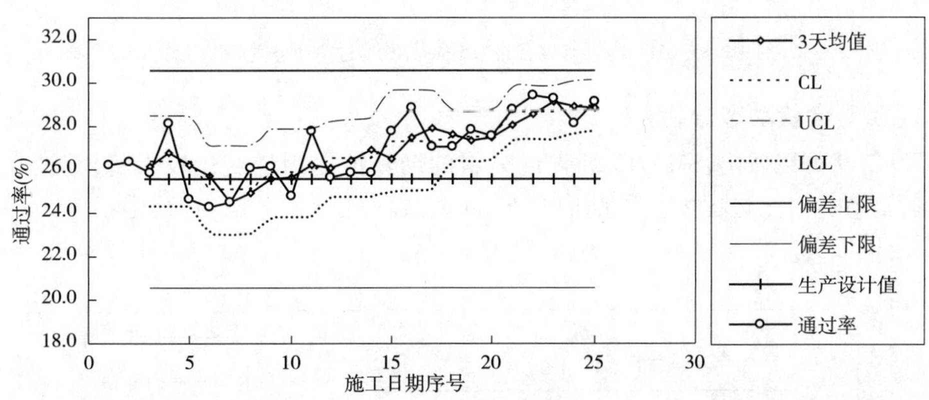

图9.2-7　SMA-13沥青混合料4.75mm筛孔通过率动态质量管理图

由图9.2-8可以看出，9.5mm通过率基本较试验段偏细，主要原因为减少施工期间离析，在保证体积指标的前提下，适当减少了10~15mm集料的比例，3天均值变化满足指控上下限要求，对全过程生产周期内9.5mm通过率进行总量检验，其中：$\overline{X}=66.9\%$；$S=3.1\%$；$C_V=0.05$。

总体看来，SMA-13沥青混合料关键筛孔变化较为平稳，局部波动较明显主要由以下原因造成：

（1）矿粉料源及计量问题仍然是造成0.075mm通过率波动的主导因素；

（2）原材料波动影响筛分结果，造成某些关键筛孔波动过大；

（3）试验段铺设阶段，热料仓规格筛筛分较充分，9.5mm通过率偏低，试验段检测结果满足施工规范及技术指南要求，但混合料整体偏粗，施工过程中如摊铺机械参数及施工工艺控制不好容易产生离析,稳定生产阶段,为了减少现场离析,提高了 9.5mm 筛孔通过率,5~10mm 及 0~3mm 档料比例相应增加,由现场检测结果来看,效果明显,该措施也使得 2.36mm、4.75mm 通过率有持续偏高趋势,该因素也与连续生产过程中,筛分效率和质量下降(如筛分过快致不充分或筛孔堵塞等因素),各档热料尤其是 0~3×3mm、3×4~5×5mm 档料逐渐变细有关,后续生产中应加强对原材料规格和合成级配的检测频率,结合现场空隙率变化适当调整热料仓比例和生产配置,提高生产效率的同时,保证筛分效果。

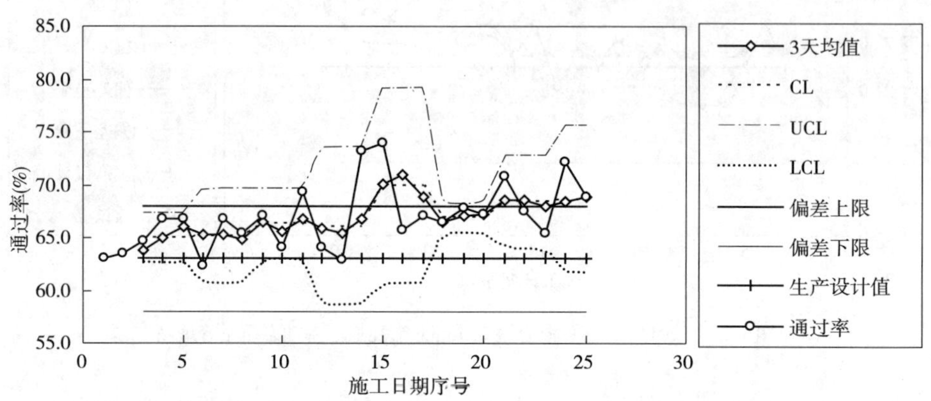

图 9.2-8　SMA-13 沥青混合料 9.5mm 筛孔通过率动态质量管理图

9.2.3.2　沥青含量动态分析

由图 9.2-9 可以看出,SMA-13 沥青混合料的沥青抽提用量变化较平稳,其波动变化在规范容许范围内,对全过程生产周期内 9.5mm 通过率进行总量检验,其中:$\overline{X}=66.9\%$;$S=3.1\%$;$C_V=0.05$。

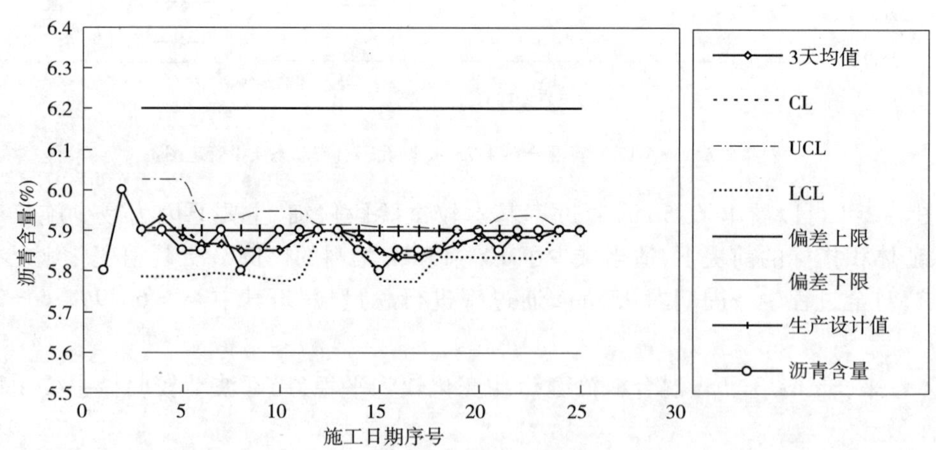

图 9.2-9　SMA-13 沥青混合料沥青用量动态质量管理图

沥青用量波动原因分析:

SMA-13 沥青含量波动较平稳,其波动变化因素主要与取样误差和试验误差有关。

9.2.3.3 纤维用量动态分析

由于SMA沥青混合料适用了较多的矿粉和胶结料含量，生产过程中拌合难度大，极易产生胶泥成团现象，采用纤维素便成为SMA沥青混合料设计的必备成分，加入木纤维后可起到如下作用：

(1)加筋作用。在SMA混合里料中掺加木质纤维，纤维在混合料中以一种三维的分散相存在，可起到加筋作用。

(2)分散作用：如果没有纤维，用量颇大的沥青矿粉可能成为胶团，不能均匀地分散在集料之间，铺筑在路面上将清楚地看到"油斑"存在，纤维可以使胶团分散。

(3)吸附及吸收沥青的作用：在SMA混合料中加入纤维稳定剂的作用在于充分吸附(表面)及吸附(内部)沥青，从而使沥青用量增加，沥青油膜变厚，提高混合料的耐久性。

(4)稳定作用：纤维使沥青膜处于比较稳定的状态，尤其是在夏天高温季节，沥青受热膨胀时，沥青内部空隙还将成为一种缓冲的余地，不致成为自由沥青而泛油，对高温稳定性也有好处。

(5)增黏作用：纤维将增沥青与矿料的黏附性，通过油膜的黏结，提高集料之间的黏结力。

由图9.2-10可以看出，SMA-13沥青混合料的纤维含量初期波动较大，后期逐渐稳定在值期望值附近，目前对木质素纤维的变动范围要求未有明确规定，对全过程生产周期内的纤维含量进行总量检验，其中：$\overline{X}=0.37\%$；$S=0.14\%$；$C_V=0.36$。

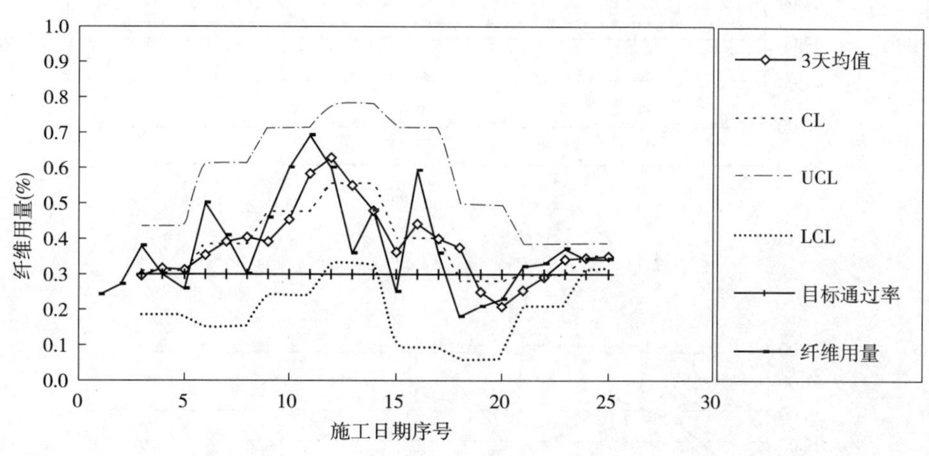

图9.2-10 SMA-13沥青混合料纤维用量动态质量管理图

纤维用量波动原因分析：

纤维用量的波动是SMA-13沥青混合料整体质量监控过程中变异最大的环节，相关资料表明，木质素纤维的加入可以发挥稳定剂的作用，对提高混合料的高温稳定性有利，如果木质素纤维加入量过多，容易造成吸油量过大，混合料发涩，对拌合的均匀性和压实效果有一定负面影响，从现场监控过程来看，主要与纤维输送机械的参数、现场作业环境、木质素纤维自身技术指标三个因素有关：

(1)纤维输送设备:纤维输送设备工作流程主要是:成包的纤维装入纤维添加设备的料斗后,首先被螺旋升送器打散,然后利用风力将松散的纤维送到拌和机的小料斗上,纤维计量量与风力发送时间有关,使用之前需结合混合料拌合量对纤维投送量进行反复校准,使用过程中拌和站采用的纤维输送设备存在计量稳定性问题,后更换设备进行校准计量,故抽提结果显示存在反复,青岛7~9月份天气潮湿,纤维存放期间有一定结团现象,影响纤维的正常计量。

(2)拌合效果影响:加入纤维后干拌时间不足,也会导致拌合效果不匀,影响后期实检效果,该问题在生产初期出现,为解决此类问题,生产过程中对拌合锅机械、干拌时间做了严格规定和控制,实际生产表明有明显改善。

9.2.4 SMA-10 沥青混合料施工

2010年SMA-10沥青混合料实际工程量相对较少,未做重点统计,仅对逐日生产试验结果进行统计。

9.2.4.1 级配动态分析—关键筛孔通过率

见图9.2-11~图9.2-14和表9.2-3。

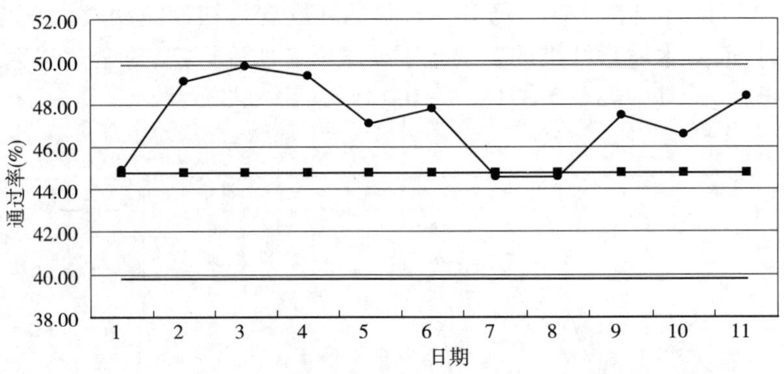

图9.2-11 SMA-10沥青混合料4.75mm通过率变化

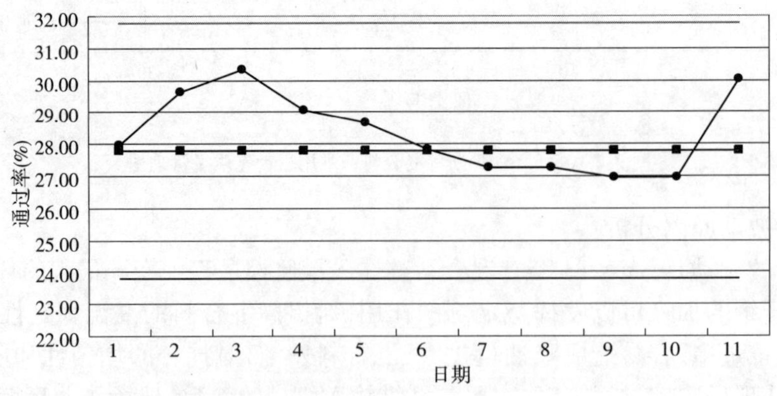

图9.2-12 SMA-10沥青混合料2.36mm通过率变化

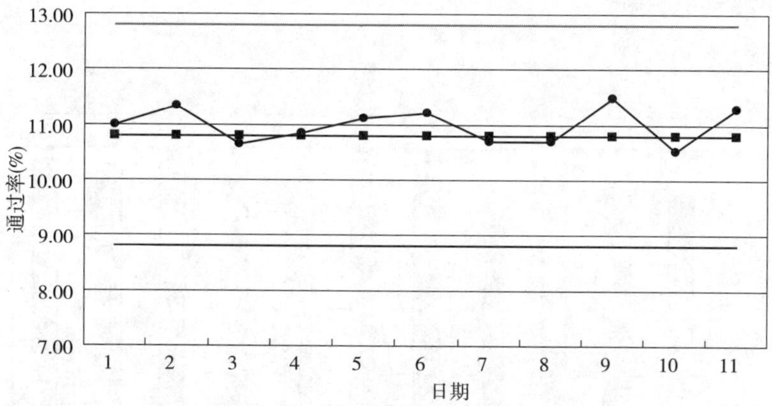

图 9.2-13　SMA-10 沥青混合料 0.075mm 通过率变化

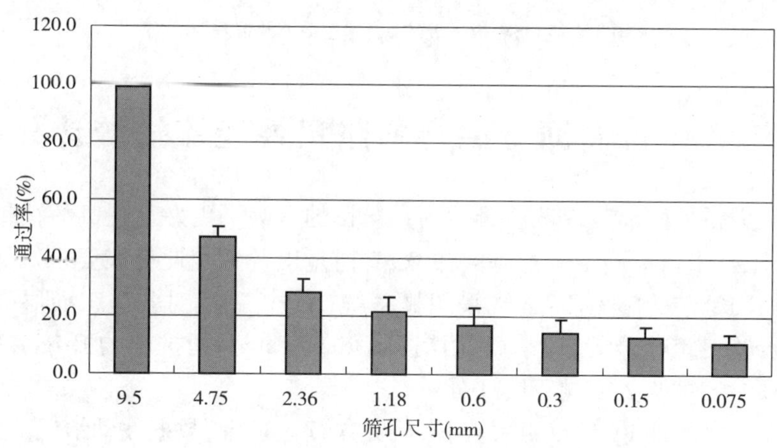

图 9.2-14　SMA-10 沥青混合料各筛孔通过率及变异情况

SMA-10 沥青混合料各筛孔通过率及变异情况　　表 9.2-3

筛 孔 尺 寸	通过率均值(%)	通过率标准差(%)	变异系数 C_v
13.2	100.0	0.0	0.0
9.5	98.8	0.3	0.00
4.75	47.2	1.8	0.04
2.36	28.4	1.2	0.04
1.18	21.3	1.2	0.06
0.6	17.0	1.0	0.06
0.3	14.1	0.7	0.05
0.15	12.8	0.5	0.04
0.075	11.0	0.3	0.03

9.2.4.2 空隙率动态分析

见图 9.2-15。

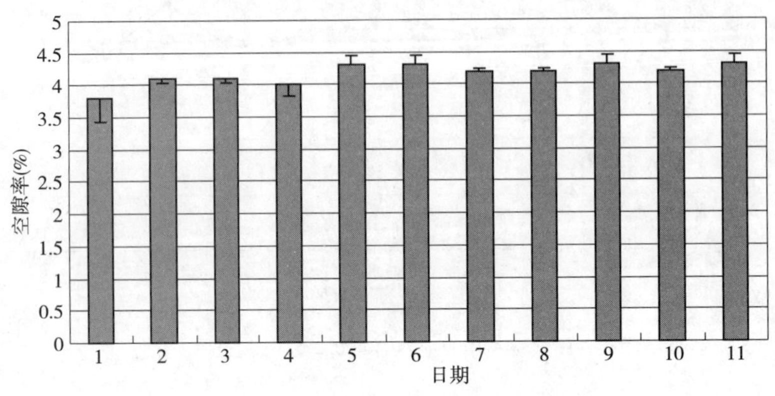

图 9.2-15 SMA-10 沥青混合料空隙率及偏差情况

9.3 胶州湾大桥桥面沥青混合料路用性能监控统计分析

施行胶州湾大桥桥面铺装现场质量控制直接目的是为了更好地提高桥面铺装的路用性能,确保各项施工技术指标满足现行海域环境、交通量以及重交通荷载要求。为了更好地检验胶州湾大桥桥面铺装的施工质量,现采用概率统计分析手段对各施工面层的工后常规路用性能指标进行监控统计分析。本节利用美国 Origin Lab 公司推出的 Origin 7.5 数据统计分析软件对各项检测试验数据进行统计分析。

质量控制图(QC,Quality Control)是用来研究连续过程中,数据波动情况的。绘制 QC 图时,Origin 将数据分割成若干子集,利用每个子集的平均值、值域制图,在生产过程中,如果数据点落在总体的上、下控制线内,则说明生产过程处于正常状态。当各批次样本均值均匀分布在中线两侧且未超过上下控制线时,各批次的质量处于受控状态。各批次样本均值分布在中线两侧但若干点超过上下控制线时,质量已经失控,称为稳态失控。各批次样本均值分布在中线一侧且部分超过上或下控制线时,质量非稳态失控(图 9.3-1)。

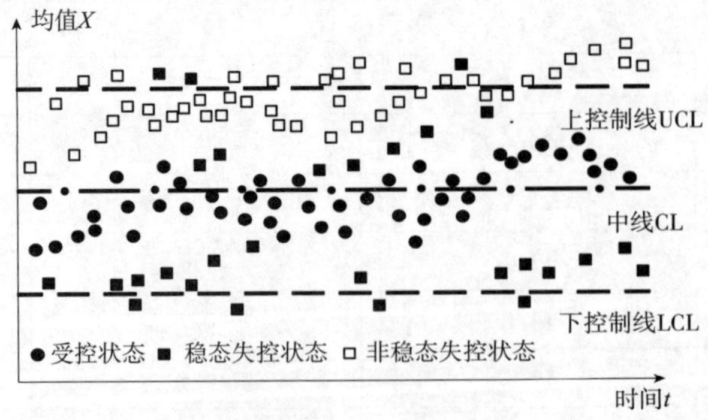

图 9.3-1 过程控制状态示范图

9.3.1 硬质沥青砂工后性能监控统计

9.3.1.1 现场压实度监控统计

由图9.3-2可以看出，平整度控制处于受控状态，统计结果如表9.3-1所示。

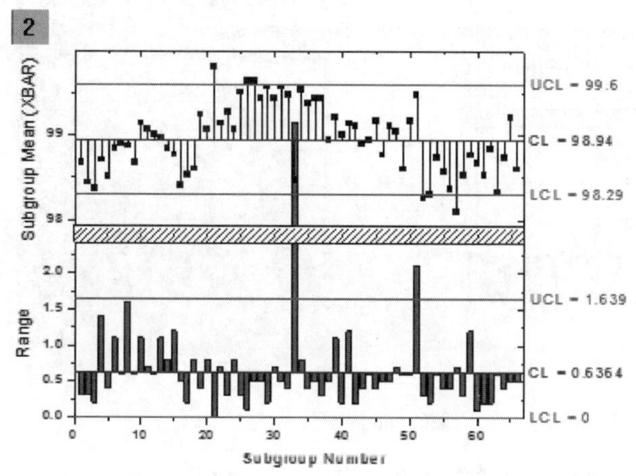

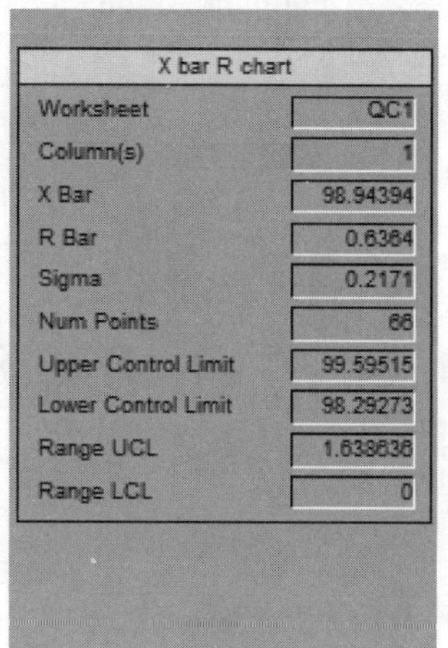

图9.3-2 压实度统计结果

压实度统计结果 表9.3-1

均值(%)	标准差(%)	变异系数
99.0	0.51	0.01

9.3.1.2 现场平整度监控统计(图9.3-3和表9.3-2)

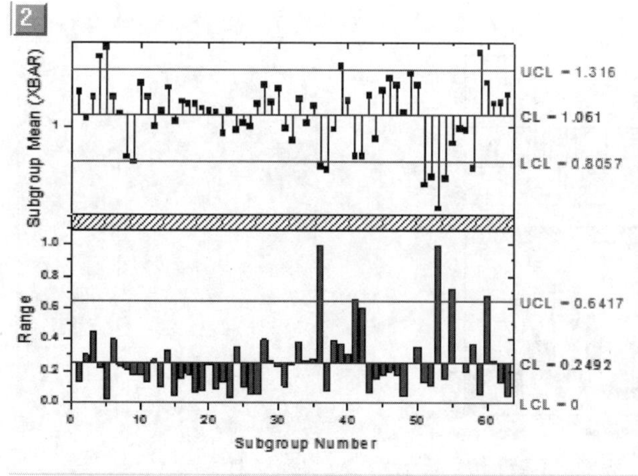

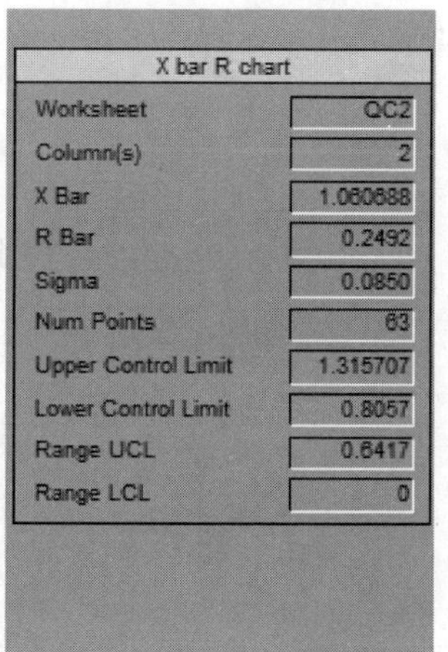

图9.3-3 平整度统计结果

平整度统计结果 表9.3-2

均 值	标 准 差	变 异 系 数
1.06	0.23	0.22

9.3.1.3 现场渗水系数监控统计(图 9.3-4 和表 9.3-3)

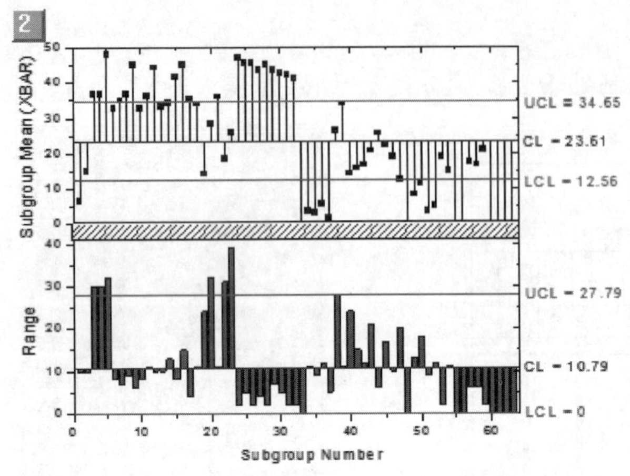

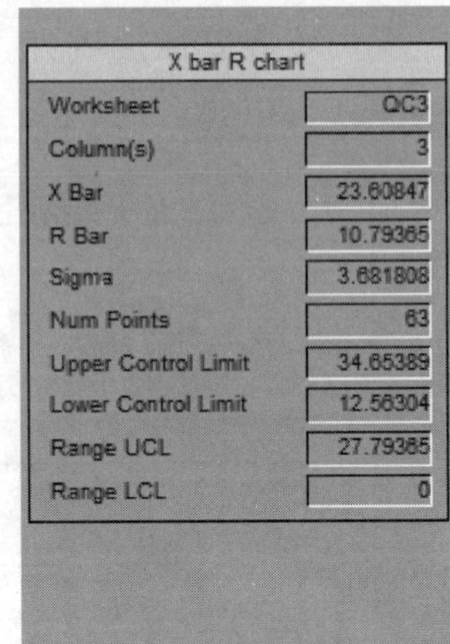

图 9.3-4 现场渗水试验结果(3min 渗水量)

现场渗水试验结果 表 9.3-3

均 值	标 准 差	变 异 系 数
23.61	17.13	0.73

9.3.2 SMA-13 工后性能监控统计

9.3.2.1 现场压实度监控统计(图 9.3-5 和表 9.3-4)

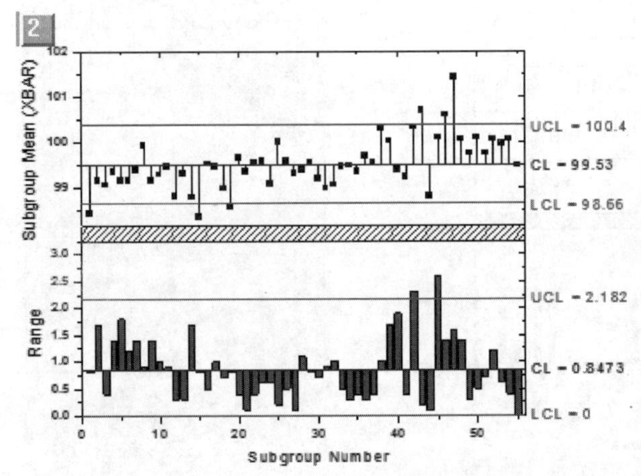

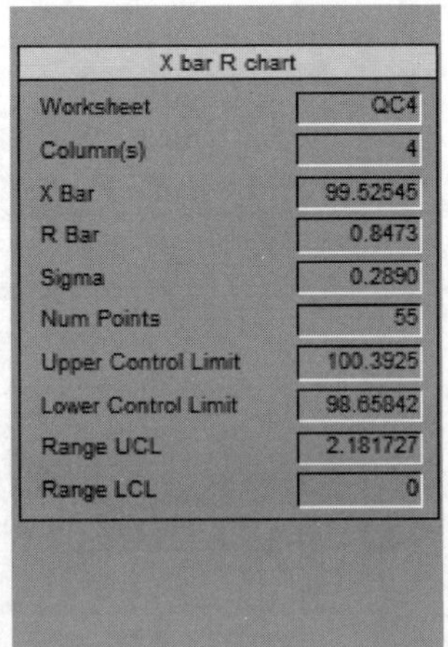

图 9.3-5 现场压实度统计结果

现场压实度统计结果 表 9.3-4

平 均 值	标 准 差	变 异 系 数
99.52	0.71	0.01

9.3.2.2 现场平整度监控统计(图9.3-6和表9.3-5)

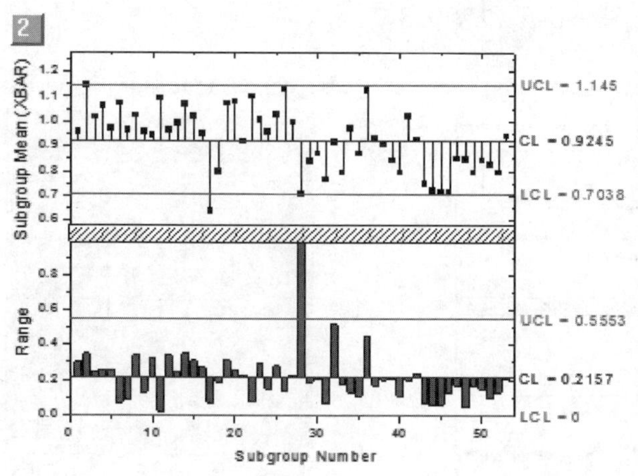

X bar R chart	
Worksheet	QC5
Column(s)	5
X Bar	0.9245
R Bar	0.2157
Sigma	0.0736
Num Points	53
Upper Control Limit	1.145219
Lower Control Limit	0.7038
Range UCL	0.5553
Range LCL	0

图9.3-6 现场压实度统计结果

现场平整度统计结果　表9.3-5

均　值	标 准 差	变 异 系 数
0.92	0.17	0.18

9.3.2.3 现场渗水系数监控统计(图9.3-7和表9.3-6)

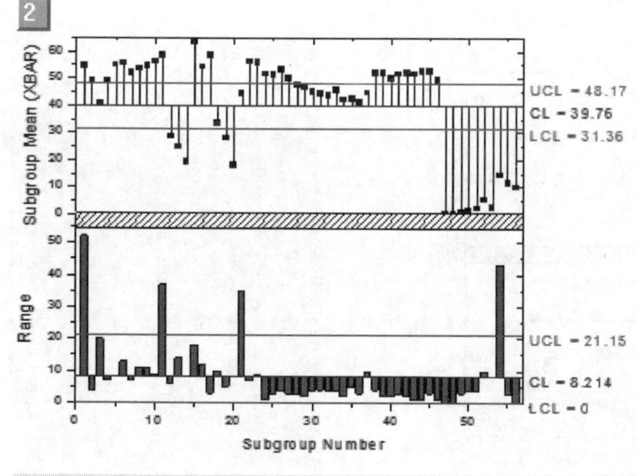

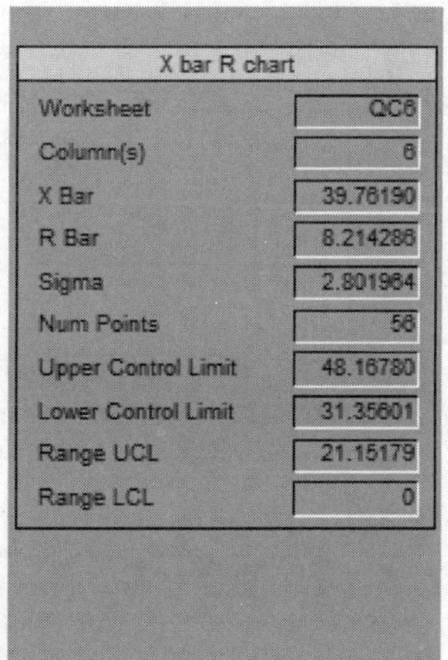

图9.3-7 现场渗水试验结果(3min 渗水量)

现场渗水试验结果(3min 渗水量)　表9.3-6

均　值	标 准 差	变 异 系 数
40.12	19.56	0.49

9.3.3 SMA-10 工后性能监控统计

9.3.3.1 现场压实度监控统计(图 9.3-8 和表 9.3-7)

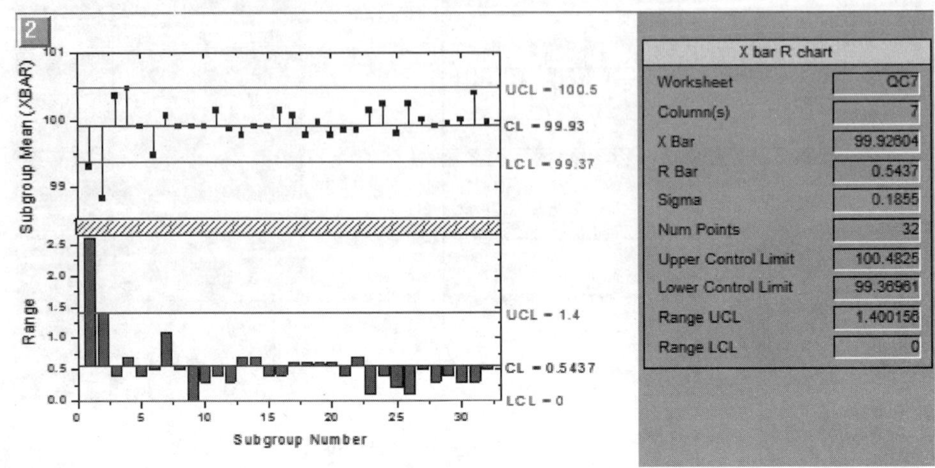

图 9.3-8 现场压实度统计结果

现场压实度统计结果 表 9.3-7

均 值	标 准 差	变 异 系 数
99.93	0.43	0.00

9.3.3.2 现场平整度监控统计(图 9.3-9 和表 9.3-8)

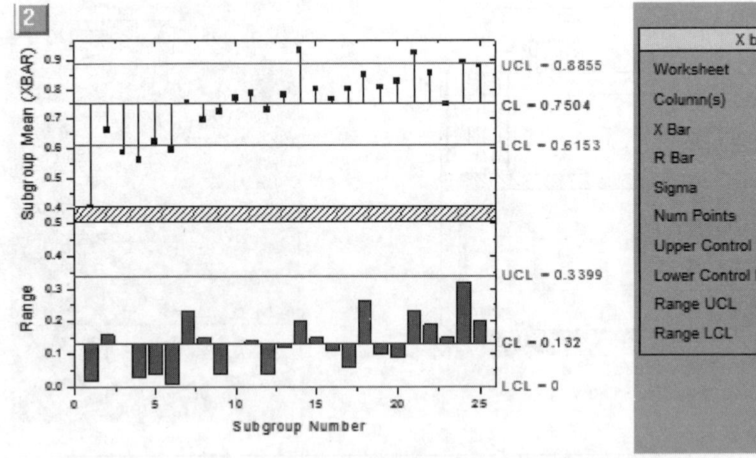

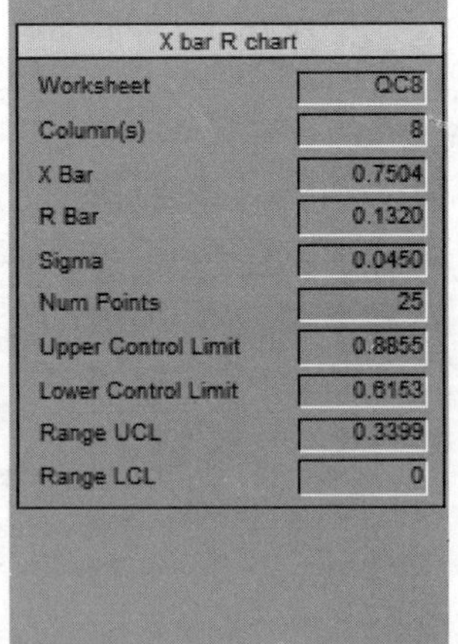

图 9.3-9 现场平整度统计结果

现场平整度统计结果 表 9.3-8

均 值	标 准 差	变 异 系 数
0.75	0.14	0.19

9.3.3.3 现场渗水系数监控统计(图 9.3-10 和表 9.3-9)

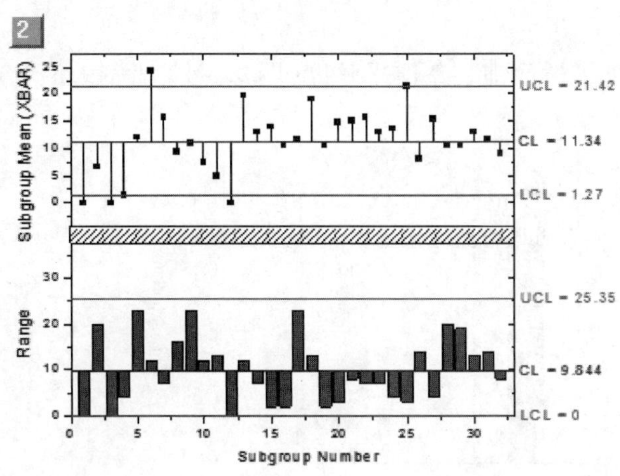

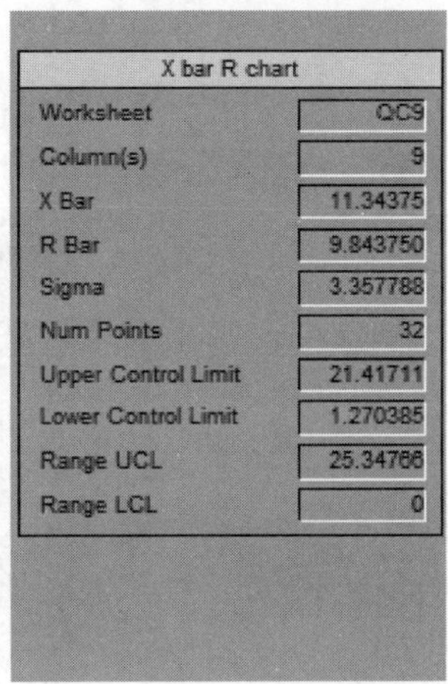

图 9.3-10 现场渗水试验结果(3min 渗水量)

现场渗水试验结果(3min 渗水量) 表 9.3-9

均　值	标 准 差	变 异 系 数
11.37	7.86	0.69

9.3.3.4 现场构造深度监控统计(图 9.3-11 和表 9.3-10)

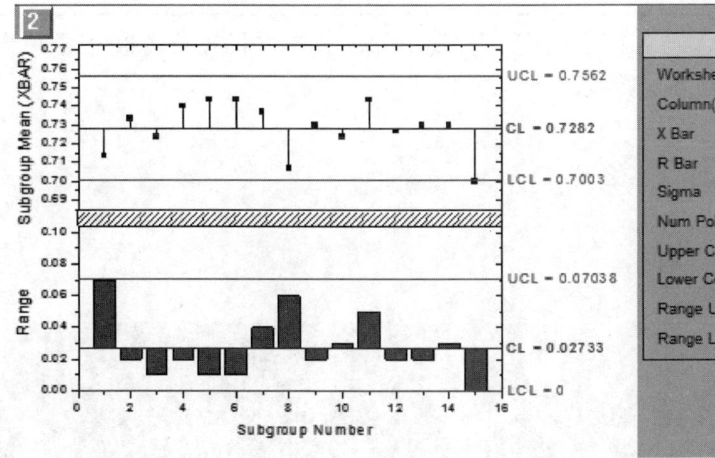

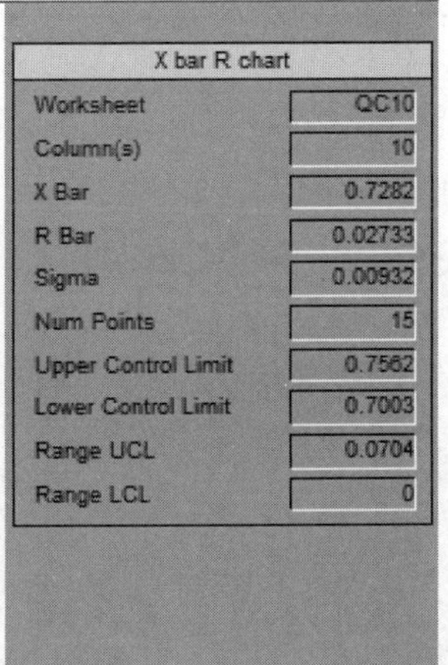

图 9.3-11 现场构造深度测试结果

现场构造深度测试结果 表 9.3-10

均　值	标 准 差	变 异 系 数
0.73	0.02	0.03

9.3.4 施工质量控制总结

由以上统计分析结果来看：

(1)多功能层的采用极好的改善了桥面铺装整体平整度(图9.3-12和表9.3-11)。

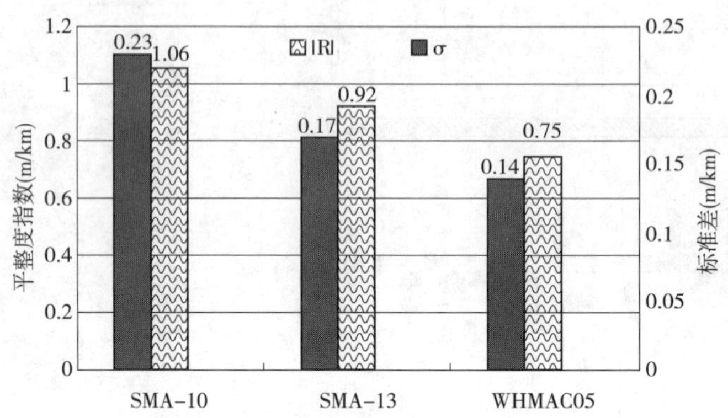

图9.3-12 各层施工对平整度改善

各层施工对平整度以此改善结果分析 表9.3-11

层 位	结 构 层	IRI(m/km)	标准差(m/km)	变 异 系 数
磨耗层	SMA-10	0.75	0.14	0.19
承重层	SMA-13	0.92	0.17	0.18
多功能层	密水型硬质沥青砂	1.06	0.23	0.22

(2)各层渗水系数均达到了施工控制要求，提出的铺装层材料及结构组合适应了北方寒冷冰冻海域气候特点和施工环境要求。

9.4 桥面铺装实施掠影

见图9.4-1~图9.4-5。

图 9.4-1

图 9.4-2

图 9.4-3

图 9.4-4

图 9.4-5

参 考 文 献

[1]潘鹏,李全旺,周怡斌,等.某公路大桥车辆荷载调查与局部疲劳分析[J].土木工程学报,2011,44(5)

[2] 童乐为,沈祖炎,陈忠延.城市道路桥梁的疲劳荷载谱[J].土木工程学报,1997,30(5):20-27

[3] American Association of State Highway and Transportation of Officials. LRFD bridge design specifications[S]. Third Edition. Washington DC:AASHTO,2004

[4] American Association of State Highway and Transportation of Officials. Guide specifications for fatigue evaluation of existing steel bridges [S]. Washington DC:AASHTO,1990

[5] BS5400 Steel,concrete and composite bridges[S]. London:British Standard Institute,2000

[6] American Association of State Highway and Transportation of Officials. Guide manual for condition evaluation and load and resistance factor rating(LRFR) of highway bridges [S]. Washington DC:AASHTO,2002

[7] Wang T L,Liu C H,Huang D Z,et al. Truck loading and fatigue damage analysis for girder bridges based on weight-in-motion data [J]. Journal of Bridge Engineering,2005,10(1):12-20

[8] Byung H O,Young L,Young C C. Realistic assessment for safety and service life of reinforced concrete decks in girder bridges [J]. Journal of Bridge Engineering,2007,12(4):410-418

[9] Xiao Z G,Yamada K,Ya S,et al. Stress analyses and fatigue evaluation of rib-to-deck joints in steel orthotropic decks[J]. International Journal of Fatigue,2008,30(8):1387-1397

[10] Pan P,Zhou Y B,He F,et al. A case study of fatigue cracks in orthotropic steel bridge decks [C]. Proceedings of the Nineteenth International Offshore and Polar Engineering Conference. Osaka,Japan,2009

[11] Walbridge S S,Nussbaumer A. A probabilistic study of the fatigue behavior of improved tubular bridge joints [C]. Proceedings of the 3rd IABMAS Workshop on Life-Cycle Cost Analysis and Design of Civil Infrastructure Systems,2002:194-206

[12] Keating P B,Fisher J W. Evaluation of fatigue tests and design criteria on welded details [R]. Washington DC:Transportation Research Board,1986

[13] 何德云,熊欣,郑智能.水泥混凝土板与沥青混凝土面层间界面剪切疲劳特性研究[J].重庆科技学院学报(自然科学版),2011,12(3)

[14] 高英,黄晓明,许涛.水泥混凝土桥梁沥青混凝土铺装层的疲劳性能[J].交通运输工程学报,2006,6(1):43-47

[15] 李忠林.水泥砼桥面铺装结构与层间界面力学特性研究[D].重庆:重庆交通大学,2009

[16] 朱宏伟,项琴.桥面铺装层间界面剪切性能的影响因素分析[J].石家庄铁道学院学报(自然科学版),2009,22(4):83-85

[17] 徐鸥明,韩森,于静涛.层间界面对混凝土桥面铺装结构性能的影响[J].长安大学学报(自然科学版),2009,29(5):72-75

[18] 钱振东,罗剑,敬淼淼. 沥青混凝土钢桥面铺装方案受力分析[J]. 中国公路学报,2005,18(2):61-65

[19] M. Diakhaté, A. Millien, C. Petit, Phelipot-Mardelé and B. Pouteau. Experimental investigation of tack coat fatigue performance:Towards an improved lifetime assessment of pavement structure interfaces[J] . Construction and Building Materials(2010)11, DOI:10. 1016 /j. conbuildmat. 2010,6:64

[20] 杨大田,杨锐. 沥青混凝土路面结构层界面力学特性研究现状[J] . 大连交通大学学报(自然科学版),2010,5

[21] Jim St. Marin, John T. Harvey, Fenella long, Eul-Bum Lee, Carl L. Monismith, Kevin Herritt. Long-life Rehabilitation Design and Construction:I-710 Freeway, long Beach, Califonia. TRB Circular No. 503:Perpetual Bituminous Pavements, December 2001

[22] 张安哥,朱成九,陈梦成. 疲劳、断裂与损伤(第一版)[M]. 西南交通大学出版社,2006

[23] 张娟. 水泥混凝土桥面防水黏结层剪切疲劳性能研究[J]. 中外公路,2012,32(1)

[24] 重庆交通科学研究所,等. 桥面铺装材料与技术研究[R],2005

[25] Inbanathan MJ, Wieland M. Bridge vibrations due to vehicle moving over rough surface. J Struct Eng 1987;113(9).

[26] Sedlacek G, Drosner, St. Dynamik bei brucken, Baustatik Baupraxis, University at Hannover, Germany; 1990.

[27] Wang TL, Huang D. Cable-stayed bridge vibrations due to road surface roughness. ASCE J Struct Eng1992;118(5):54-74.

[28] Chompooming K, Yener M. The influence of roadway surface irregularities and vehicle deceleration on bridge dynamics using the method of lines. J Sound Vib 1995;183(4):567-89.

[29] Yang YB, Liao SS, Lin BH. Impact formulas for vehicles moving over simple and continuous beams. J Struct Eng 1995;121(11):1644-50.

[30] Yang YB, Lin BH. Vehicle-bridge interaction analysis by dynamic condensation method. J Struct Eng 1995;121(11):1636-43.

[31] Henchi K, Farfad M, Dhatt G, Talbot M. Dynamic behaviour of multi-span beams under moving loads. J Sound Vib 1997;199(1):33-50.

[32] Huang D, Wang TL. Vibration of highway steel bridges with longitudinal grades. Comput Struct 1998;69:235-45.

[33] Da Silva JGS. Dynamical actions on highway bridge decks due to an irregular pavement surface. In:IMPLAST 2000, The 7th International Symposium on Structural Failure and Plasticity, Australia, 2000;1:103-8.

[34] AASHTO. Standard specifications for transportation materials and methods of sampling and testing[S]. American Association of States Highway and Transportation Officials 1986.

[35] Zhang QL, Vrouwenvelder A, Wardenier J. Dynamic amplification factor and EUDL of bridges under random traffic flows. Eng Struct 2001;23:663-672.

[36] Fryba L. Vibration of solids and structures under moving loads. 2nd ed. American Society of

Civil Engineers(Thomas Telford,Ltd.),ISBN:0-7277-2741-9;1999.

[37] Braun H. Untersuchungen von Fahrbahnunebenheiten und Anwendungen der Ergebnisse. Dissertation,Von der Fakultat four Maschinenbau und Elektrotechnik der Technischen University at Carolo-Wilhelmina zu Braunschweig;1969.

[38] Dodds CJ,Robson JD. The description of road surface roughness. J Sound Vib 1973;31(2):175-183.

[39] Calc_ada R,Cunha A. Stochastic modelling of the dynamic behaviour of bridges under traffic loads. In:IV WCCM,Fourth World Congress on Computational Mechanics,Argentina; 1998.

[40] 郝增恒,阳 君,李林波. 大跨径钢桥铺装组合结构疲劳性能研究[J]. 公路交通科技,2010,27(3)

[41] 李智,钱振东 典型钢桥面铺装结构的病害分类分析[J]. 交通运输工程与信息学报,2006,4(2):1130-1141.

[42] ABDOALLA A M1,FARHAN A M1 Effect of the Nonhomogenity on the Composite Infinite Cylinder of Orthotropic Material [J]1 Physics Letters A,2007(29):215- 231

[43] CUNINGHAME J R,BEALES C1 Fatigue Crack Locations in Orthotropic Steel Decks [J] 1 IABSE Periodical,1990,6(4):1331- 1461

[44] BECKER W,HANSEL W,OEIIM M1 Buckling Analysis of Nonorthotropic Laminates by Means of BO spline Functions [J]1 Technische Mechanik,2000,21:31- 401

[45] 李莹,黄侨,孙永明. 焊接钢桥腹板出平面变形疲劳问题的有限元分析[J] 公路交通科技,2008,25(1):778- 781

[46] 郝增恒,张肖宁. 盛兴跃. 高弹改性沥青在大跨径钢桥面铺装中的应用研究[J]. 公路交通科技,2009,26(4):276-281

[47] 谢军,郭忠印. 沥青混合料疲劳响应模型试验研究[J]. 公路交通科技,2007,24(5):21-25

[48] 张婧娜,谭忆秋,张肖宁. 应用能量原理预测沥青混合料的疲劳破坏[J]. 中国公路学报,1998,11(4):11-17

[49] 李洪涛,黄卫. 润扬大桥钢桥面铺装实桥试验研究[J]. 公路交通科技,2005,22(4):76-78

[50] 张成全. SBS 改性沥青及 Bonifiber 纤维对混合料性能影响的试验比较分析[J]. 公路交通科技,2008,25(6):11-14

[51] 李宇峙,吴国平,邵腊庚. 环氧沥青混凝土材料在钢桥面铺装中的应用[J]. 中南公路工程,2005,30(3):168-170

[52] 张恒. 考虑黏结状况及防水层影响的桥面铺装层有限元层间受力分析[J]. 贵州工业大学学报(自然科学版),2007,36(4)

[53] 唐雪松,郑健龙,蒋持平. 连续损伤理论与应用[M]. 北京:人民交通出版社,2006

[54] 王虎,胡长顺,王秉纲. 混凝土桥面混凝土铺装结构设计和施工技术[R]. 西安公路交通大学,1999,(10):14-20,23-29

[55] 丁庆军,王发洲,黄绍龙,等. 桥面铺装层材料设计[J]. 武汉理工大学学报,2002,24

(4):55-58

[56] 杨军,潘友强,邓学钧.桥面铺装浇注式沥青混凝土性能[J].交通运输工程学报,2007,7(1):49-53

[57] 王选仓,王朝辉,张燕萍.复合式路面层间处治技术研究与发展[J].筑路机械与施工机械化,2008,25(2):9-12

[58] Hiltunen, D. R., James, J. R., Roque, R., and Bush, A. J., Prediction of Airfield Pavement Response Employing Nondestructive Testing Procedures and Elastic Layered Theory. Proceedings, 7th International Conference on Asphalt Pavements, the International Society of Asphalt Pavements, Nottingham, England, Vol. 3, 1992

[59] 裴建中.桥面柔性防水材料技术性能研究[D].西安:长安大学,2001.

[60] QIAN Zhen-dong, HUANG Wei. Effects of parameters of asphalt concrete surfacing on mechanical property of paving layer[J]. Journal of Southeast University (English Edition), 2003, 19(3):79-82

[61] 东南大学交通学院.南京长江第三大桥钢桥面铺装试验研究报告[R].南京:东南大学,2005

[62] 吴少鹏,曹庭维,等.基于三点弯曲试验的 ATB-25 弯拉特性的研究[J].公路交通科技,2008,25(10):13-16

[63] 张华.跨海大桥混凝土桥桥面铺装技术综述[J].公路,2009(8):144-148

[64] Priest, A. L. "Methodology and Calibration of Fatigue Transfer Functions for Mechanistic-Empirical Flexible Pavement Design," NCAT Report 06-03, National Center for Asphalt Technology, Auburn University, 2006.

[65] 徐勤武,函玉亘司,王虎.混凝土桥面复合式铺装层受力分析和设计[J].长安大学学报(自然科学版),2007,27(7):28-32

[66] 陈仕周,倪小军.桥面铺装与路面温度差异研究[J].中国公路学报,2005,18(2):56-59

[67] Shell SPDM3.0 User Manual, Shell International Oil Products B. V., May 1998

[68] 胡长顺,王秉纲.复合式路面设计原理与施工技术[M].北京:人民交通出版社,2000

[69] 张肖宁,李智,徐伟.混凝土桥面铺装黏结层体系力学性能试验研究[J].哈尔滨建筑大学学报,2002,35(4):126-130

[70] 谢水友,郑传超,轮胎接触压力对沥青路面结构的影响[J].长安大学学报:自然科学版,204,24(1):1-21

[71] 武贤慧,李德超.沥青混合料渗透性及流体流动规律分析[J].中外公路,2005,25(2):131-136

[72] E. Zube. Compaction Studies of Asphalt Concrete Pavements as Related to the Water Permeability Test. Highway Research Board, Bulletin 358, 1962

[73] E. R. Brown, R. Collins and J. A. Brown field. Investigation of Segregation of Asphalt Mixtures in the State of Georgia. Transportation Research Board, 1217, 1989

[74] B. Choubane, G. Page, and J. Musselman Investigation of Water Permeability of Co arse Graded Superpave Pavements. Journal of the Association of Asphalt Paving Technologists, v01_

67, pp. 254-276, 1998

[75] J. Ko ~ eny. Ueber Kapillare Leitung des Wassers im Boden. wien, Akad. wisS. 。136(2A), 271, 1927

[76] J. B. walsh and W. F. Brace. The Effect of Pressure on Porosity and the Transport Properties of Rocks. J. Geophys. Res., vol. (89), pp. 9425-9431, 1984

[77] A. AI-Omari. Tashman. E. Masad, A. Cooley and T. Harman. Proposed Methodology for Predicting HMA Permeability. Journal of the Association of the Asphalt Paving Technologists, Volume 71, 2002

[78] D. W. Christensen, Jr.. Quarterly Report to the National Cooperative Highway Research Program. WA DC. September 2001

[79] 罗立峰. 桥面铺装的实验研究[J]. 广东公路交通, 2003, 4

[80] Frieder Seibie Chris, Latham Kosairam Krishnan. Structural Concrete Overlays in Bridge Deck Rehabilitation(Summary of Experimental Results Analytical Studies and Design Recommendations)[R]. California Univ, San Diego. La Jolla.

[81] Tunwin Svasdisant, Michael schorsch, Gilbert Y Baladi. Mechanistic analysis of top-down cracks in asphalt pavements[A]. In 81th Annual Meeting(CD-ROM)[C]. Transportation Research Board. National Research Council, Washington, D. C., 2002

[82] Bagate, Moussa, Ph. D., A Mechanistic Design for Thin-bonded Concrete Overlay Pavements [D]. The University of Texas at Austin. 1987

[83] Donguk Choi, B. S. E, M. Arch, M. S. E., An Experimental Investigation of Interface Bond Strength of Concrete Using Large Powder- Driving Nails[R]. The University of Texas at Austin, May 1996.

[84] Barken, Mehmet, Kaviicogiu, Enhancement of Shear Connection in FRP/ Concrete Bridge Girders[D]. University of Nevada, Reno, December 2000

[85] 胡小弟. 课题1:重交通柔性路面结构设计方法研究[D]. 同济大学博士后研究工作报告, 2006

[86] Norbert, Ph. D. High Early Strength Bonded Concrete Overlay Designs and Construction Methods for Rehabilitation of CPCP[D]. The University of Texas at Austin, May 1996.

[87] GB50119—2003, 混凝土外加剂应用技术规范[s]. 北京:中国建工出版社, 2003

[88] 徐宏, 凌晨. 杭州湾大桥水泥混凝土桥梁桥面铺装方案设计[J]. 中外公路, 2008, 1

[89] 占军, 曹东伟, 胡长顺. 水泥混凝土桥面沥青铺装厚度的研究[J]. 西安公路交通大学学报, 2000(2)

[90] 王原, 王国庆. 桥面防水层施工应用实践[C]. 中国土木工程学会桥梁及结构工程学会第十四届年会论文集, 2000

[91] 张健. 庄洪亮. 子牙河大桥钢桥面铺装施工质量的监理控制[J]. 天津建设科技, 2004(1)

[92] 胡萌, 王晓磊, 黄晓明. 大跨径水泥混凝土桥梁沥青铺装层结构组合研究[J]. 公路交通科技, 2008, 3

[93] 徐伟. 大跨径混凝土桥梁沥青桥面铺装技术试验研究[D]. 哈尔滨:哈尔滨工业大学,2002

[94] 张占军,胡长顺,王秉纲. 水泥混凝土桥面沥青混凝土铺装结构设计方法研究[J]. 中国公路学报,2001,14(1):56-59

[95] 许涛. 大跨径混凝土桥梁桥面铺装结构研究[D]. 南京:东南大学,2004

[96] 许涛,黄晓明,高雪池. 移动荷载作用下沥青混凝土桥面铺装层动力相应分析[J]. 公路交通科技,2007,24(10):6-10

[97] JTG F40-2004,公路沥青路面施工技术规范[S]

[98] 石玉华. 混凝土桥桥面沥青混凝土铺装体系试验研究与受力分析[D]. 武汉:武汉理工大学,2004

[99] 沈金安. 沥青及沥青混合料路用性能[M]. 北京:人民交通出版社,2003

[100] 李亚军. 喷砂凿毛新技术在沿海高速桥面铺装中的应用[J]. 交通标准化,2010

[101] 崔步云. 喷砂凿毛在高速公路桥面铺装施工中的应用[J]. 建筑机械技术与管理,2008,(3):96-97

[102] 谢媛媛. 喷砂打磨技术在混凝土桥面铺装层中的应用[J]. 云南建筑,2008,(2):77-79

[103] 杨海燕,姜利,土厶祥. 改性沥青砂应用于桥面防水层的施工[J]. 森林工程,2007,5

[104] 季节,罗小辉,徐世法,等. SBS 改性沥青桥面黏结/防水层材料与工艺研究[J]. 北京建筑工程学院学报,2003,19(4):9-12

[105] 杨民. 黄美兰. 谈沥青砼桥面铺装层渗水病害及防治措施[J],森林工程,2005,21(4):27-28

[106] 辛小重,范要武. 黄晓明. 水泥混凝土桥面铺装防水黏结层的分析与设计[J]. 中外公路. 2006,26(1):151-155

[107] 葛守飞,郭知涛. 桥面板高摩阻表面处理工艺研究[J]. 黑龙江交通科技,2008,12

[108] 张肖宁. 大跨径混凝土桥梁沥青桥面铺装技术试验研究[D]. 哈尔滨工业大学博士论文,2002

[109] 李志玲. 露石水泥混凝土路面研究[D]. 长安大学硕士学位论文,2001

[110] 常卫,黎增丰,凌子如. 混凝土桥面铺装病害与设计和施工的关系浅析[J]. 公路,1999,(2)

[111] 曹锐,田剑华. 混凝土的表面处理[J]. 建筑技术,2002,(9)

[112] 肖维. 五河口大桥沥青混凝土铺装层力学分析及结构组合研究[J]. 东南大学,2005

[113] 沈金安. 沥青及沥青混合料路用性能[M]. 北京:人民交通出版杜. 2001

[114] 黄晓明,吴少鹏. 赵永利. 沥青与沥青混合料[M]. 东南大学出版社. 2002

[115] 杨秀飞等汕头海湾大桥桥面铺装的处治[J]. 广东公路交通. 2000 年增刊

[116] 王涓. 水泥混凝土桥面铺装防水黏结层的技术性能研究[D]. 东南大学硕士学位论文. 2004,1

[117] 高雪池. 桥面排水与防水的研究[D]. 东南大学硕士学位论文. 2002,3

[118] 何平. 钢桥桥面铺装力学特性深入分析[D]. 东南大学硕士学位论文. 2003,3

[119] 王京元. 水泥混凝土桥沥青混凝土桥面铺装早期病害原因分析和结构设计方法[D].

大连理工大学.2003.3

[120] 刘振清.大跨径钢桥桥面铺装设计关键技术研究[D].东南大学博士学位论文.2004,3

[121] 韩道均.海沧大桥钢桥面铺装施工质量控制方法的研究[D].东南大学硕士学位论文.2000,8

[122] 陆庆.环氧沥青混凝土钢桥面铺装结构和试验研究[D].东南大学硕士学位论文.2000,2

[123] H. Sheikh,M. Mukhopadhyay. Geometric nonlinear analysis of stiffened plates by the spline finite strip method[J]. Computers and Structures,No. 76 2000

[124] N. E. Shanmugam. Strength of Axially Loaded orthotropic Plates[J]. Journal of Structure Engineering,Vol,113 No. 2,1987

[125] 多田宏行.桥面铺装的设计与施工[M].日本:鹿岛出版会,1993